武汉研究院2018年开放性课题重点课题
"武汉乡村振兴战略实施路径与方法研究"（项目号IWHS20181003）成果

武汉乡村振兴战略
实施路径与方法研究

王江萍　孙璐　王竞永　编著

WUHAN UNIVERSITY PRESS
武汉大学出版社

图书在版编目(CIP)数据

武汉乡村振兴战略实施路径与方法研究/王江萍,孙璐,王竞永编著.—武汉:武汉大学出版社,2022.3

ISBN 978-7-307-22861-0

Ⅰ.武…　Ⅱ.①王…　②孙…　③王…　Ⅲ.农村—社会主义建设—研究—武汉　Ⅳ.F327.631

中国版本图书馆 CIP 数据核字(2022)第 013530 号

责任编辑:任仕元　　　责任校对:李孟潇　　　版式设计:马　佳

出版发行:**武汉大学出版社**　(430072　武昌　珞珈山)

(电子邮箱:cbs22@whu.edu.cn　网址:www.wdp.com.cn)

印刷:武汉邮科印务有限公司

开本:720×1000　1/16　印张:17.5　字数:350 千字　插页:1

版次:2022 年 3 月第 1 版　　2022 年 3 月第 1 次印刷

ISBN 978-7-307-22861-0　　定价:59.00 元

前　言

　　城乡二元结构的问题是我国当前乃至今后相当长一段时期必须要破解的时代难题。从现阶段发展水平看，我国具备了启动实施乡村振兴战略的条件。一是我国在统筹城乡发展和新农村建设方面具有一定基础和实践经验，在政策制定方面也初步搭建起城乡统筹发展的体制机制框架，坚持农业农村优先发展；二是我国工业化和城镇化水平已具备实施乡村振兴战略的条件；三是从欧美等发达国家和地区经验看，当一个国家城市化率超过 50%，资本、技术、管理等要素就会向农业部门流动。世界发达国家在实现现代化进程中，对农业农村所采取的政策，都经历了从单一的农业政策转向实行综合性的乡村发展政策，把农业农村作为一个系统，统筹综合起来一揽子解决，实现乡村的全面振兴。本研究就是在乡村振兴战略成为我国"三农"问题主要发力点的背景下开展的。

　　目前武汉市在乡村整体建设发展上取得了较大进展，但由于武汉市乡村间的自然条件、资源禀赋、发展现状和发展潜力等方面差异较大，导致乡村经济发展不均衡、乡村空心化严重、乡村精神文化生活匮乏、乡村面源污染治理困难、乡村治理力度及效果欠缺等问题。立足武汉乡村现实，分层次深刻认识国家乡村振兴战略的内涵及总体要求，对于武汉乡村振兴的方向把控、路径选择、实践计划有着重要意义。对武汉市乡村现状深入解读，进一步分析研究乡村振兴的经济、环境、文化、政策四大方面，对解决乡村发展与土地资源、生态环境协调可持续发展有着重要的理论和现实意义。同时，构建针对乡村经济发展、环境优化、文化建设、治理体系等方面的保障支撑体系，引导乡村现代化转向和可持续发展，为武汉乡村建设、规划、管理提供决策参考，并为其他地区乡村功能培育和建设提供范例与样本，都具有重大价值。

　　本书的参编人员及具体分工如下：

　　总体研究：王江萍、孙璐、王竞永、任亚鹏；

　　专题一　经济产业篇：周洋溢、王晨昱、王润珏、李雪敏；

　　专题二　空间环境篇：孙璐、王竞永；

　　专题三　文化建设篇：王竞永、刘梦瑶、马元、虞婷；

　　专题四　治理体系篇：甘露、陈子豪、刘玥；

　　专题五　民生保障篇：刘玥、高畅、顾珊、孙文君、彭一升、王文康。

　　本书在编写过程中得到了武汉大学出版社、武汉研究院的大力支持，是他们的无私帮助才有了本书的顺利出版，在此一并表示谢意！

　　由于编者水平有限，加之时间仓促，书中难免存在疏漏之处，恳请读者批评指正。

目　　录

研究总述

专题一　经济产业篇

专题二　空间环境篇

专题三　文化建设篇

研 究 总 述

1 研究破题

1.1 研究背景

在人类社会发展史上，乡村的"兴"和"衰"是相伴而生的一对矛盾，有兴则有衰，"衰"与"兴"有时又互为转化。乡村衰落是一个世界性的问题，是城市化和工业化驱动的必然结果。20 世纪 90 年代以来，中国农村经历了一场激烈的变化。改革开放使我们获得了巨大的物质财富，创造了人间奇迹，同时也改变了中国的社会结构和自然风貌。2.6 亿农民工进城，城乡人口流动带来了许多变化，青壮年劳动力向城市建设市场的转移，改变着中国社会结构，空巢村、老人村、留守儿童村和贫困村等已成为当下中国广大农村不争的客观现象。

乡村兴则国家兴，乡村衰则国家衰。作为世界上最大的农业国，"三农"问题长期为国家与社会重点关注。

2017 年 10 月党的十九大提出实施乡村振兴战略重大历史任务，是以习近平同志为核心的党中央对"三农"工作作出的重大决策部署。党的十九大报告把乡村振兴战略并列为党和国家未来发展的"七大战略"之一，足见对其的高度重视。作为国家战略，它是国家发展的核心和关键问题。

2018 年 1 月 2 日，2018 年中央一号文件即《中共中央国务院关于实施乡村振兴战略的意见》发布，明确将乡村振兴战略作为决胜全面建成小康社会、全面建设社会主义现代化国家的重大历史任务，将乡村振兴工作作为新时代"三农"工作的总抓手。

2018 年 9 月，中共中央、国务院印发了《乡村振兴战略规划（2018—2022年）》（下文简称《规划》），进一步明确了"产业兴旺、生态宜居、乡风文明、治理有效、生活富裕"的总体要求。《规划》部署了一系列重大工程、重大计划、重大行动，这是我国出台的第一个全面推进乡村振兴战略的五年规划，是统筹谋划和科学推进乡村振兴战略的行动纲领，在我国"三农"建设发展进程中具有划时代的里程碑意义。

1.2 研究内容

本次研究依据中共中央 2018 年一号文件《中共中央国务院关于实施乡村振兴战略的意见》与《乡村振兴战略规划(2018—2022 年)》中提出的乡村振兴总体要求"产业兴旺、生态宜居、乡风文明、治理有效、生活富裕",将武汉市乡村振兴路径细化为经济产业、空间环境、文化建设、治理体系、民生保障五个专题进行研究。具体研究内容如下:

1)武汉乡村产业振兴实施路径与方法研究

产业兴旺是乡村振兴的重要基础,是解决农村一切问题的前提。只有让农业成为有奔头的产业,农村全面发展才有坚实的物质基础,产业兴才能乡村兴,经济强才能人气旺。乡村振兴要以产业兴旺为重点,提升农业发展质量,繁荣乡村经济。

本研究基于乡村振兴战略背景,剖析武汉乡村产业发展现状和问题,解读现有产业规划经验,探索乡村产业振兴发展定位和实施路径,以此指引乡村振兴建设,促进乡村可持续发展。通过确定发展方向和主导产业、规划总体产业布局、实施保障政策,从产业结构评价、就业结构评价、产业结构与就业结构协调性评价三个层面出发,探索乡村产业振兴的武汉路径,带动武汉乡村产业的升级和发展,促进农业现代化的发展和资源配置效益的提升,进而寻求更全面的发展,最终实现武汉乡村振兴。

2)武汉乡村空间环境振兴实施路径与方法研究

良好的生态环境是农村的最大优势和宝贵财富。乡村空间环境要以生态宜居为关键,推进绿色发展,打造人与自然和谐共生新格局。必须牢固树立绿水青山就是金山银山的发展理念,尊重自然、顺应自然、保护自然,以绿色发展引领乡村振兴,构建人与自然和谐共生的乡村发展新格局。要在加大农业生态系统保护力度上取得新进展,统筹山水林田湖草系统治理,实施重要生态系统保护和修复工程,健全耕地草原森林河流湖泊休养生息制度,分类有序退出超载的边际产能。

本次研究从乡村生产、生活、生态的"三生"空间协调出发,以"三生"空间为核心,即以"三生"协调理念对当前乡村发展进行重新审视、理解、判断,然后进行再规划、再设计。以"三生"空间为视角,即以"三生"空间变迁看待并进一步解释目前乡村发展、演变的全部过程,并以此协调乡村未来发展的各种不确定因素。以"三生"空间为载体,即将"三生"空间介入乡村的结构、形态及布局中去,作为重新组织乡村空间格局乃至城乡空间格局的重要载体。

3)武汉乡村文化振兴实施路径与方法研究

优秀的乡村文化，能够提振农村精气神，增强农民凝聚力，孕育社会好风尚。乡村文化振兴要以乡风文明为保障，发展农村文化，提升农民精神风貌。要从传承中华传统优秀文化、增强发展软实力的战略高度，深入挖掘农耕文化蕴含的优秀思想观念、人文精神、道德规范，发掘、继承、创新和发展优秀乡土文化，保护、传承好乡村物质文化和非物质文化遗产。要完善农村公共文化服务体系，保障农民基本权益，提供更多更好的农村公共文化产品和服务。

本研究在乡村振兴战略指引下，结合武汉乡村具体情况，分析了乡村文化建设发展动力机制，构建了乡村文化服务设施分类表与配置表，提出了分区、分级、分类的乡村文化服务设施规划配置策略，对乡村振兴视角下武汉乡村文明建设的路径与方法进行了深入探讨。

4)武汉乡村治理体系构建路径与方法研究

自治、法治、德治"三治"合一的乡村治理体系建设既是推进国家治理体系和治理能力现代化的实践场域，也是实现乡村振兴的方法论。21世纪以来，由于以村民委员会为自治体的村民"三治"合一在实践中遇到很多困难和问题，处于发展瓶颈状态，村民"三治"合一遭遇严峻困境，乡村治理体系唯有不断地突破、创新、发展，才能永葆活力，从而更好地满足日益变化的社会需要。

本研究尝试从新的研究视角和思路对武汉乡村治理体系进行系统化研究，探讨武汉乡村治理体系实施模式。综合运用城乡规划学、社会学、政治学、人类学的定性研究方法与经济学、生态学、地理学等各学科的定量研究方法，借助地理信息技术、遥感技术、统计学技术等，创新武汉乡村治理体系的具体实施方法体系，并将研究成果细化至空间层面，做到研究成果切实可操作、可实施。最后对武汉乡村治理体系相关理论进行新的理论补充。基于十九大提出的乡村振兴战略，对乡村"三治"合一的理论逻辑、科学内涵和实现路径进行分析。对乡村建设理论进行新的有益补充，并据此系统地提出针对武汉乡村治理体系的具体实施路径。

5)武汉乡村民生保障和改善路径与方法研究

实施乡村振兴战略的出发点和落脚点，是为了让亿万农民生活得更美好。要围绕农民最关心、最直接、最现实的利益问题，把乡村建设成为幸福美丽新家园。要适应农民生活改善和产业发展新要求，推动农村基础设施建设提档升级，完善管护运行机制，推动城乡基础设施互联互通。要提高农村民生保障水平，在农村幼有所育、学有所教、病有所医、老有所养、住有所居等方面持续取得新进展。要推动社会保障制度城乡统筹并轨，织密兜牢困难群众基本生活的社会安全网。

　　本研究着眼武汉市，从武汉乡村经济社会发展实际出发，为切实有效地解决当前日益凸显的民生问题，从乡村基础设施建设、乡村劳动力就业保障、乡村公共服务供给三个层面，探讨乡村振兴视角下的武汉乡村民生保障和改善路径与方法。

2 研究对象与技术路线

2.1 研究对象

2.1.1 研究区域界定

据《武汉统计年鉴—2018》，截至 2017 年底武汉市域范围内共有村委会 1814 个，集中分布于黄陂区、新洲区、蔡甸区、江夏区、东西湖区、武汉经济技术开发区(汉南区)等 6 个远城区，其中，黄陂区 589 个(占比约 32.5%)、新洲区 546 个(占比约 30.1%)、蔡甸区 283 个(占比约 15.6%)、江夏区 268 个(占比约 14.8%)。本研究以上述 6 个武汉市远城区为研究对象，具体开展武汉乡村振兴战略实施路径与方法研究。

2.1.2 实证研究对象分类与选定

1)武汉乡镇(街道)类型划分

《武汉城市总体规划(2017—2035 年)》将武汉市域体系划分为城市主中心(中央活动区)、城市副中心、新城中心、主要组团(新市镇中心)四个级别，乡村层面规划应主要集中于后三个级别层面进行考量。其中，新城中心包括前川、邾城、阳逻、吴家山、蔡甸、中法生态城、常福、纱帽、纸坊等 9 个区域；主要组团(新市镇中心)包括姚家集、长轩岭、罗汉寺、横店、滠口、仓埠、汪集、旧街、道观河、徐古、双柳、新沟、柏泉、走马岭、金银湖、北湖、左岭、流芳、青菱、金口、郑店、五里界、乌龙泉、山坡、侏儒、永安、薛峰、军山、邓楠、湘口等 30 个区域。

《武汉市总体规划(2010—2020 年)》中构筑了武汉市四级城镇体系。第一级为主城；第二级为吴家山、蔡甸、常福、纱帽、纸坊、豹澥、北湖、阳逻、盘龙、邾城、前川等 11 个新城和薛峰、军山、走马岭、金银湖、黄金口、横店、武湖、黄家湖、青菱、郑店、金口、流芳、五里界等13个新城组团；第三级为新沟、侏儒、永安、大集、湘口、乌龙泉、安山、长轩岭、姚集、祁家湾、六指、汪集、仓埠、双柳、旧街等15个中心镇；第四级为花山、柏泉、索河、木兰、辛冲等30个一般镇。

本次研究结合上述总体规划在城镇体系结构方面的相关内容，将武汉市乡镇（街道）按照新城中心、新市镇中心、一般镇三个级别进行类型划分研究。

2）武汉村庄（社区）类型划分

本研究紧扣《乡村振兴战略规划（2018—2022年）》，按照村庄发展规律和演变趋势，将村庄划分为集聚提升类村庄、城郊融合类村庄、特色保护类村庄、搬迁撤并类村庄四大类。

(1)集聚提升类村庄规划建设重点是在原有规模基础上有序推进改造提升，激活产业、优化环境、提振人气、增添活力，保护保留乡村风貌，建设宜居宜业的美丽村庄；

(2)城郊融合类村庄规划建设重点是综合考虑工业化、城镇化和村庄自身发展需要，加快城乡产业融合发展、基础设施互联互通、公共服务共建共享，在形态上保留乡村风貌，在治理上体现城市水平，逐步强化服务城市发展、承接城市功能外溢、满足城市消费需求能力；

(3)特色保护类村庄规划建设重点是统筹保护、利用与发展的关系，努力保持村庄的完整性、真实性和延续性，加快改善村庄基础设施和公共环境，合理利用村庄特色资源，发展乡村旅游和特色产业；

(4)搬迁撤并类村庄应统筹考虑拟迁入或新建村庄的基础设施和公共服务设施建设，坚持村庄搬迁撤并与新型城镇化、农业现代化相结合。

3）实证研究对象选定

本研究从乡村振兴战略视角出发，保证调研数据全面性、代表性，基于《乡村振兴战略规划（2018—2022年）》中划分的集聚提升类村庄、城郊融合类村庄、特色保护类村庄、搬迁撤并类村庄四类村庄类型，结合武汉市总体规划中提出的乡镇（街道体系），共选取了武汉市6个远城区、12个乡镇（街道）、21个村庄（社区）进行实地调研。本研究调研于2019年4月19日至5月22日进行，各调研乡镇（街道）与村庄（社区）类别分别见表0-2-1与表0-2-2。

表 0-2-1 调研乡镇(街道)类型表

乡镇 (街道类别)	乡镇(街道)名称	调研村庄(社区)
新城中心 (5个)	蔡甸区中法武汉生态城	蔡甸区中法武汉生态城红光村
		蔡甸区中法武汉生态城新农村
	蔡甸经济开发区(奓山街道)	蔡甸经济开发区星光村
		蔡甸经济开发区常福村
	江夏区纸坊街道	江夏区纸坊街道城关村
		江夏区纸坊街道东林村
	新洲区阳逻街道	新洲区阳逻街道六房村
		新洲区阳逻街道花园村
	汉南区纱帽街道	新洲区阳逻街道武湖村
		汉南区纱帽街道幸福村
		汉南区纱帽街道江上村
新市镇中心 (3个)	蔡甸区永安街道	蔡甸区永安街道炉房村
	江夏区五里界街道	江夏区五里界街道童周村
		江夏区五里界街道毛家畈村
	黄陂区长轩岭街道	黄陂区长轩岭街道短岭村
一般镇 (4个)	东西湖区慈惠街道	东西湖区慈惠街道鸦渡社区(石榴红村)
	黄陂区木兰乡	黄陂区木兰乡双泉村(大余湾)
	黄陂区王家河街道	黄陂区王家河街道罗家岗村
		黄陂区王家河街道章华村
		黄陂区王家河街道红十月村
	江夏区庙山街道	江夏区庙山街道肖榨坊村

表 0-2-2　　　　　　　　　调研村庄(社区)类型表

村庄(社区)类别	所在城区	村庄(社区)名称
集聚提升类 (5个)	蔡甸区	蔡甸经济开发区星光村
		蔡甸区永安街道炉房村
	东西湖区	东西湖区慈惠街道鸦渡社区(石榴红村)
	黄陂区	黄陂区长轩岭街道短岭村
	江夏区	江夏区五里界街道童周村
城郊融合类 (5个)	蔡甸区	蔡甸区中法武汉生态城红光村
		蔡甸区中法武汉生态城新农村
	江夏区	江夏区纸坊街道城关村
		江夏区五里界街道毛家畈村
	汉南区	汉南区纱帽街道幸福村
特色保护类 (5个)	黄陂区	黄陂区木兰乡双泉村(大余湾)
		黄陂区王家河街道罗家岗村
		黄陂区王家河街道章华村
		黄陂区王家河街道红十月村
	江夏区	江夏区纸坊街道东林村
搬迁撤并类 (6个)	新洲区	新洲区阳逻街道六房村
		新洲区阳逻街道花园村
		新洲区阳逻街道武湖村
	蔡甸区	蔡甸经济开发区常福村
	江夏区	江夏区庙山街道肖榨坊村
	汉南区	汉南区纱帽街道江上村
共计		21个村庄(社区)

2.2 整体技术路线

整体技术路线如图0-2-1所示。

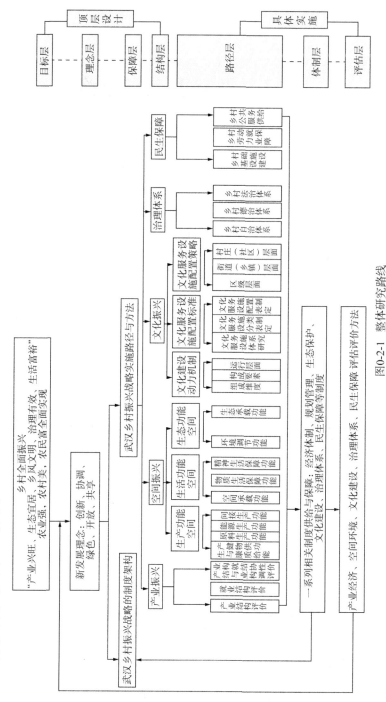

图0-2-1 整体研究路线

3 研究重点与思路

3.1 研究重点

(1)采用复杂性科学理论方法，构建武汉乡村研究综合分析框架；

(2)提出切实可操作的武汉市乡村振兴具体实施路径与方法；

(3)基于战略地位与行动评价矩阵（Strategic Position and Action Evaluation Matrix，简称 SPACE 矩阵），运用空间分析技术结合产业经济学统计分析方法，进行武汉乡村产业结构与就业结构协调性评价；

(4)建立武汉市乡村"生产-生活-生态"空间分类体系，并结合 ENVI 和 GIS 技术对遥感影像数据进行空间判别与分类；

(5)基于实地调研、访谈，结合国内外乡村文化服务设施体系建设经验，制定武汉乡村文化服务设施配置表，并分类分级提出乡村文化服务设施具体配置标准；

(6)总结梳理国家与地方层面乡村治理体系建设政策、标准与规范，结合国内外乡村治理体系建设经验，基于武汉乡村治理体系现状问题与特点，提出整合自治、法治、德治的乡村"三治"治理体系；

(7)综合梳理国家与地方乡村民生体系相关政策，利用综合评分法和访谈法分析调研数据，构建武汉乡村民生保障和改善评价模型。

3.2 研究目标

1)构建武汉乡村振兴战略实施方法系统

在梳理相关研究和逻辑关系的基础上，提出武汉市乡村振兴战略实施方法的集合，构建七大层次的武汉市乡村振兴战略实施方法系统。

2)搭建武汉乡村经济自宏观至微观层面的产业适宜性评价体系

基于战略地位与行动评价矩阵（SPACE 矩阵），结合产业经济学统计分析方法，搭建武汉市乡村经济自宏观至微观层面的产业适宜性评价体系，为武汉市乡村产业现状评估、适宜产业选择、经济发展趋势预判提供有力依据。

3)塑造武汉乡村空间"生产-生活-生态"功能评价指标体系

对武汉市乡村空间进行划分并研究其"三生"功能的时空演变特征、机理与规律,归纳总结不同乡村空间发展差距特征,为武汉市各区县未来乡村功能定位、空间布局、经济发展、生态保护等提供科学依据。

4)提出武汉乡村文化服务设施建设体系与指标

对武汉优秀乡村文化进行全面筛查,做好非物质文化遗产、传统村落、乡村公共文化服务、乡村文明、人才体系建设等全方位的文化建设,构筑覆盖全面、标准完善、体系健全、分类指引的武汉乡村文化服务设施建设体系与指标。

5)明确武汉乡村自治、法治、德治"三治"治理体系

关注农村社会管理,加强农村基层基础工作,追求管理有效,建立健全党委领导、政府负责、社会协同、公众参与、法治保障的现代乡村社会治理体制,坚持自治、法治、德治相结合,确保乡村社会充满活力、和谐有序。着力健全自治、法治、德治"三治"相结合的乡村治理体系。

6)完善武汉乡村民生保障体系

乡村民生保障体系关系到农民群众最关心最直接最现实的利益问题,加快补齐农村民生短板,提高农村美好生活保障水平,让农民群众有更多实实在在的获得感、幸福感、安全感。应从加强农村基础设施建设、强化乡村就业服务与保障体系、增加农村公共服务供给三个层面出发,构筑完善的乡村民生保障体系。

3.3 研究思路

第一步,依据不同学科视角与研究侧重,对涉及乡村振兴研究内容的国内外文献进行综述研究,对国家层面、湖北省层面、武汉市层面出台的乡村振兴政策进行梳理与解读,再对国内外乡村振兴优秀实践案例进行分析,以明确研究对象、研究内容、研究重点及理论积累,进行研究准备。

第二步,将大数据思维引入武汉乡村各项数据收集、分类与处理等数据分析工作阶段,用以解决乡村规划工作面临的数据庞杂、相关利益群体需求多样化和区域统筹困难等问题。从基础数据的采集、提取到价值数据的定位细分,旨在可以辅助后续细分内容的研究分析。

第三步,在大量研究和知识准备的基础上,结合武汉市城乡格局、乡村发展现

状，按照国家乡村振兴总体要求，主要针对武汉市乡村经济产业、空间环境、文化建设、治理体系和民生保障五大方面，构建武汉乡村发展综合分析框架，并在此研究框架下进行分层次、分板块研究。

第四步，依据经济产业、空间环境、文化建设、治理体系、民生保障五大方面的分析结果，提出武汉市乡村振兴战略实施方法的集合，构建七大层次的武汉乡村振兴战略实施路径大系统。其中，前四个层次是顶层设计，是武汉所有乡村实施乡村振兴战略需要遵循的方向和结构，分为目标层、理念层、保障层和结构层；后三个层次是具体的实施路径，是实施乡村振兴战略的具体方法，分为路径层、体制层和评估层。

专题一　经济产业篇

1 研究思路

我国作为农业大国，拥有众多的农业人口和广阔的农村地域，"三农"问题作为关系我国社会经济持续健康发展的关键，长期被重点关注。"三农"问题涉及政治、经济、社会、文化等诸多方面，其中，农业长期低水平发展、现代产业发展不充分、城乡政策差异、制度失衡是阻碍"三农"发展的重要原因。从 2003 年到 2019 年，中央连续 17 年把"三农"问题作为中央一号文件提出来，内容涉及"三农"的方方面面。中央政府和地方政府正在大力推进与落实乡村振兴战略，实施乡村振兴战略的最终目标是实现"农业强、农村美、农民富"，前提是需要大力解放生产力。产业是乡村的经济基础，是影响农业发展、农民增收和农村劳动力就业的重要因素，因此乡村产业发展成了实现乡村振兴战略的重要基础，产业兴旺是乡村振兴的首要也是最根本的任务。

武汉市乡村地区仍然是以传统产业为主体、以传统增长方式为主的产业布局模式，离农业现代化和新型工业化还有一段距离。同时，武汉市各乡村之间的自然条件、发展现状和发展潜力等方面差异较大，导致乡村发展不均衡，乡村产业发展出现档次低、规模小、效益差、总体发展水平不高的特征。当前武汉市乡村产业发展面临严峻挑战，一方面农地被占用，农地资源减少；另一方面劳动力外流、农村劳动力短缺的问题在乡村地区越来越突出，同时传统产业面临转型升级，缺乏科技创新。如何通过发展乡村产业振兴提高农业生产能力，构建现代农业产业体系、生产体系、经营体系，促进农村一、二、三产业融合，实现做强一产、做优二产、做活三产，对于发展武汉乡村经济至关重要。

1.1 研究对象界定

本专题首先对武汉市乡村产业的发展状况进行了研究，选择了其中较为常用的产业分析方法，即产业结构、就业结构和两者协调性；接着就这三个方面内容对武汉乡村产业的发展现状和现存问题进行剖析；继而，针对这些问题分别采用城市战略地位与行动评价、熵值法、协调系数三种方法对武汉乡村的产业结构、就业结构、两者协调性结构进行深入解析，提出了相应的改进策略，并确定了日后乡村产业发展的重点发展方向，在其宏观分析指导下，提出了产业发展实施保障措施。

1.2 研究目的和意义

本专题基于乡村振兴战略背景,剖析武汉乡村产业发展现状和问题,解读现有产业规划经验,探索乡村产业振兴发展定位和实施路径,以此指引乡村振兴建设,促进乡村可持续发展。在乡村振兴背景下通过产业结构转型、就业结构优化,协调产业结构和就业结构之间的关系,进一步促进农民增收。

通过确定发展方向和主导产业、实施保障政策,探索乡村产业振兴的武汉路径,带动武汉乡村产业的升级和发展,促进农业现代化的发展和资源配置效益的提升,进而寻求更全面的发展,最终实现武汉乡村振兴,并为其他地区产业发展振兴提供借鉴和参考范例。

1.3 研究内容

具体来说,本专题各章节内容安排如下:

第1章 研究思路。主要对本专题编写的研究对象、研究目的及意义、研究内容和研究开展的技术路线进行了介绍。

第2章 武汉乡村产业发展现状研究。主要分析了武汉乡村产业结构、就业结构、人口结构、主导产业及主要企业等情况,并提出了武汉乡村产业所呈现的特征和目前亟待解决的重点问题,在问题导向下,对以下第3、第4、第5章的内容进行了展开,通过运用科学的分析方法,提出了有针对性的解决方案。

第3章 武汉乡村产业结构分析。主要经过论证确定选用城市产业战略地位与行动评价模型对于上面提出的武汉乡村产业结构方面的问题进行具体分析,对各区乡村产业结构的特征进行详细解构,并因地制宜,提出了相应的引导各产业发展的具体对策,并指出了重点发展的产业方向。

第4章 武汉乡村人口就业结构评价。通过建立就业结构评价体系,运用熵值法对增长指标、就业指标、平均工资、农村教育投入和转移劳动力比例五个评价指标进行赋权重,结合各区量化的数据,从而得到各区乡村就业情况的综合指数,将乡村就业的综合得分划分等级,进行各区就业情况综合分析。

第5章 武汉乡村产业结构和就业结构协调性评价。借用结构偏离度、就业弹性系数和协调系数,评价分析武汉乡村三次产业的产业结构与就业结构协调性,分析产业结构和就业结构调整优化等问题。

第6章 武汉市乡村产业整体优化策略。结合第3、第4、第5章对武汉市乡村各区产业结构分析、就业结构分析以及产业结构和就业结构协调性分析结果,对产业结构、就业结构和协调性这三个方面,提出各区调整优化策略。

第7章 实施保障措施。从土地制度改革、集体产权制度改革、资金保障建议和实行人才振兴这四个方面,对武汉市产业整体优化策略,提出促进产业结构和就业结构协调发展的实施保障措施。

第8章 总结。总结了本专题所反映的具体问题、开展本专题研究的目的、所采用的具体分析方法和所得出的结论及所采取的具体举措等重点内容。

1.4 技术路线

本专题研究的技术路线如图 1-1-1 所示。

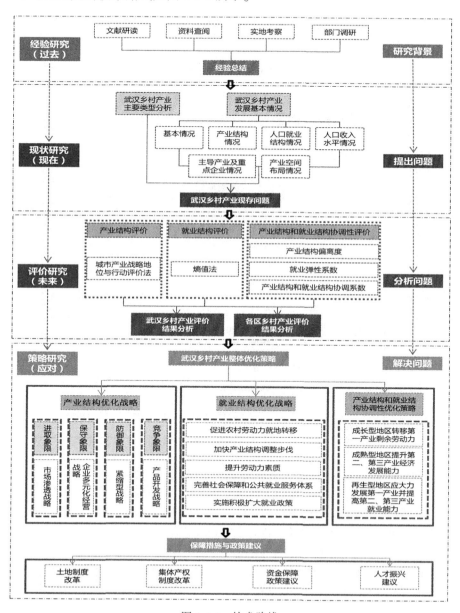

图 1-1-1 技术路线

2 武汉乡村产业发展现状研究

2.1 武汉乡村产业主要类型分析

2.1.1 产业划分影响因素

武汉乡村产业影响因素明细见表 1-2-1。

表 1-2-1 **产业影响因素明细表**

影响因素	具体指标因素
生产力水平	生产总值（GDP）
资源条件	自然资源：地貌及气候条件、水资源、动植物资源、矿产资源、风景旅游资源
	社会经济资源：区位条件、交通条件、工业发展条件
	文化技术资源：人文历史资源、科技事业（高新技术产业）
居民消费和市场需求	人均可支配收入、人均消费支出
国际贸易	进出口总额
政策机制指导	产业规划条件

1）生产力水平

生产力水平是影响乡村产业的决定因素，它影响社会分工和专业化程度，也影响着自然资源的开发和利用程度。极速升高的生产力水平使得武汉市产业发展不断完善。全市工业由改革开放之初的冶金、机械、纺织 3 大支柱产业发展为钢铁及深加工、汽车及零部件、石油化工、电子信息、装备制造、能源环保、食品烟草、生物医药、纺织服装、日用轻工和建材 11 大支柱产业。

2）资源条件

资源条件是形成农村产业的基础，其中包括自然资源、社会经济资源、文化与技术资源。武汉农业生产条件优越，水利资源丰富，被称为"百湖之市"。城市绿化总量稳步增长，全社会建绿机制基本形成。城市环境优化直接推动了旅游事业的发展，武汉旅游事业由景点游向全域旅游加快转变。武汉历史文化资源丰富，包括楚文化、三国文化、宗教文化、近代工业文化、汉口码头文化和红色文化等多种文化。高新技术产业加速发展。武汉充分利用本地科教和人才资源优势，1987 年率先建立了全国第一家科技企业孵化器，1991 年东湖新技术开发区获批全国首批国家高新技术产业开发区。三大战略性新兴产业高速增长。经过多年发展，武汉形成了信息技术、生命健康、智能制造三大优势特色战略性新兴产业集群。新业态迅猛发展。近年来，互联网行业的迅猛发展催生出各类新兴业态，呈现出快速增长势头。

3）居民消费和市场需求

消费和市场是影响农村产业结构的动力，居民收入水平的提高，影响到居民消费结构的调整，从而影响到市场的需求结构的改变。

4）国际贸易

国际贸易是农业产业结构调整的策动力，国际贸易对于武汉市农村产业结构调整的影响越来越大。武汉由对外开放口岸发展到设立贸易试验区，对外经济的规模和水平不断提升，招商引资快速发展。

5）政策机制指导

武汉市相关产业规划条件对产业结构的调整有指导与促进作用。武汉 2030 发展总体规划提出：着力培育战略性新兴产业，突破性发展临空经济，规模化发展先进制造业，高端化发展现代服务业，创新性发展现代都市农业。武汉市城市总体规划提出发展西部新城组群，吴家山：重点发展成为以国家级食品加工工业基地和台商投资区为依托的现代化新城；金银湖：汉口北部的滨水居住新区，配套发展体育、休闲、游乐等功能；走马岭：食品加工和保税物流为主导的产业组团。

2.1.2 武汉各区乡村产业影响因素分析

武汉各区乡村产业影响因素明细见表 1-2-2、表 1-2-3。

表 1-2-2   各区乡村产业影响因素明细表

影响因素	行政区划		
	蔡甸区	汉南区	江夏区
生产力水平	GDP 总值为 397.65 亿元（截至 2017 年）。其中： 一产：50.29 亿元 二产：221.64 亿元 三产：125.72 亿元	GDP 总值为 103.61 亿元（截至 2017 年）。其中： 一产：11.7 亿元 二产：77.18 亿元 三产：14.73 亿元	GDP 总值为 770.97 亿元（截至 2017 年）。其中： 一产：103.86 亿元 二产：478.07 亿元 三产：189.04 亿元
资源条件	自然资源：全区地势较低，地貌以平原为主，适宜进行农业发展，开发乡村旅游农业；区地表水资源较丰富，境内河汊纵横，适合发展水产养殖；动物资源方面家养畜禽较丰富，适合发展畜牧业。 社会经济资源：交通方面，拥有公路里程 2531.27 千米；高新技术企业发展良好。 文化技术资源：A 级旅游景区 3 个。沉湖湿地国际旅游度假区创建推进。武汉野生动物王国全面开工，吴运铎纪念馆、白莲湖音乐喷泉建成投用。引进大型旅行社 7 家，打造特色精品旅游线路 5 条。新增景区停车场 3.2 万平方米，32 座星级景区厕所通过验收。	自然资源：全区水资源、生物资源较为丰富（其中水生动物资源较多），适宜发展特色养殖。 社会经济资源：汉南地处武汉市三环线附近，距武汉机场 48 千米，距武汉港 38 千米，距汉口火车站 35 千米，全区公路密度为 46 千米/百平方千米；产业集群方面，已形成以汽车零部件、电子电器产业为主导的综合性区域。 文化技术资源：境内重要名胜古迹有江滩公园风景点、纱帽山遗址、金竹岭遗址、张家墩遗址。	自然资源：全区矿产资源丰富，发现矿产 21 种，实际开采利用的矿产有 16 种。 社会经济资源：江夏区公路里程 3104.69 千米。 文化技术资源：境内重要名胜古迹有中山舰旅游区、白云洞、青龙山森林公园、龙泉山风景区。

影响因素	行政区划		
	蔡甸区	汉南区	江夏区
居民消费和市场需求	2017年，蔡甸区城镇常住居民人均可支配收入32355元；农村常住居民人均可支配收入19345元；农村居民人均生活消费支出13588元。	2017年，汉南区城镇常住居民人均可支配收入29177元；农村常住居民人均可支配收入18040元。	2017年，江夏区居民人均可支配收入25906元；居民人均消费支出18121元；城镇居民人均可支配收入31989元；农村居民人均可支配收入19669元。
国际贸易	2017年，蔡甸区出口创汇47100万美元。	2017年，汉南区出口创汇146400万美元。	2017年，江夏区出口创汇20795万美元。
政策机制指导	(1)武汉市城市总体规划；(2)武汉市战略性新兴产业"十三五"规划；(3)武汉2030发展总体规划；(4)武汉土地利用和空间布局"十三五"规划；(5)蔡甸区国民经济和社会发展第十三个五年规划纲要。	(1)武汉市城市总体规划；(2)武汉市战略性新兴产业"十三五"规划；(3)武汉2030发展总体规划；(4)武汉土地利用和空间布局"十三五"规划；(5)武汉经济技术开发区(汉南区)国民经济和社会发展第十三个五年规划纲要。	(1)武汉市城市总体规划；(2)武汉市战略性新兴产业"十三五"规划；(3)武汉2030发展总体规划；(4)武汉土地利用和空间布局"十三五"规划；(5)江夏区国民经济和社会发展第十三个五年规划纲要。
影响分析	蔡甸区第一产业以蔬菜、水产、畜牧、旅游农业为主，其自然资源影响因素较大，尤其是水资源条件、动物资源条件；第二产业主要受交通条件影响较大；第三产业以旅游业、物流业和电子商务为主，比较依赖于人文历史及旅游资源、交通、科技事业等因素。	汉南区第一产业以现代农业、水产养殖为主，受水资源条件、动物资源、地貌条件和气候条件影响较大；第二产业以制造业为主，受生产力水平、居民可支配收入以及交通条件影响较大；第三产业以物流业、电子产业及文化产业等为主，受科技事业因素、交通、文化技术等的影响较大。	江夏区第一产业以水产、特色农产品为主，受水资源条件、动物资源条件、气候条件影响较大；第二产业以制造加工业为主，受矿产资源、交通条件影响较大；第三产业以休闲旅游、文化产业和物流业为主，受人文旅游资源、文化技术资源、交通条件影响较大。

表 1-2-3 各区乡村产业影响因素明细表

影响因素	行政区划		
	黄陂区	东西湖区	新洲区
生产力水平	GDP 总值为 702.49 亿元（截至 2017 年）。其中： 一产：126.48 亿元 二产：325.42 亿元 三产：250.59 亿元	GDP 总值为 730.63 亿元（截至 2017 年）。其中： 一产：16.51 亿元 二产：545.82 亿元 三产：168.30 亿元	GDP 总值为 676.32 亿元（截至 2017 年）。其中： 一产：83.35 亿元 二产：381.33 亿元 三产：211.64 亿元
资源条件	自然资源：黄陂区水资源丰富，拥有"百库千渠万塘"之称，降水量较均衡，为农业、渔业发展提供了良好条件。 社会经济资源：武汉四大经济板块中，大临空板块涵盖黄陂区南部 6 个街道，大临港板块涉及黄陂区东南部 4 个街道，交通方面与武汉主城七桥相通，三环、四环、外环相互连通，全区高等级公路路网密度位居全省第一。 文化技术资源：黄陂区古迹甚多，文化遗存丰富，有徽派、鄂东、鄂西、赣北、吴越等风格的民居，是湖北省文物十强区县之一。全区现登记的不可移动文物 108 处，有 57 处被公布为文物保护单位，其中国家级文物保护单位 1 处、省保 13 处、市保 15 处、区保 28 处。5A 级景区 1 家，4A 级景区 5 家，3A 级景区 7 家。	自然资源：东西湖区地处江汉平原东北缘，地势一马平川。东西湖区水资源丰富，雨水充沛，湖泊众多，河流、地下水均十分充足。 社会经济资源：截至 2017 年末，东西湖区公路总里程达 1497 千米，公路网密度达 302.2 千米/百平方千米，形成了"铁水公空"四路齐备的立体交通网络。 文化技术资源：境内文物古迹众多，非物质文化遗产共四项，文物古迹包含马投潭遗址等省级遗址、钥匙墩遗址等市级遗址。	自然资源：新洲区水资源较为丰富，但人均、亩均拥有量偏低。地势比较平缓，无大落差水流，水能资源较为贫乏。金属矿分布广、储量大。 社会经济资源：全区公路总里程达 3212 千米。江北快速路黄陂江岸段、阳福线改造、红色旅游公路二期启动建设，新建改造农村公路 800 千米、桥梁 196 座，累计投入 14.9 亿元，建成倒水橡胶坝、道观河水厂等重大水利项目 69 个。 文化技术资源：新洲区南有阳逻香炉山文化遗址，北有道观河风景旅游区，报恩禅寺、紫霞寺、将军山、孔叹桥等 18 处名胜令人流连忘返，问津书院（因孔子使子路问津，西汉淮南王刘安在问津河畔修建的孔庙）历史上与白鹿书院、东林书院、岳麓书院齐名，并称中国四大书院，2002 年被列为湖北省文物保护单位。

影响因素	行政区划		
	黄陂区	东西湖区	新洲区
居民消费和市场需求	2017 年，黄陂区城镇常住居民人均可支配收入 31746 元；农村常住居民人均可支配收入 19311 元；农村居民人均生活消费支出 11019.6 元。	2017 年，东西湖区城镇常住居民人均可支配收入 35613 元；农村常住居民人均可支配收入 23077 元，农村居民人均生活消费支出 16079 元。	2017 年，新洲区城镇居民人均可支配收入 29093 元；农村居民人均可支配收入 18627 元。
国际贸易	2017 年，黄陂区出口创汇 40700 万美元。	2017 年，东西湖区出口创汇 30210 万美元。	2017 年，新洲区出口创汇 31900 万美元。
政策机制指导	(1)武汉市城市总体规划； (2)武汉市战略性新兴产业"十三五"规划； (3)武汉 2030 发展总体规划； (4)武汉土地利用和空间布局"十三五"规划； (5)黄陂区国民经济和社会发展第十三个五年规划纲要。	(1)武汉市城市总体规划； (2)武汉市战略性新兴产业"十三五"规划； (3)武汉 2030 发展总体规划； (4)武汉土地利用和空间布局"十三五"规划； (5)东西湖区国民经济和社会发展第十三个五年规划纲要。	(1)武汉市城市总体规划； (2)武汉市战略性新兴产业"十三五"规划； (3)武汉 2030 发展总体规划； (4)武汉土地利用和空间布局"十三五"规划； (5)新洲区国民经济和社会发展第十三个五年规划纲要。
影响分析	黄陂区第一产业以现代都市农业、特色瓜菜及名优水产为主，其自然资源尤其是水资源条件、土地资源条件影响因素较大；第二产业主要受社会经济发展与经济板块影响；第三产业以电子商务、现代物流业、房地产业、旅游业为主，比较依赖于人文历史及旅游资源、交通、科技事业等因素。	东西湖区地势平缓，第一产业主要发展现代都市农业；第二产业发展日用轻工业、电子信息制造业及能源与环保业、食品烟草业、汽车及零部件业，主要受该地区生产力水平以及社会经济条件影响，二产占比较小；第三产业受文化资源、交通条件等影响，以乡村休闲旅游、电子商务为主。	新洲区受自然资源条件影响，一产主要发展农副食品加工业； 二产：以商业航天、港口物流、电力装备制造、海洋工程装备及高技术船舶制造业、新型建筑建材、钢铁加工等为主，主要受交通条件以及社会经济条件影响； 三产：以生态文化旅游产业、生产性服务产业、新一代信息技术产业、绿色循环经济产业为主，依赖当地文化资源与技术发展。

2.1.3　武汉乡村主要产业类型

乡村产业是指乡村区域内构成乡村经济的各行各业。乡村产业结构是乡村生产系统中各产业部门的组合构成，是乡村经济结构的重要组成部分，是由乡村各类型产业部门共同构成的一个多层次的复合体。

追溯乡村产业分类方法，中国乡村产业的分类方法是随着乡村经济发展内容的变化而变化的。在农业合作化时期，由于农村生产力水平低，提出了"以增产粮棉为中心，全面发展农副业生产"的方针，将乡村产业划分为农业和副业。自 1958 年起，我国提出了"农、林、牧、渔业并举"的口号，从而改变了乡村产业的分类方法，这种方法基本反映了该时期农村经济活动的主要内容。改革开放以来，乡村开始实行家庭联产承包制，农业的长足发展大大推动了乡村经济的发展，乡村产业突破了农、林、牧、渔的范围。目前，我国多数学者、专家以及政府职员都赞同和坚持 2003 年印发的我国《第三次产业划分规定》。第一产业指农、林、牧、渔业和农林牧渔服务业；第二产业是指建筑业，制造业，采矿业，燃气、电力及水的生产供应业。第三产业是指除第一、二产业以外的其他行业。

根据武汉市乡村产业现状以及我国《第三次产业划分规定》，将武汉市乡村产业进行分类，具体见表 1-2-4。

表 1-2-4　　　　　　　　　武汉市乡村产业分类详情表

第一产业	农、林、牧、渔业和农林牧渔服务业
第二产业	采矿业，制造业，电力、热力、燃气及水生产和供应业，建筑业
第三产业	交通运输、仓储和邮政业，信息传输、软件和信息技术服务业，批发和零售业，住宿和餐饮业，金融业，房地产业，租赁和商务服务业，科学研究和技术服务业，居民服务、维修和其他服务业，教育、卫生和社会工作、文化、体育和娱乐业，公共管理、社会保障和社会组织、国际组织、水利、环境和公共设施管理业

处于武汉市都市区内的城镇，由于是武汉市产业转移与人口扩散的直接承接地，大多依靠武汉市主城区发展，而市域范围内小城镇主要是依托地理、区位等自身优势，推动城镇发展。以产业进行划分，其类型大致可分为四种：

(1)工业型城镇(如葛店化工新城、黄陂盘龙镇开发区等)；

(2)贸易型或市场型城镇(如黄陂贸易城、蔡甸贸易城等)；

(3)工贸结合型城镇(如东西湖区菜篮子生产基地等)；

(4)旅游型城镇(如黄陂木兰山风景区等)。

2.2 武汉乡村产业发展基本情况

2.2.1 武汉乡村基本情况

1)武汉乡村整体情况

武汉作为"九省通衢"之地，承东启西、连南通北，适逢中部崛起国家战略机遇，在光荣与梦想交织中迎来发展新契机，这是武汉新的城市战略构想与使命。2013年7月，习近平总书记视察湖北武汉，提出构建促进中部崛起的重要战略支点，对"复兴大武汉"给予充分肯定。然而，纵观武汉城市未来发展格局，亟须一个能够彰显城市魅力、激活城市发展活力、提升城市创新动力的新载体和平台。

2016年12月，《武汉市战略性新兴产业"十三五"规划》，将新一代信息技术、生命健康、智能制造定位为支柱产业，聚焦发展优势产业集群；而新材料、新能源、节能环保、数字创意、新能源汽车、航空航天为先导产业，培育发展成长型产业。武汉市各区战略性新兴产业"十三五"规划总结见表1-2-5。

表 1-2-5 　　　　武汉市各区战略性新兴产业"十三五"规划总结表

各区	新一代信息技术产业	生命健康产业	智能制造产业	新材料产业	新能源产业	数字创意产业	新能源汽车产业	航空航天产业	总计
东西湖区		✓						✓	2
蔡甸区	✓								1
汉南区					✓	✓	✓	✓	5
江夏区	✓	✓	✓	✓			✓		5
新洲区		✓	✓	✓				✓	4
黄陂区	✓		✓						2

资料来源：《武汉市战略性新兴产业"十三五"规划》

2017年9月，武汉市发布《武汉土地利用和空间布局"十三五"规划》，城市格局将由"1+6"向"133"转变，即构建"1个主城+3个副城+3个新城组群"的城市空间格局，推进新城中心、工业园区、地铁小镇、郊野公园等建设，东南、西南、北部侧重进行产城融合，打造城市副中心，东部、西部、南部强化工业发展再升级，强化产城互动效果。

武汉市城市总体规划（2010—2020年）之市域空间布局规划如图1-2-1所示。

阳逻：依托长江水运和岸线优势，建设国际集装箱转运枢纽，以电力工业、机械装备制造业、钢材深加工和纺织业为主导，大力发展港口贸易，逐步建设工贸并举的现代化港口新城

北湖：利用良好的水域建港条件，配套发展其下游产品产业链，逐步建成临港工业新城

左岭：以精细化工产业为主，在左岭井村一带布置居住生活区

豹澥：重点发展以光电子产业为主的高新技术产业，成为科研科技新城

流芳：建成高新技术产业和现代物流业相结合的现代化科技新城

纸坊新城：江夏区政府所在地，以医药、机电、建材等运输、物流、强化综合交通，强化职能，旅游等第三产业，成为武汉南部的高校聚集

黄家湖组团：武汉新的大学形成区

五里界：以旅游服务为先导，远景发展成为武汉南部的新科研开发基地

青菱组团：重点发展先进制造业

郑店：建成以现代的建材和农产品物流基地

主城区：城市核心，重点培育和提升城市服务功能，集中发展金融商贸、行政办公、科教文化、信息咨询、旅游休闲等服务业，强化先进制造业，承担湖北武汉和高新区中心的现代服务中心...

东部新城组群

东南新城组群

南部新城组群

北部新城组群

西部新城组群

西南新城组群

盘龙城新城：黄陂区南部的经济中心，依托天河机场发展航空物流和高新技术产业

横店：建成航空物流基地和临空工业园

武湖：以农业产业化为主导的综合城镇

吴家山：重点发展成为以国家级食品加工工业基地和商贸投资区为依托的现代化新城

金银湖：配套发展体育、休闲、游乐等功能

走马岭：以食品加工和保税物流为主的产业组团

蔡甸：武汉西部的轻工业新城

黄金口：形成以家电制造和食品加工为主的工业组团

薛峰：汉南区的政府所在地，以农副产品深加工为特色，以机电制造、包装印刷等为主导产业的滨江工业新城

军山：重点发展汽车零部件生产基地，电子工业

纱帽：发展机电、汽车零及零配件制造，汽车展示、销售、服务为第三产业

常福：汉南区政府所在地，发展汽车整车生产基地为主导产业以及汽车零部件制

图1-2-1　武汉市城市总体规划（2010—2020年）之市域空间布局规划图

（资料来源：武汉市城市总体规划（2010—2020年）之市域空间布局规划）

2）东西湖区基本情况

东西湖区位于武汉市向西拓展轴上，主要建设用地集中在西部新城组群范围内，具有交通便利、临近主城、产业发达等综合优势，是武汉城市空间西北向拓展的重点区域、联系西南地区的交通走廊、区域西北发展轴的核心增长极、重要的轻工业基地和农业体系组成部分之一。

在此背景下，武汉市未来城镇发展将在总体规划确定的"1+6"开放式空间结构上，以主城区为核心，以"东湖新技术产业开发区、武汉经济技术开发区、吴家山经济技术开发区、阳逻-化工城"为先导，全面带动全城区发展。武汉市未来的发展格局拟优先形成"老三镇、新四极"的空间发展格局，以汉口、武昌、汉阳三镇为基础，进一步加快服务业提档升级；以"新四极"为带动，全面实现工业倍增计划。其中，吴家山经济技术开发区规划成为中部地区重要的食品加工和进出口物流基地。四大产业极要以产业为驱动，积极承接主城区的外迁，在主城区外围率先形成中等城市规模的综合新城。

3）蔡甸区基本情况

蔡甸区，原名汉阳县，位于武汉市西南部，处于长江、汉江交汇的三角地带，江汉平原末端，京港澳高速、沪蓉高速和318国道交汇于此，形成全国唯一的"金十字"经济地理中心，是楚文化的发祥地之一。在武汉市"十三五"规划中，蔡甸区未来将发展为武汉西南经济带战略支点、辐射武汉城市圈西南方向的重要联系纽带、"大车都"板块的重要组成部分。境内蔡甸经济开发区位于武汉市西南部，紧邻武汉经济技术开发区，凭借承东启西、接南转北的区位优势，可以辐射湖南、江西、河南、四川等周边五省，是名副其实的"中国经济地理中心"西南门户。

4）汉南区基本情况

汉南区位于武汉市向西南拓展轴上，主要建设用地集中在西南新城组群范围内，是武汉城市空间西南向拓展的重点区域、区域西南发展轴的核心增长极，打造武汉市汽车城、产业创新中心、智能制造示范基地。

在此角度，汉南区依托西南新城组群、大车都工业板块的建设，打造"中部引擎"，建成国家中部地区辐射带动力强的产业创新中心，加快建设智造车都、宜居车都、绿色车都，着力建设先进制造业园区、商务城、智慧生态城、出口加工区、汽车及零部件产业园、港口物流园、通用航空及卫星产业园、现代都市农业产业园等八大产业板块，把园区建设成为经济发展的主要支撑。

5）江夏区基本情况

江夏区作为武汉的南大门，自古为百湖水乡、兵家要塞、工商重地。在知识智慧经济引领城市发展的新时期，在大武汉打造中部龙头城市的战略机遇下，江夏区有望成为代言大武汉中部崛起的战略新引擎。背靠两大国家级产业园区（车都和光谷），具有"承东启西，左右逢源"的区位优势，是最具发展潜力的门户枢纽之区。拥有临空（第二机场）、临港（长江金港）、临湖（众多湖泊）、临河的交通空间，以及京广铁路、京珠澳高速、沪蓉高速等快速交通动脉与即将建设的城际轻轨等，形成四通八达的综合立体交通体系，便捷连通武汉主城区内外及其他武汉城市圈城市。

6）新洲区基本情况

新洲区位于武汉市向东拓展轴上，主要建设用地集中在东部新城组群范围内，具有交通便利、拥有长江黄金水道、产业创新高端等综合优势条件，是武汉城市空间东北向拓展的重点区域、联系北部地区的交通走廊、区域东北发展轴的核心增长极，是武汉市装备制造业基地、能源基地、现代农业基地，长江中游的综合物流基地和重要的文化生态旅游区。

在此角度，新洲区以阳逻-邾城新城建设为核心，借助长江经济带和大临港工业板块的发展机遇，依托港口，发挥港口聚集效应，打造具有世界水平的内河航运中心和现代物流园区。坚持工业强基、多业并举，打造具有世界水平的临港工业和装备制造基地、循环产业园区及国家级绿色建筑产业园区，巩固发展商贸、休闲旅游等生活性服务业；积极发展现代都市农业，促进经济总量和效益同步提升。

7）黄陂区基本情况

黄陂区位于武汉主城北部，是大武汉的六个新城区之一。按照"独立成市、产城融合、宜居宜业"的发展思路，立足国际化视野、战略性思维，围绕"华中地区独具临空特色的高科技制造产业基地，全国重要的商贸物流枢纽，武汉北部生态、文化新城"发展目标，科学规划，全面对接，提出了"两城"（前川新城、武汉北新城组群）崛起、"四区"（现代都市农业示范区、汉口北商贸物流枢纽区、武汉临空经济聚集区、木兰生态旅游区）支撑、建设"美丽、幸福黄陂"的发展战略。

黄陂区位于武汉市北部新城组群，以服务"建设国际航空枢纽、以临空型工业为特色的现代制造业基地"为目标，构建"一主一副四中心"的中心体系。刘店新城组群中心位于岱黄公路和巨龙大道交汇处，形成以商业、金融、信息等功能为主导的区域性生产服务中心；宋家岗新城组群副中心位于机场第二通道附近，以航空企业总部、商务、金融、酒店、旅游度假为主；武湖组团服务中心位于武湖正街沿线，滠口组团服务中心位于滠阳路两侧，横店组团服务中心位于川龙大道后湖北岸地区，盘龙组团服务中心位于乘龙路两侧，分别承担各组团内部的生活和生产服务职能。前川主要承担黄陂区的行政中心职能。

2.2.2 武汉乡村产业结构情况分析

1)武汉产业结构整体情况

通过提取 2017 年武汉市国民经济和社会发展统计公报，可以得出武汉市产业发展的概况：武汉市 2017 年实现地区生产总值 13410.34 亿元，比上年增长 8.0%。2005—2017 年这十二年间，武汉的 GDP 增幅达到了 387%，大多数年份的增速超过现有一线城市。如图 1-2-2 所示。

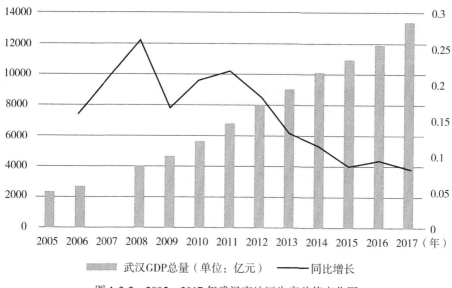

图 1-2-2　2005—2017 年武汉市地区生产总值变化图

数据来源：2005—2017 年武汉市年鉴

2017 年，武汉市第一产业增加值 408.20 亿元，增长 2.8%；第二产业增加值 5861.35 亿元，增长 7.1%；第三产业增加值 7140.79 亿元，增长 9.2%。三次产业构成由上年的 3.3∶43.9∶52.8，调整为 3.0∶43.7∶53.3，第一产业比重极小且有下降趋势，第二产业比重也在下降，第三产业比重持续增加。见表 1-2-6。

表 1-2-6　　　　　　　**2013—2017 年武汉市生产总值产业结构表**

	2013 年	2014 年	2015 年	2016 年	2017 年
生产总值(亿元)	9051.27	10069.48	10905.60	11912.61	13410.34
一产	335.40	350.06	390.81	390.62	408.20

续表

	2013 年	2014 年	2015 年	2016 年	2017 年
二产	4396.17	4785.66	4981.54	5227.05	5861.35
三产	4319.70	4933.76	5564.25	6294.94	7140.79

数据来源：2005—2017 年武汉市年鉴

将 2013—2017 年武汉市的三产结构进行对比，可以发现，武汉市第一产业的发展滞留在生产总值中始终占比极小；第二产业在不断发展，产值逐年攀升；第三产业所占比重不断加重，逐渐推进第一产业转向第二产业最终转向第三产业的合理路径，呈现出"三、二、一"的产值结构。产业结构从改革开放前后的"一钢独大"发展到钢、油、车的"多点支撑"，始终以传统老产业为主。究其原因，是由于武汉市的发展阶段正处于工业化发展中后期，工业结构呈现"重型化"趋势，且工业行业集中度上升。传统服务业稳步发展，新兴服务业加快发展，但第三产业占比与第二产业差距不明显，现代服务业比重偏低，今后还有很大的产业转型升级空间。

2) 东西湖区产业结构情况

2017 年，东西湖区实现地区生产总值 730.6287 亿元，按可比价计算，比上年增长 8.1%。其中，第一产业增加值 16.5136 亿元，增长 4.0%；第二产业增加值 545.8199 亿元，增长 8.1%；第三产业增加值 168.2952 亿元，增长 8.5%。三次产业结构比重由上年的 2.4∶74.6∶23.0 调整为 2.3∶74.7∶23.0。按常住人口计算，全区人均生产总值 132408 万元，比上年增加 9639 元。

从工业化水平综合指数来看，2007 年之前，东西湖区产业结构处于工业化中期阶段，2007 年之后，进入工业化后期阶段。对 2002—2017 年 15 年的产业结构进行分析发现，东西湖第一产业呈逐年下降态势，第二产业稳步增长，第三产业呈现阶段性涨落。就目前而言，东西湖区已进入高速的工业化阶段，工业产业对经济的拉动作用明显，占整体比重超过 70%，占绝对的主导地位，同时导致城市功能相对落后；第一产业占比持续降低，逐渐维持在 2%左右；第三产业呈现稳步增长的发展格局，产业结构不断调整优化，商贸、商务、酒店、居住等第三产业将有更多的发展机会，产业升级势在必行。见图 1-2-3。

3) 蔡甸区产业结构情况

2017 年，蔡甸区实现地区生产总值 397.65 亿元，比上年增长 8.0%。其中，第一产业增加值 50.29 亿元，增长 3.6%；第二产业增加值 221.64 亿元，增长 8.0%；第三产业增加值 125.72 亿元，增长 9.6%。第一、二、三产业比重为

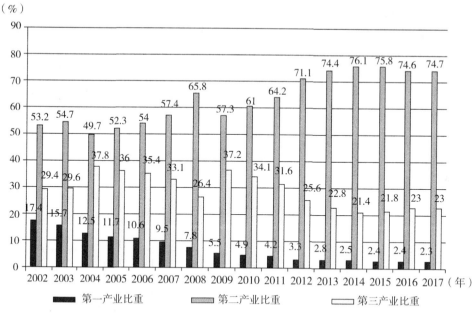

图 1-2-3　东西湖区 2002—2017 年三次产业占比趋势图
数据来源：2002—2017 年东西湖区国民经济与社会发展公报

12.7∶55.7∶31.6。

蔡甸区三次产业中，第一产业占比逐年上升，2015—2017 年，三年上升了 9个百分点；第二产业则有所波动，2015—2017，三年减少了 12.5 个百分点；第三产业占比逐年上升，2015—2017 年，三年上升了 29.8 个百分点。

4）汉南区产业结构情况

2017 年，汉南区实现地区生产总值 1443 亿元。其中，第一产业增加值 20 亿元，第二产业增加值 900 亿元，第三产业增加值 523 亿元。三次产业结构比重为1.39∶62.37∶36.24。

从工业化水平综合指数来看，2010—2014 年汉南区属于工业化中期阶段，2014 年之后汉南区属于工业化后期。第一产业比重一直下降，但 2014 年之前比重大于 10%，后由于汉南区与武汉经济技术开发区合并，第一产业比重维持在 1%，第二产业比重最大，第三产业比重大于第一产业，但小于第二产业。2017 年汉南区城镇化率 78.48%，处于后工业化阶段。但从总的产业结构来看，汉南区属于工业化后期阶段。

对 2010—2017 年产业结构进行分析发现，汉南区第一产业比重连续下降，第二产业比重先升后降，第三产业比重先降后升，三次产业内结构调整波动较为剧烈。就目前而言，汉南区仍然处于工业化后期阶段，工业仍然是拉动全区经济增长的支柱力量，占整体比重超过50%，占据主导地位；第一产业占比整体呈下降趋势，逐渐维持在1%左右；第三产业比重不断上升，现代物流、汽车服务、文化创意、健康养老和休闲旅游等借助重大项目的建设不断发展，服务业发展不断升级。产业结构在不断调整优化，但总体发展水平低下，三次产业协调发展的格局还需进一步调整。见图1-2-4。

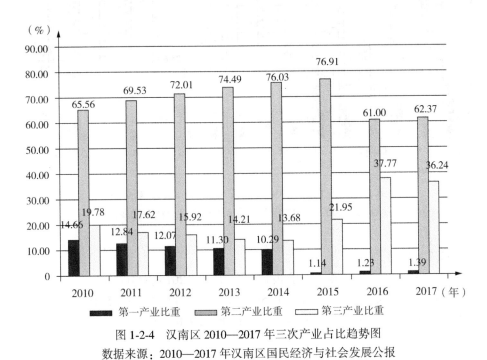

图1-2-4 汉南区2010—2017年三次产业占比趋势图

数据来源：2010—2017年汉南区国民经济与社会发展公报

5）江夏区产业结构情况

2017年末，江夏区完成地区生产总值770.98亿元，按可比价格计算，同比增长10.5%。其中，第一产业实现增加值103.86亿元，同比增长3.2%；第二产业实现增加值478.07亿元，同比增长12.2%；第三产业实现增加值189.04亿元，同比增长9.4%。三次产业的比重为13.5:62.0:24.5，与上年相比，第一产业的比重下降1.4%，第二产业的比重上升0.8%，第三产业的比重上升0.6%。

提高服务业（三产）占GDP比重，是"十三五"重要发展规划之一。在江夏区三次产业中，第一产业占比逐年走低，2015年为15.5%，2016年为14.9%，2017年为 13.5%，三年下降了 2 个百分点；第二产业则逐年提高，2015 年为 59.9%，2016 年为 61.2%，2017 为 62.0%。三年增加了 2.1 个百分点；第三产业占比略有波动，2015 年为 24.6%，2016 年为 23.9%，2017 年为 24.5%。三年下降了 0.1 个百分点。第三产业的比重不升反降。第三产业增加值占 GDP 的比重一直在 25% 以下徘徊，2015 年第三产业占比仅为 24.6%，低于全市平均值 26.4 个百分点；2016 年占比 23.9%，低于全市平均值 28.9 个百分点；2017 年占比 24.5%，低于全市平均值 28.8 个百分点。目前，江夏区服务业企业单位偏少、规模小，仅靠传统房地产、商贸等行业支撑远远不足。全区 2015 年只有 56 家规模以上服务业企业，2016 年为 73 家，2017 年为 89 家。见图 1-2-5。

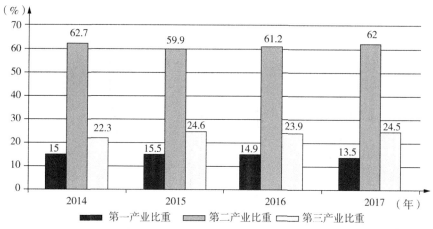

图 1-2-5　2014—2017 年江夏区三次产业占比趋势图
数据来源：2017 年江夏区国民经济与社会发展公报

6）新洲区产业结构情况

2017 年，新洲区实现地区生产总值 676.32 亿元，按可比价计算，比上年增长 8.0%。其中，第一产业增加值 83.35 亿元，增长 3.0%；第二产业增加值 381.33 亿元，增长 8.1%；第三产业增加值 211.64 亿元，增长 9.9%。三次产业结构比重维持上年的 12.3∶56.4∶31.3 不变。按常住人口计算，全区人均生产总值 74971 元，比上年增加 7077 元。

从工业化水平综合指数（包括人均 GDP、三次产业产值比例、制造业增加值占总商品增加值比例、人口城市化率、第一产业就业占总体就业比重）来看，2009—2017 年新洲区仍属于工业化中期阶段，第一产业比重先升后降，但比重大于 10%，仍然处于较高水平；第二产业比重最大，第三产业比重大于第一产业，但小于第二产业。2017 年新洲区人均 GDP 为 74971 元，城镇化率 52.23%，这几项指标均显示新洲区属于工业化中期阶段。

对 2009—2017 年产业结构进行分析发现，新洲区第一产业比重先升后降，整体呈下降趋势；第二产业比重先升后降，近几年有下降的态势；第三产业比重先降后升，三次产业内结构调整波动较为剧烈。就目前而言，新洲区仍然处于工业化中期阶段，工业仍然是拉动全区经济增长的支柱力量，占整体比重超过 50%，占据主导地位；第一产业占比整体呈下降趋势，逐渐维持在 12% 左右；第三产业比重不断上升，物流、商贸、文化产业和生态旅游等借助重大项目的建设不断发展，服务业发展不断升级。三次产业结构在不断调整优化，但总体发展水平低下，三次产业协调发展的格局还需进一步调整。见图 1-2-6。

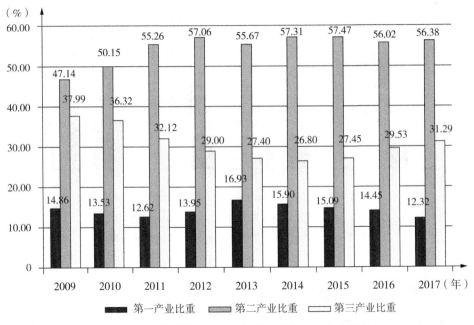

图 1-2-6　新洲区 2009—2017 年三次产业占比趋势图

数据来源：2009—2017 年新洲区国民经济与社会发展公报

7) 黄陂区产业结构情况

2017 年，黄陂区完成地区生产总值 702.49 亿元，按可比价计算，比上年增长 7.8%。其中，第一产业增加值 126.48 亿元，增长 3.5%；第二产业增加值 325.42 亿元，增长 8.1%；第三产业增加值 250.59 亿元，增长 9.6%。三次产业结构为 18.0∶46.3∶35.7，与上年相比，第一产业下降 1.5 个百分点，第二产业上升 0.4

个百分点,第三产业上升 1.1 个百分点。

黄陂区第一、二、三产业快速发展,农业基础地位不断强化,工业经济占据主导地位,服务业迅速发展壮大,产业结构由以农业为主向以工业、服务业为主转变。三次产业结构由 1978 年的 54.8∶25.3∶19.9 调整为 2017 年的 18.0∶46.3∶35.7。与 1978 年相比,第一产业占比下降了 36.8 个百分点,第二产业占比上升了 21 个百分点,第三产业占比上升了 15.8 个百分点。

2.2.3　武汉乡村人口就业结构情况分析

1)武汉乡村人口就业结构整体情况

(1)人口结构。

根据湖北省统计局及下辖各市统计局数据,2017 年年末武汉市常住人口为 1089.29 万人,比上年末增加 12.67 万人。常住人口中,城镇人口 871.87 万人,占常住人口的比重为 80.04%。

年末全市户籍人口 853.65 万人,比上年末增加 19.8 万人。户籍人口出生率 15.57‰,死亡率 11.62‰,自然增长率 3.96‰,净迁移率 19.78‰。

(2)就业结构。

分析武汉市近五年的三次产业就业人口可以发现,近三年的一产、二产的从业人口有所下降,三产从业人口持续增加。但整体上看三次产业从业结构未发生太大改变,第三产业的从业人员始终占大头,其次是第二产业,第一产业从业人数一直占比最低。近年来,武汉市的城镇化发展水平提升迅速,其城镇化率从 1986 年的 55.07% 上升到 2016 年的 79.77%(高于全国平均水平 57.35%),外来人口成为增长主要动力。

2)东西湖区乡村人口就业结构分析

(1)人口结构。

截至 2017 年末,东西湖区常住人口为 56.25 万人,比上年末增加 2.14 万人。其中,城镇人口为 36.72 万人。常住人口城镇化率为 65.28%,比上年提高 0.77%。人口出生率为 18.71‰,人口死亡率为 6.24‰,人口自然增长率为 12.47‰。

按照最新的人口普查数据,东西湖区形成了以吴家山、台商投资区、常青花园将军路片区为主的带状人口稠密区,其中,吴家山中心城区在方圆不到 30 平方千米的区域,已聚集了近 20 万人口,人口密度相当于中心城区水平。

(2)就业结构。

东西湖区乡村总人口为 5.93 万人,乡村总从业人口为 2.81 万人,其中,女性从业人口为 1.79 万人,占比 63.7%,男性从业人口为 1.02 万人,占比 36.3%。第一产业从业人口为 1.53 万人，在总人口中占比 54.45%；第二产业从业人口为 0.73 万人，占比 25.98%；第三产业从业人口为 0.55 万人，占比 19.57%。

从武汉市各行业的平均工资水平来看，第一产业年均收入水平为 77726 元；第二产业年均收入水平为 51494 元，其中工业中采矿业、制造业在各行业门类中处于较低水平；第三产业年均收入水平为 80886 元。相对来说，第三产业工资水平在三产中最高，尤其是房地产业，水利、环境和公共设施管理业，文化体育娱乐业和金融业。

综合从业结构和工资水平来看，第一产业收入水平一般，但从业人口最多；第二产业收入水平最低，从业人口也较多；第三产业收入水平较高，但从业人口最少，由此可见，东西湖区亟须进行产业结构调整，加大乡村第三产业农民培训力度，助推传统产业转型升级，扶植新型专业化农民团队。

3）蔡甸区乡村人口就业结构分析

（1）人口结构。

截至 2017 年末，蔡甸区常住人口为 45.93 万人。其中，非农业人口 13.71 万人。全年共出生 5930 人，死亡 2381 人，自然增长 3549 人。出生人口性别比 108.66。

（2）就业结构。

蔡甸区乡村总人口为 33.05 万人，乡村总从业人口为 17.79 万人，其中，女性从业人口为 9.16 万人，占比 51.49%，男性从业人口为 8.63 万人，占比 48.51%。第一产业从业人口为 5.82 万人，在总人口中占比 32.72%；第二产业从业人口为 7.88 万人，占比 44.29%；第三产业从业人口为 4.09 万人，占比 22.99%。

4）汉南区乡村人口就业结构分析

截至 2017 年末，汉南区常住人口为 41.12 万人，比上年末增加 1.28 万人。常住人口城镇化率为 78.48%，比上年提高 0.67%。户籍人口 284532 人，其中，男性人口 147344 人，占 51.78%；女性人口 137188 人，占 48.22%。

5）江夏区乡村人口就业结构分析

（1）人口结构。

截至 2017 年末，江夏区常住人口 91.37 万人，比上年末增加 1.91 万人。年底户籍人口 61.15 万人，其中城镇人口 22.65 万人，农村人口 38.50 万人；男性 31.42 万人、女性 29.73 万人。2017 年出生人口 12695 人，死亡人口 6009 人。

（2）就业结构。

江夏区乡村总人口为 36.23 万人，乡村总从业人口为 20.26 万人，其中，女性从业人口为 10.07 万人，占比 49.7%，男性从业人口为 10.19 万人，占比 50.3%。第一产业从业人口为 7.12 万人，在总人口中占比 35.14%；第二产业从业人口为 6.87 万人，占比 33.91%；第三产业从业人口为 6.27 万人，占比 30.95%。

从就业结构来看，江夏区一二三产业就业人数比较均衡，相对于收入水平较高的三产来说，就业人数依然不多，需加快产业转型升级。要以供给侧结构性改革为抓手，坚决淘汰落后和过剩产能，推动化工、建材、轻工等传统产业向中高端迈进。

6）新洲区乡村人口就业结构分析

截至 2017 年末，新洲区常住人口 56.25 万人，比上年末增加 2.14 万人。其中，城镇人口 29.38 万人。常住人口城镇化率为 52.23%，比上年提高 1.02%。户籍人口 961212 人，其中，男性人口 505336 万人，占 52.57%；女性人口 455876 万人，占 47.43%。

根据 2016 年的人口数据，可以看到新洲区在邾城街、涨渡湖街、辛冲镇和阳逻街人口密度最高，人口在阳逻、邾城两城分布最多，人口密集区沿阳逻、邾城、双柳、汪集整体形成带状发展。

7）黄陂区乡村人口就业结构分析

（1）人口结构。

截至 2017 年年末，黄陂区户籍总人口 113.32 万人，其中男性 57.99 万人，占 51.17%；女性 55.33 万人，占 48.83%。非农业人口 22.75 万人，比上年增加 0.68 万人。

（2）就业结构。

2017 年全年城镇新增就业岗位 9780 个，下岗失业人员再就业 1808 人，农村富余劳动力转移就业 13300 人，城镇登记失业率控制在 3.7% 以内。女性从业人口为 21.01 万人，男性从业人口为 24.96 万人。其中，第一产业从业人口为 13.41 万人，在总人口中占比 29.17%；第二产业从业人口为 21.64 万人，占比 47.07%；第三产业从业人口为 10.92 万人，占比 23.76%。

2.2.4　武汉乡村产业布局与发展情况

武汉市乡村产业整体布局见图 1-2-7。

武汉城市圈中，武汉市产业分工定位为：建成中部崛起的先进制造业基地，高技术产业的研发及产业化基地，以金融、物流、现代商贸、信息、科教、旅游为主的现代服务业基地。现状武汉远城区产业化发展已初具规模，主要表现为各大新城的建设，见图 1-2-8 和表 1-2-7。

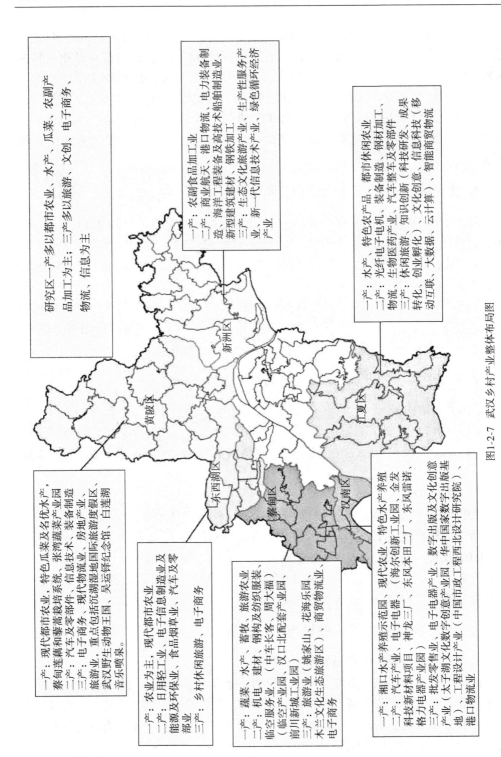

研究区一产多以都市农业、水产、瓜菜、农副产品加工为主；三产多以旅游、文创、电子商务、物流、信息为主

一产：农副食品加工业
二产：商业航天、港口物流、电力装备制造、海洋工程装备及高技术船舶制造、新型建筑建材、钢铁加工
三产：生态文化旅游产业、生产性服务产业、新一代信息技术产业、绿色循环经济产业

一产：水产、特色农产品、都市休闲农业
二产：光纤电子电机、装备制造、钢材加工、汽车整车及零部件（科技新研发、成果转化、创业孵化）、文化创意、信息科技（移动互联、大数据、云计算）、智能商贸物流
三产：生物医药产业、休闲旅游、知识创新

一产：现代都市农业、特色瓜菜及名优水产、蔡甸莲藕和薹高裁培系统、张湾蔬菜产业园
二产：汽车及零部件、信息技术、电子商务、现代物流业、房地产业
三产：旅游业、重点包括沉湖湿地国际旅游度假区、武汉野生动物王国、吴运铎纪念馆、白莲湖音乐喷泉。

一产：农业为主，现代都市农业
二产：日用轻工业、电子信息制造业及汽车及零部件业、食品烟草业
三产：乡村休闲旅游业、电子商务

一产：蔬菜、水产、畜牧、旅游农业
二产：机电、建材（中车长客、周大福）、临空服务业（临空产业园、汉口北配套产业园）、钢构及纺织服装、汉口北配套产业园）
三产：旅游业（姚家山、花海乐园、木兰文化生态旅游区）、商贸物流业、电子商务

一产：湘口水产养殖示范园、现代农业、特色水产养殖
二产：汽车材料产业、电子电器（海尔创新工业园、格力电器产业园）、神龙三厂、东风本田三厂、东风雷诺、科技新材料项目、东风本田三厂、电子电器产业、数字出版及文化创意基地）、工程设计产业（中国市政工程西北设计研究院）、港口物流业
三产：批发零售业、电子电器产业、数字出版及文化创意（太子湖文化数字创意产业园、华中国家数字出版基地）、工程设计产业（中国市政工程西北设计研究院）、港口物流业

图1-2-7 武汉乡村产业整体布局图

40

图 1-2-8 武汉市各区新城分布图

表 1-2-7 武汉市各区新城功能定位表

	行政范围	规划定位
东部新城组群	地跨现武汉市洪山区、新洲区	以重化工和港口运输等为主导，纺织业和其他制造业相配套
东南新城组群	跨洪山区、江夏区和东湖高新技术开发区	以东湖新技术开发区为依托，以光电子产业和科教研发产业等高新技术产业为主导，职住功能综合平衡的科技新城组团集群
南部新城组群	江夏区北部地区	武汉地区的教育科研聚集区和现代物流基地
西南新城组群	沌口西南、汉南区	以武汉经济技术开发区为依托，以汽车及汽车零配件、机电制造、包装印刷、物流工贸等产业为主导的城市组团集群 纱帽新城：汉南区的政治、经济、文化中心，以农副产品深加工为特色，以机电制造、包装印刷等为主导产业的滨江工业新城

续表

	行政范围	规划定位
西部新城组群	东西湖区和蔡甸区	以国家级食品加工工业基地和台商投资区为依托的现代化新城
北部新城组群	黄陂区南部	以天河国际航空港为依托，以航空物流、轻型制造业、高新技术、大型主题游乐等临空产业为主导，职住功能综合平衡的城市组团集群

武汉市郊各区分工主要分为三大类：东部及北部新城以发展物流、港口运输等外向型经济为主；东南以及南部组团发展以光电子产业、科教研发产业为主的高新技术产业；西南以及西部新城组群主要以农副产品加工为主形成农副食品加工产业链，产业集群初现。

武汉市乡村主导产业见表1-2-8。

表1-2-8 武汉市乡村主导产业情况

地区	主导产业
东西湖区	依托吴家山台商工业园和东西湖保税物流中心，形成吴家山台商产业新城、金银潭工业聚集区的"一城一区"布局，主导产业为食品、机电和电子信息、物流、航空等
蔡甸区	依托武汉经济开发区，形成常福产业新城和蔡甸城关工业集聚区的"一城一区"总体布局结构，主导产业为通信电子、汽车零部件和装备制造
汉南区	发展智能装备、新能源汽车与智能网联汽车、通用航空及卫星三大战略性新兴产业，做大做强做优汽车、电子电器和健康食品等支柱产业，大力培育发展先进装备制造、新材料、绿色制造与再制造、生物技术与医药等战略性新兴产业和未来产业，大力发展现代服务业
江夏区	紧密对接东湖高新技术开发区和国家级生物产业基地的建设，构建与近邻龙头企业富士康、中芯国际的配套企业集群，将江夏区打造成省内最具活力的武汉南部经济带，成为省内现代制造业生产与配套基地，主导产业为电子信息、生物医药、机械装备制造
新洲区	优先发展先进制造业，改造提升传统优势工业，大力发展生产性服务业，积极发展生活性服务业，稳健发展建筑房地产业，走出具有新洲特色的产业发展之路，打造新洲经济"升级版"

地区	主导产业
黄陂区	依托汉口北商贸物流枢纽区和台湾农民创业园，重点建设武湖产业新城和横店临空型工业集聚区，主导产业为临空制造、轻工及新型建材、食品加工

远城区整体产业集群的发展促进了远城区乡镇企业的联动发展。以黄陂区为例，区域中心前川街主要发展与滠口街、横店街配套的居住设施与公共服务设施，打造区政治、经济、文化及综合性生产服务中心；祁家湾街发展机械工业等。

2.3　武汉乡村产业现存问题

2.3.1　产业结构失衡，各区发展不平衡

武汉市远城区三产比重普遍存在"强二产，弱一产，促三产"的现象，三次产业比重明显不平衡。其中，第二产业比重最大，在产业结构中占主导地位，且在各区产业比重中所占比例大致相同。

武汉市远城区产业结构对比见图1-2-9。

就三产产值对比来看，第二产业产值也呈现出不均衡的现象：江夏区第二产业产值为176.64亿元，为六区中最高；汉南区第二产业产值最低，仅为36.62亿元，其余远城区第二产业产值较为平均；第三产业产值与第一产业产值总体水平较低。就单个远城区经济发展水平来看，东西湖区经济水平最高，地均产值达到每公顷用地46.53万元，人均GDP也处于六大远城区首位。整体来看，黄陂区与蔡甸区生产总值指标偏低。

武汉市远城区产业结构有失均衡，第三产业发展滞后，从而制约第二产业规模化、信息化发展。同时，第二产业内部主导产业层次不高，以劳动密集型产业(农副产品加工、纺织服装)为主，技术密集型产业较少，支柱产业不明显，而且第三产业中的生产型服务业比重低，多以餐饮、商业等生活型服务业为主。旅游服务业层次低，没有形成精品景区，与其他景点没有便捷的交通线，从而造成经济整体发展缺乏活力，经济面貌萧条，经济发展动力不足。

远城区各区产业结构见表1-2-9。

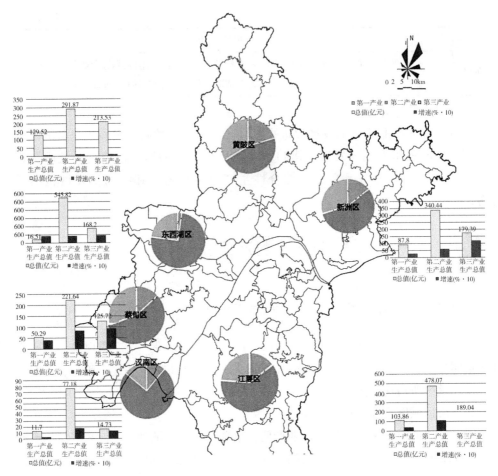

图 1-2-9 各区产业结构对比图

表 1-2-9 武汉市各区产业结构表

区域产业结构背景			
地区	一产占比	二产占比	三产占比
黄陂区	20%	46%	34%
东西湖区	2%	75%	23%
蔡甸区	14%	56%	30%
汉南区	11%	75%	14%
江夏区	15%	61%	24%
新洲区	14%	56%	30%

数据来源：武汉市 2017 年统计年鉴

从武汉市远城区整体城镇产业发展来看,许多城镇职能单一,大多数城镇属于"服务型"城镇,"生产型"城镇比重低,以黄陂区为例,16 个乡镇中,生产型城镇只有 5 个。大多数城镇属性为"农副产品加工服务业"性质城镇,"生产型"城镇主要集中于黄陂区南部,现状黄陂区城镇主要职能仍停留在为周边农村地区提供物资集散、商品交换、行政及文教服务为主的初级发展阶段上。黄陂区中部北部经济主体仍然是农业,土地利用效率低、人均耕地资源有限是农业生产的主要问题。黄陂区农业现代化发展水平低,闲置劳动力比例大,从而制约了城镇化水平的提高;非农经济主要以"商贸"为主,城镇职能失衡,经济活力欠缺。

整体来看,与武汉市主城区紧密联系的新城是各区产业发展的增长极,而其余城镇均依托新城发展;以武汉市主城区为中心的圈层是武汉市域内各区的主要经济联系方向,但忽视了各区各街道之间的联系,产业发展不均衡。新洲区产业依托阳逻新城产业区与邾城城关镇发展。江夏区产业主要集聚在北部新城,形成以纸坊新城为中心的产业集群,中部主要以郑店组团与五里界组团为核心,带动周边区域产业发展,而南部的农业地区未形成规模化的、极核带动的产业集群,发展基础薄弱,城乡差距明显。汉南区产业主要集中在纱帽新城(城关镇),以纱帽主城区为核心,以湘口、邓南、东荆 3 个重点镇为节点,带动周边区域发展。由于汉南区城市形态由东北向西南呈现带状发展格局,纱帽主城区辐射范围有限,西南地区主要依靠自身力量发展农业经济。

黄陂区规模产业集中在南部新城,以物流与居住为主,承接武汉主城区产业疏散,是黄陂区全区经济发展的增长极。但由于产业链不完整,无优势产业带动,规模以上工业企业仅为 26 家,占总工业企业数目的 15%,缺少主导支撑产业以及经济政策不完备等原因,并未有效带动北部城镇,甚至前川新城的发展。黄陂区其他街道主要还是依托农产品加工以及北部的木兰山风景旅游区的带动发展,农业没有形成自己的产业链条,难以规模经营,没有产业的集聚,工业化无从谈起,从而制约了产业化的发展,产业发展极不均衡。

2.3.2　就业结构有待提升

就人口就业结构而言,以 2013 年为例,三次产业结构比重为 3.7：48.6：47.7,而就业结构比重为 12.1：38.4：49.5,一产吸纳就业能力下降迅速,二产缓慢下降,三产呈逐年增长趋势。详见表 1-2-10。

表 1-2-10　　　　　　　　　　分区从业人员　　　　　　　　　　(单位：万人)

项目	东西湖区	蔡甸区	江夏区	黄陂区	新洲区	汉南区
农林牧渔	1.22	6.27	6.88	13.77	11.44	1.57

续表

项目	东西湖区	蔡甸区	江夏区	黄陂区	新洲区	汉南区
工业	1.11	5.37	4.22	7.6	8.43	1.13
建筑业	0.17	2.24	2.52	14.03	10.23	0.47
交通运输业	0.11	0.93	1.24	1.94	1.87	0.2
仓储业和邮电业	0.05	0.15	0.22	0.32	0.59	0.04
信息传输、计算机服务和软件业	0.03	0.15	0.22	0.28	0.4	0.02
批发零售业	0.06	1.27	1.15	2.78	2.21	0.23
住宿和餐饮业	0.05	0.86	1.05	2.15	1.56	0.16
其他非农行业	0.32	0.39	2.46	2.29	3.5	0.37
总人口	3.12	17.63	19.96	45.16	40.23	4.19
一产人口	1.22	6.27	6.88	13.77	11.44	1.57
比重	0.39	0.36	0.34	0.3	0.28	0.37
二产人口	1.39	8.54	7.98	23.57	20.53	1.8
比重	0.45	0.48	0.4	0.52	0.51	0.43
三产人口	0.51	2.82	5.1	7.82	8.26	0.82
比重	0.16	0.16	0.26	0.17	0.21	0.2

数据来源：武汉市 2017 年统计年鉴

2.3.3 产业结构和就业结构不协调

武汉市远城区各区产业结构与就业结构对比分析见图 1-2-10 和表 1-2-11。

表 1-2-11 各区产业结构与就业结构对比分析表

地区	产业结构			就业结构		
	第一产业	第二产业	第三产业	第一产业	第二产业	第三产业
全市	3.3%	43.9%	52.8%	9.0%	38.0%	53.0%
东西湖	2.4%	74.6%	23.0%	39.1%	44.6%	16.3%
蔡甸	13.4%	56.3%	30.3%	35.6%	48.4%	16.0%
江夏	14.9%	61.2%	23.9%	34.5%	40.0%	25.6%

续表

地区	产业结构			就业结构		
	第一产业	第二产业	第三产业	第一产业	第二产业	第三产业
黄陂	20.4%	46.0%	33.6%	30.5%	52.2%	17.3%
新洲	14.5%	56.0%	29.5%	28.4%	51.0%	20.5%
汉南	11.3%	74.5%	14.2%	37.5%	43.0%	19.6%

数据来源：武汉市 2017 年统计年鉴

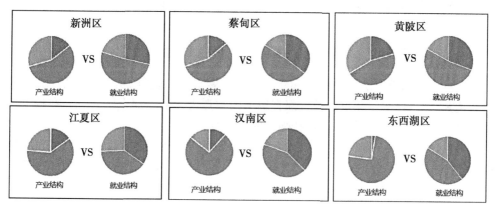

图 1-2-10　各区产业结构与就业结构对比分析
数据来源：武汉市 2017 年统计年鉴

2016 年，就各区而言，从业结构特征为第二产业就业比例最高，其次为第一产业，最后为第三产业。

2.4　本章小结

本章主要分析了武汉乡村基本情况、产业结构、就业结构、人口收入、主导产业及主要企业和产业空间布局等情况，并提出了武汉乡村产业所呈现的特征和目前亟待解决的重点问题，比如产业结构失衡、就业结构有待提高、产业结构和就业结构不协调等。在问题导向下，后续各章运用科学的分析方法，提出了有针对性的解决方案。

3 武汉乡村产业结构评价

3.1 产业结构评价方法：城市产业战略地位与行动评价

3.1.1 适合武汉市市情的战略分析方法选取

武汉是中国重要的科教研发和新兴产业发展基地。截至2017年，武汉高等院校高达82所，仅次于北京；教育部直属全国重点大学数量居全国第三；在校大学生和研究生总数居全国第一。依托强大的科、教、文、卫实力，近年来，武汉通过不断淘汰传统落后产业，大力推动经济结构调整和产业转型升级，使全市经济大幅向前迈进，并被认为是国内"唯一能够实现制造产业升级换代的城市"和中国发展速度最快的极少数城市之一。

目前全市高新技术制造业占规模以上工业增加值的比重仅次于深圳等极少数城市，BAT等新兴产业巨头纷纷都在此设立研发中心或区域总部，城市创新能力在全国排名第二，创业环境在中国大陆排名前十强，被认为是中国五大创业中心之一，城市综合竞争力指数位居中国十强。

在分析方法上采用既先进、又适合武汉市市情的战略分析方法。经典的综合战略分析模型包括三个阶段：战略制定、战略实施、战略评价。目前，进行战略分析比较成熟并得到实践检验的方法，在战略制定中有外部因素评价矩阵(EFEM)、竞争态势矩阵(CPM)、内部因素评价矩阵(IFEM)；在战略选择中有SWOT矩阵、SPACE矩阵、BCG矩阵、IE矩阵和GS矩阵；在战略决策中有QSP矩阵。其中，以SPACE矩阵最为核心。

战略地位与行动评价矩阵(Strategic Position and Action Evaluation Matrix，简称SPACE矩阵)主要是分析产业外部环境及产业应该采用的战略组合①。

1965年美国安索夫发表的Corporate Strategy(产业战略论)标志着"战略管理"概念的出现。20世纪60年代，开始在产业实践方面系统使用战略管理思想，之后迅

---

① 梁章萍. 基于SPACE矩阵的茂名市滨海旅游优化分析——以茂名市A度假区为例 [J]. 广东石油化工学院学报，2017，27(4)：77-81.

48

速发展。产业战略决定了产业发展的长期目标、途径以及资源分配方式。

3.1.2　四维评价因子决定产业战略

战略决定了以何种途径获得竞争优势和战略竞争力，能对武汉市产业的发展产生深远的影响。SPACE 矩阵有四个象限分别表示企业采取的进取、保守、防御和竞争四种战略模式。这个矩阵的两个数轴分别代表了企业的两个内部因素——产值优势（FS）和竞争优势（CA）；两个外部因素——环境稳定性（ES）和产业优势（IS）。这四个因素对于企业的总体战略地位是最为重要的。

产值优势（FS）：各产业的年度产值，通过对比区域内不同产业的年产值来对行业的产值优势进行说明；

竞争优势（CA）：即行业集中度，算法为 i 行业当年产值/全市（区）当年总产值。行业内的集中度越高，合作最大化利润的可能性越高，竞争优势越强烈；集中度低则该行业的竞争优势不明显。

环境稳定性（ES）：判断标准为是否符合区域产业导向，评分标准为区域对该产业的扶持力度；

产业优势（IS）：区位商=（i 行业当年增加值/武汉当年 GDP 增加值）/（i 行业当年全国增加值/全国当年 GDP 增加值）；区位商>1，表示该产业相对集中度较高。

3.1.3　建立 SPACE 矩阵步骤

建立 SPACE 矩阵的步骤如下：

（1）选择构成产值优势（FS）、竞争优势（CA）、环境稳定性（ES）和产业优势（IS）的一组变量；

（2）对构成 FS 和 IS 的各变量给予从+1（最差）到+6（最好）的评分值，而对构成 ES 和 CA 的轴的各变量给予从-1（最好）到-6（最差）的评分值；

（3）将各数轴所有变量的评分值相加，再分别除以各数轴变量总数，从而得出 FS、CA、IS 和 ES 各自的平均分数；

（4）将 FS、CA、IS 和 ES 各自的平均分数标在各自的数轴上；

（5）将 X 轴的两个分数相加，将结果标在 X 轴上；将 Y 轴的两个分数相加，将结果标在 Y 轴上；标出 X、Y 数轴的交叉点；

（6）将这一区域的各个行业标在各自的数轴上，从其分布的象限判断其发展战略。

SPACE 矩阵战略分析象限图见图 1-3-1。

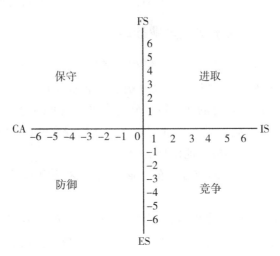

图 1-3-1 SPACE 矩阵战略分析象限图

3.1.4 战略地位决定战略行动

企业的最终战略地位决定了其战略行动。战略地位分为进取、保守、防御和竞争四类区域，不同的区域代表着企业应考虑相应的战略行动。战略行动与战略地位的关系如下：

（1）进取象限：说明该企业正处于一种绝佳的地位，即可以利用自己的内部优势和外部机会选择自己的战略模式，如市场渗透、市场开发、产品开发、后向一体化、前向一体化、横向一体化、混合式多元化经营等；

（2）保守象限：意味着该企业应该固守基本竞争优势而不要过分冒险，保守型战略包括市场渗透、市场开发、产品开发和集中多元化经营等；

（3）防御象限：意味着该企业应该集中精力克服内部弱点并回避外部威胁，防御性战略包括紧缩、剥离、结业清算和集中多元化经营等；

（4）竞争象限：表明该企业应该采取竞争性战略，包括后向一体化战略、前向一体化战略、市场渗透战略、市场开发战略、产品开发战略及组建合资企业等。

3.2 武汉乡村产业结构整体评价与结果分析

3.2.1 武汉乡村产业结构整体评价与结果分析

对构成 FS 和 IS 的各变量给予从 +1（最差）到 +6（最好）的评分值。而对构成 ES

和 CA 的轴的各变量给予从-1(最好)到-6(最差)的评分值,可得出如表 1-3-1、图 1-3-2 和表 1-3-2 所示的武汉市产业战略地位与行动评价。

表 1-3-1　　　　　　　**2016 年武汉市产业战略地位与行动评价表**

战略地位与行动评价表	年度产值(亿元)	产值优势(FS)	行业集中度	竞争优势(CA)	产业导向	环境稳定性(ES)	区位商	产业优势(IS)	横轴坐标	竖轴坐标
农林牧渔业	432.38	1	3.2%	-4	2	-4	17.1%	2	-2	-3
采矿业	18.4	2	0.1%	-6	0	-6	9.1%	1	-5	-4
制造业	2832.95	6	21.1%	-1	6	-1	86.8%	3	2	5
电力、热力、燃气及水	1212.39	5	9.0%	-2	1	-5	139.0%	5	3	0
建筑业	1146.88	5	8.6%	-2	3	-4	149.1%	6	4	1
交通运输、仓储和邮政业	1122.32	5	8.4%	-2	5	-2	101.9%	4	2	3
批发和零售业	543.53	2	4.1%	-4	0	-3	35.8%	3	-1	-1
住宿和餐饮业	406.58	2	3.0%	-4	0	-3	121.1%	5	1	-1
金融业	1097.58	4	8.2%	-2	4	-3	100.1%	4	2	1
房地产业	881.48	3	6.6%	-3	4	-3	114.8%	5	2	0

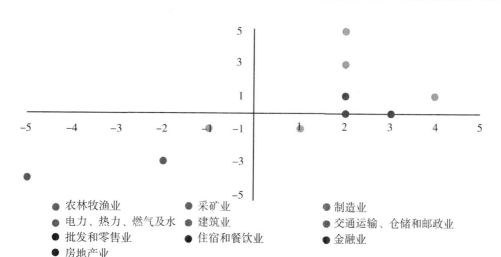

图 1-3-2　2016 年武汉市产业战略地位与行动评价矩阵图

表 1-3-2 **2016 年武汉市产业战略模型表**

产业名称	战略类型	所属象限	具体战略措施	战略模型
制造业、建筑业、交通运输业、仓储和邮政业、金融业	进取型	第一	多元化、一体化、新产品开发、市场渗透	增长型
无	保守型	第二	市场开发、市场渗透、集中多元化	稳定型
农林牧渔业、采矿业、批发和零售业	防御型	第三	紧缩、剥离、清算、退出部分业务	收缩型
住宿和餐饮业	竞争型	第四	一体化、市场渗透、产品开发	增长、组合型

　　通过分析，可以得出在武汉市现状产业发展的背景下，制造业、建筑业、交通运输业、仓储和邮政业、金融业对比全国行业发展处在优势进取地位上，应当采取积极增长的发展战略。其中，武汉市制造业的战略地位最突出，制造业实力不容小觑。农林牧渔业、采矿业、批发和零售业处于防守地位；住宿和餐饮业处于竞争地位。将所有产业进行大致分类可以发现，一产处于防御地位，面临着产业收缩；二产仍然是武汉的主力产业，处于不断的进取增长阶段；三产主要分布在竞争象限，处于迅速发展的扩张阶段。这也符合当下武汉市供给侧结构性改革的阶段进程，从而可用来指导武汉市各区乡村产业的发展方向。

3.2.2　武汉远城区各区产业结构评价与结果分析

　　武汉远城区各区乡村产业战略地位总结见表 1-3-3。

表 1-3-3 **武汉远城区各区乡村产业战略地位总结表**

	东西湖区	蔡甸区	汉南区	江夏区	新洲区	黄陂区
进取象限	1. 工业 2. 建筑业 3. 批发和零售业	1. 计算机、通信和其他电子设备 2. 汽车制造业 3. 建筑业 4. 专用设备制造业 5. 批发零售业	1. 工业 2. 其他产业	1. 工业	1. 工业	1. 工业

续表

	东西湖区	蔡甸区	汉南区	江夏区	新洲区	黄陂区
保守象限	无	1. 电气机械和器材制造业 2. 通用设备制造业	无	无	无	1. 农林牧渔业
防御象限	1. 交通运输业 2. 仓储和邮政业 3. 金融和保险业 4. 农林牧渔业	1. 纺织服装业 2. 造纸和纸制品业 3. 化学制品制造业 4. 住宿餐饮业	1. 住宿餐饮业 2. 农林牧渔业	1. 建筑业 2. 住宿和餐饮业 3. 金融和保险业 4. 房地产业	1. 交通运输业 2. 仓储和邮政业 3. 住宿餐饮业 4. 金融业	1. 建筑业 2. 邮电业 3. 住宿餐饮业
竞争象限	无	1. 农林牧渔业	无	1. 农林牧渔业	1. 农林牧渔业 2. 建筑业 3. 房地产业	1. 房地产业
轴线	房地产业	橡胶和塑料制品业	1. 房地产业 2. 批发零售业	1. 其他服务业	1. 批发零售业 2. 其他服务业	无

　　对武汉市六个远城区进行产业结构评价，评价结果（表1-3-3）显示，武汉远城区工业发展情况类似，均处于进取象限，产业吸引力强（IS值高）、环境不确定性低（ES值低）、产业具有一定的竞争优势（CA值高），并可利用产值优势（FS）保护已取得的优势。六个远城区均是工业为主导产业，其工业产业不仅自身实力较强，而且国家和地方政府的高度重视、丰富的自然资源、良好的投融资环境等因素为产业在这些地区的发展提供了稳定的外部环境。同时，工业产业内部产值优势明显，行业集中度高，竞争优势强。工业的率先发展能够提高地区的整体经济水平。工业化发展对于社会发展与经济增长至关重要，是形成现代化城镇的重要力量。远城区应该着眼于工业化发展，将工业与先进制造业作为其工作重点，以求实现先进制造业的快速转移与制造业集群。加大工业增长极的发展力度。当地政府应该给予工业发展足够的资金与技术支持，从而给予其极大的方便。同时还应该给予其在土地与程序方面的便利，从而实现增长极的全面发展。

农林牧渔业处于防御或竞争象限,六区均表现为产业环境不稳定,产值优势弱。其中,新洲区、江夏区和蔡甸区农林牧渔业具有产业吸引力以及一定的竞争优势,应大力发展集生产、生态、生活、示范功能于一体的现代都市农业体系,打造蔬菜、食用菌、花卉苗木、生态有机茶、优质高效粮油等优势农产品。农业企业应选取前向一体化和后向一体化战略,向产业链两端延伸,形成加工、生产、销售等一条龙产业链条。而汉南区和东西湖区农林牧渔业则趋于衰退且不稳定的社会经济环境之中,产业优势弱,缺乏竞争优势。应利用区域其他资源优势,例如与旅游资源结合,打造特色农家乐、乡村旅游等,提高农业服务业以及住宿和餐饮业产值。

六个远城区几乎少有保守型产业,黄陂区农林牧渔业以及蔡甸区部分制造业(如电气机械和器材制造业以及通用设备制造业)属于此类型,其竞争优势良好,环境稳定性不强。

3.3　本章小结

经过论证确定选用城市产业战略地位与行动评价模型对于上述武汉乡村产业结构方面的问题进行具体分析,对各区乡村产业结构的特征进行详细解构,并因地制宜地提出了相应的引导各产业发展的具体对策,指出了重点发展的产业方向。

武汉市一产处于防御地位,面临着产业收缩;二产仍然是武汉市的主力产业,处于不断的进取增长阶段;武汉市的三产主要分布在竞争象限,处于迅速发展的扩张阶段。这也符合当下武汉市供给侧结构性改革的阶段进程,从而来指导武汉市各区的乡村产业的发展方向。

远城区多数产业处于防御象限,其中以第三产业为主,产业正处于日趋衰退且不稳定的社会经济环境之中,产业优势弱(IS 值低)、缺乏竞争优势(CA 值低),且产值优势不强(FS 值低)。第三产业的发展受到严重的限制,这一产业主要集中于小规模的餐饮业。远城区应该着力提高自身的整体服务功能水平。具体来说,应该同时发展主城区产业与现代服务业,并在基础上提高当地城镇化水平与工业化水平。另外,武汉市要着手发展特色产业,以便能更好地利用当地的资源等优势,从而形成最适合的产业结构。

4 武汉乡村人口就业结构评价

4.1 就业结构评价方法：熵值法

4.1.1 评价方法的选取

目前在评价领域采用的方法主要分为主观赋权法和客观赋权法两类，而熵值法作为用来判断数据指标的离散程度的客观赋权法，由于其有效地避免主观赋权法中人为因素干预评价结果的缺点，被广泛应用于综合评价之中。

4.1.2 评价步骤

在实际评价过程中，熵值法的主要步骤如下：

(1)建立全局评价矩阵：

对 T 年中需要进行评价的 M 个地区的 n 个指标构建全局评价矩阵如下：

$$X = (x_{ij}^t)_{MT \times n}$$

(2)标准化处理：

全局熵值法对相关正向指标和负向指标的标准化处理公式具有差异性。其中正向指标处理公式：

$$x_{ij}^{t'} = \frac{x_{ij}^t - x_{j\min}}{x_{i\max} - x_{j\min}} \times 99 + 1,$$

$$1 \leqslant i \leqslant M,\ 1 \leqslant j \leqslant n,\ 1 \leqslant t \leqslant T$$

负向指标处理公式：

$$x_{ij}^{t'} = \frac{x_{j\max} - x_{ij}^t}{x_{j\max} - x_{j\min}} \times 99 + 1,$$

$$1 \leqslant i \leqslant M,\ 1 \leqslant j \leqslant n,\ 1 \leqslant t \leqslant T$$

(3)计算第 j 项指标的信息熵：

$$e_j = -K \sum_{t=1}^{T} \sum_{i=1}^{n} y_{ij}^t \ln y_{ij}^t$$

$$K = \frac{1}{\ln MT}$$

（4）计算指标客观权重：

$$\omega_j = \frac{1 - e_j}{n - \sum_{j=1}^{n} e_j}$$

（5）计算综合得分：

$$s_i = \sum_{j=1}^{n} \omega_j x_{ij}^{t'}$$

4.1.3　数据来源

（1）《武汉统计年鉴—2018》；

（2）武汉市东西湖区、蔡甸区、汉南区、江夏区、新洲区、黄陂区六个远城区 2017年国民经济和社会发展统计公报。

4.2　就业结构评价体系

4.2.1　评价体系建立

在乡村就业结构体系中，包括增长指标、就业指标、平均工资、农村教育投入和转移劳动力比例五方面[①]。就业率和在职人员的平均工资是衡量一个地区或城市就业情况的重要因素。就业率是测度一个地区总体就业情况的最基本、最重要的指标。同时，在职人员的平均工资从另外一个侧面反映了就业的质量[②]。高平均工资的就业可以引致高的地区投资和消费支出，从而又在另外一个方面引发更多的就业机会；不同登记注册类型划分的就业人数主要从组织实体反映就业人数在各个就业渠道的增长情况；教育投入提高劳动者的自身素质是解决城乡就业难题的根本法则。

由于我国没有对农村失业进行详细的定义，因此不存在农村失业率这样的指标。在本研究中，以就业增长指标代替就业率指标。非农就业比例等于农村非农就业人口与经济活动人口的比值。就业的发展过程实质上是伴随着产业高级化同时进行的。在产业高级化的过程中体现出来的是第一产业就业人员比重的不断下降，以

[①]　陆铭. 劳动经济学[M]. 上海：复旦大学出版社，2002.

[②]　周天勇. 托达罗模型的缺陷及其相反的政策含义——中国剩余劳动力转移和就业容量扩张的思路[J]. 北京：经济研究，2001(3).

及第二、三产业就业人员比重的上升；在教育投入方面，我国在农村的教育投入与城市相比还有着不小的差距，一定程度上也阻碍了劳动力向城市的转移；转移就业比例从相对量上对一个地区内劳动力转移的增长进行计算，来测度城市与农村就业市场的拟合程度。

根据就业结构评价指标体系构建思路，可得到基于熵值法的乡村就业结构评价指标体系，如表1-4-1所示。

表1-4-1 乡村就业评价指标体系

目标层	准则层	指标层
	增长指标	乡村就业增长
	就业指标	非农就业比例
乡村就业结构	平均工资	农民人均收入
	教育投入	千人学校数
	转移指标	转移劳动力比例

4.2.2 评价指标量化

评价指标量化见表1-4-2、表1-4-3、表1-4-4。

表1-4-2 各区就业指标情况

分区	增长指标 乡村就业增长率	就业指标 非农就业比例	平均工资 农民人均收入 （单位：元）	教育投入 千人学校数 （单位：个/千人）	转移指标 转移劳动力比例
东西湖区	74%	58%	23077	1.04	1.23%
蔡甸区	1%	67%	19345	2.13	0.23%
汉南区	-33%	46%	19639	1.31	0.81%
江夏区	2%	65%	19669	1.28	1.09%
新洲区	1%	71%	18627	1.52	1.00%
黄陂区	2%	71%	19293	1.38	1.36%

表1-4-3 就业指标量化标准表

指标	打分标准
增长指标	0%以下记 0 分，0%～10%记 1 分，10%～20%记 2 分，20%～30%记 3 分，30%～40%记 4 分，40%及以上记 5 分
就业指标	40%以下记 0 分，40%～50%记 1 分，50%～60%记 2 分，60%～70%记 3 分，70%～80%记 4 分，80%及以上记 5 分
年平均工资	18500 以下记 0 分，18500～19000 记 1 分，19000～19500 记 2 分，19500～20000 记 3 分，20000～25000 记 4 分，25000 及以上记 5 分
教育投入	1.00 以下记 0 分，1.00～1.25 记 1 分，1.25～1.50 记 2 分，1.50～1.75 记 3 分，1.75～2.00 记 4 分，2.00 及以上记 5 分
转移指标	0.1%以下记 0 分，0.1%～0.25%记 1 分，0.25%～0.5%记 2 分，0.5%～0.75%记 3 分，0.75%～1.00%记 4 分，1.00 以上记 5 分

表1-4-4 各区指标得分情况表

分区	增长指标 乡村就业增长率	就业指标 非农就业比例	平均工资 农民人均收入	教育投入 千人学校数	转移指标 转移劳动力比例
东西湖区	5	2	4	1	5
蔡甸区	1	3	2	5	1
汉南区	0	1	3	2	4
江夏区	1	3	3	2	5
新洲区	1	4	1	3	4
黄陂区	1	4	2	2	5

4.2.3 评价指标权重

通过熵值法对就业指标权重进行计算，得到指标层权重分布如表1-4-5所示。

表1-4-5 就业指标权重表

指标层	乡村就业增长率	非农就业比例	农民人均收入	千人学校数	转移劳动力比例
权重	0.425	0.1825	0.085	0.135	0.1725

用熵值权重法计算出综合权重，结合上一步骤量化的数据，从而得到各乡村就

业情况的综合指数。其算法如下：

$$P = \sum_{i=1}^{n} X_n A_n (n = 1, 2, \cdots, 15)$$

式中，P 为乡村就业水平综合得分；$X_n(n=1, 2, \cdots, 15)$ 为总目标的权重；$A_n(n=1, 2, \cdots, 15)$ 为各因素的每项得分。

将目标层乡村就业的综合得分划分等级，其等级评定对应为：综合得分<2 的为Ⅲ级，乡村就业情况较差；2≤综合得分<3 的为Ⅱ级，乡村就业情况一般；综合得分≥3 的为Ⅰ级，乡村就业情况良好。

4.3　武汉乡村人口就业结构评价与结果分析

武汉市研究区乡村人口就业情况见表 1-4-6。

表 1-4-6　　　　　　研究区乡村人口就业情况评价综合结果一览表

序号	地区	得分	等级
1	东西湖区	3.83	Ⅰ
2	蔡甸区	1.99	Ⅲ
3	汉南区	1.40	Ⅲ
4	江夏区	2.36	Ⅱ
5	新洲区	2.34	Ⅱ
6	黄陂区	2.46	Ⅱ

2017 年，东西湖区等级为Ⅰ，乡村就业情况良好；江夏区、新洲区、黄陂区等级为Ⅱ，乡村就业情况一般；而蔡甸区、汉南区等级为Ⅲ，乡村就业情况相对较差。

随着乡村产业的发展，乡村就业劳动力随之增长，东西湖区乡村就业增长指标优势较强，转移指标以及平均工资优势强，是农业劳动生产率、土地生产率和农产品商品率不断提高的结果，东西湖区以二产为重点发展产业，带动了农村人口就业。非农人口就业比例较低，就业领域仍以农业为主，农村非农产业在吸纳农村剩余劳动力就业方面的能力还非常有限。教育投入方面则出现劣势，导致东西湖区乡村就业人口文化水平低下，农村劳动力素质较低，大多是进入劳动年龄的人口自然形成，没有经过劳动技能方面的培训，劳动力素质普遍较低，就业范围小。

江夏区转移劳动力比例高，随着城镇化、工业化的发展，二、三产业的占比增加，乡村劳动力转移加快，也促进了乡村就业者收入的增长。江夏区非农就业比例占 65%，其中主要受到产业结构一产比例降低影响，乡镇企业的发展成为非农就业的主要场所。乡村就业增长率低，劳动力多数向周边城镇转移。乡村平均收入在六个远城区中呈一般水平，依旧面临教育投入不足导致的劳动力文化水平低下的问题。

新洲区和黄陂区整体就业情况相似。乡村就业增长率偏低，农业部门人多地少，也存在大量剩余劳动力。由于环境污染严重，造成资源浪费，大量乡镇企业被停产关闭，加之一些乡镇企业因宏观经济环境变化而亏损倒闭，最终采取"离土不离乡"来转移农村剩余劳动力的效果明显减弱，结果使大量农村剩余劳动力涌向城市，进入建筑、餐饮等一些行业，也导致转移劳动力比例较高，周边城镇企业吸收了大量乡村劳动力就业。随着二、三产业的发展及其带来的可观的经济收入，导致乡村从业人员非农就业比例猛增。两地区乡村人口平均收入一般，新洲区教育投入相对一般，黄陂区教育投入则依旧不足。

蔡甸区乡村就业增长率低，劳动力转移比例依然低下，劳动力剩余现象严重，乡村产业发展与就业吸引力不足。产业结构发生改变，主导产业为通信电子、汽车零部件和装备制造。第一产业比重的下降导致乡村非农就业比例增加。乡村人口平均收入水平较低。在教育投入方面，蔡甸区水平相对较高，劳动者素质的提高促进了该地区就业结构的调整，也增加了劳动力就业范围。

汉南区就业增长为负，2017 年乡村就业人口不增反减，乡村剩余劳动力情况严重。转移劳动力比例较高，乡村就业人口正大规模向城镇转移，而且随着城镇化进程加快，乡村就业人口向城镇转移的数量有逐年增加的趋势。汉南区在六个远城区中非农就业比例最低，从事第一产业相关行业人数最多，其三产服务业竞争力不强。乡村就业收入呈平均水平，其依旧面临教育投入不足导致的劳动力文化水平低下的问题。

4.4 本章小结

通过建立就业结构评价体系，运用熵值法对增长指标、就业指标、平均工资、农村教育投入和转移劳动力比例 5 个评价指标进行赋权，最终得到各区乡村就业情况的综合指数以及等级。计算结果表明，东西湖区乡村就业情况良好，江夏区、新洲区、黄陂区乡村就业情况一般，而蔡甸区、汉南区乡村就业情况相对较差。

随着城镇化、工业化的发展，二、三产业的占比增加，乡村劳动力转移加快，带动了农村就业人口的增加以及就业收入的提高，非农就业比例降低。但各区均存在教育投入不足的情况，导致总体劳动力文化水平低下，亟须加强对就业人员劳动技能的培训。

5　武汉乡村产业结构和就业结构协调性评价

5.1　评价方法

5.1.1　产业结构偏离度

产业结构偏离度是衡量产业结构与就业结构是否协调的常用指标，产业结构偏离度绝对值越大，产业结构的经济效益越低①。用公式表示为：

$$D_i = \frac{G_i}{L_i} - 1$$

式中，D_i 为各产业的产业结构偏离度；G_i 为各产业占 GDP 的比重；L_i 为各产业从业人数与总从业人数之比（$i = 1, 2, 3$）。当 $D_i > 0$ 时，表示该产业产业结构与就业结构之间存在正偏离，值越大代表该产业在 GDP 中的比重越大，但从业人员数较少，反映出该产业对劳动力的吸纳能力不强；当 $D_i < 0$ 时，表示该产业的劳动生产率低，对经济贡献率低，急需转移部分低效率部门的劳动力；当 $D_i = 0$ 时，表示该产业产业结构与就业结构对称，结构之间的关系更加合理。

5.1.2　就业弹性系数

产业结构对就业结构的影响通常用就业弹性系数来衡量，它能反映经济的增长对劳动力吸纳能力的强弱，能进一步明确三次产业产值与就业增长的关系。计算公式为：

$$E = \frac{\dfrac{\Delta L_i}{L_i}}{\dfrac{\Delta G_i}{G_i}}$$

式中，E 为就业弹性系数；ΔL_i 为第 i 产业就业人数增量；L_i 为产业就业人员总数；

---

① 张一，赵明华，徐宁宁，等. 山东省欠发达地区产业结构与就业结构协调性分析[J].合作经济与科技，2017(18)：114-117.

ΔG_i 为第 i 产业产值增量；G_i 为产业 GDP 总量。当 $E > 0$ 时，值越大，表示随着该产业产值的增加，吸纳劳动力能力越强；当 $E = 0$ 时，表示该产业经济增长对就业人数的增加无任何拉动作用；当 $E < 0$ 时，若就业为负增长，经济为正增长，就业弹性系数的绝对值越大则就业人员数需求越大；若就业为正增长，经济为负增长，就业弹性系数的绝对值越大则就业人员数需求越少。

5.1.3　产业结构与就业结构协调系数

协调系数分析法从整体上计算地区产业结构与就业结构之间的协调系数，从整体上反映地区产业结构与就业结构的协调性[①]。

$$H = \frac{\sum_{i=1}^{n}(G_i L_i)}{\sqrt{(\sum_{i=1}^{n} G_i^2 \sum_{i=1}^{n} L_i^2)}}$$

其中，H 表示产业结构与就业结构的协调系数；D_i 表示第 i 产业的产值比重；L_i 表示第 i 产业的就业比重。产业结构与就业结构的协调系数值在 0 到 1 之间，协调系数越趋近于 1，表明产业结构与就业结构之间的协调性越好；协调系数越趋近于 0，表明产业结构与就业结构之间的协调性越差，两者之间的不协调性较强。

5.1.4　数据来源

本研究数据来源为：《武汉统计年鉴—2018》《武汉统计年鉴—2017》《武汉统计年鉴—2016》《武汉统计年鉴—2015》《武汉统计年鉴—2014》《武汉统计年鉴—2013》《武汉统计年鉴—2012》《武汉统计年鉴—2011》《武汉统计年鉴—2010》。

5.2　评价结果分析

5.2.1　武汉市——产业结构和就业结构协调性不断提升

1）就业结构演进分析

2009—2017 年，武汉市三次产业的就业比重没有发生太大变化，就业结构为"三、二、一"模式。总体来说，武汉市第一产业就业比重逐年下降，第二产业就业比重没有发生太大变化，而第三产业就业比重逐年上升。这是因为武汉市第三产业发展较好，传统工业发展到后期，慢慢转型为新型工业，农业发展一直滞后。

---

① 游玲环.重庆市产业结构与就业结构的协调性分析[D].重庆：重庆理工大学，2018.

2009—2017 年武汉市三次产业就业结构变化如图 1-5-1 所示。

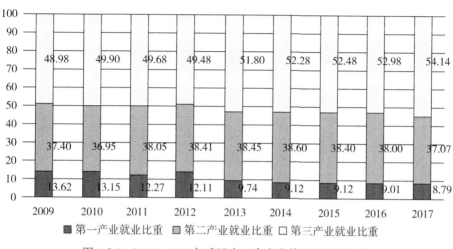

图 1-5-1　2009—2017 年武汉市三次产业就业结构变化图

2）产业偏离程度分析

从产业结构偏离度计算结果分析，武汉市第一产业结构偏离度一直是负值且绝对值不断减小，说明第一产业存在大量剩余劳动力未得到较好、较快的转移。第二产业结构偏离度均为正值且在一定范围内波动，说明第二产业结构和就业结构在不断趋于平衡，但仍然缺乏劳动力支撑，第二产业具有巨大的就业潜力，未来可以容纳更多第一产业的剩余劳动力。武汉市第三产业结构偏离度大多为负值，数值先减小后增大，说明第三产业的就业结构和产业结构趋近平衡。同时，武汉市第三产业产值比重在不断增大，出现劳动生产率低的情况，还需要根据第三产业不同行业的发展，发挥其带动就业的潜力。

2009—2017 年武汉市三大产业结构偏离度一览表见表 1-5-1。

表 1-5-1　　　　　**2009—2017 年武汉市三大产业结构偏离度一览表**

年份	产业结构偏离度		
	第一产业	第二产业	第三产业
2009	−0.76	0.24	0.03
2010	−0.77	0.23	0.03

续表

年份	产业结构偏离度		
	第一产业	第二产业	第三产业
2011	-0.76	0.26	-0.01
2012	-0.69	0.26	-0.03
2013	-0.62	0.26	-0.08
2014	-0.62	0.23	-0.06
2015	-0.64	0.19	-0.03
2016	-0.64	0.15	0.00
2017	-0.65	0.18	-0.02

3) 就业弹性分析

武汉市就业总弹性系数均为正值,说明武汉市随着经济总量的增加对就业产生了持续的拉动作用,经济总量的增加带来了就业人数的增加。武汉市各产业吸纳劳动力的能力不同。第一产业就业弹性系数总体上呈现负值(除个别年份为正值外),随着武汉市第二、第三产业经济总量的增加,就业人员数也在相应出现正增长趋势。但就业弹性系数数值较小,表明经济增长对就业拉动能力比较弱,且从数值分析,第三产业的发展相比第二产业对拉动就业人数能力更强。

2009—2017 年武汉市三次产业就业弹性系数和总弹性系数如图 1-5-2 所示。

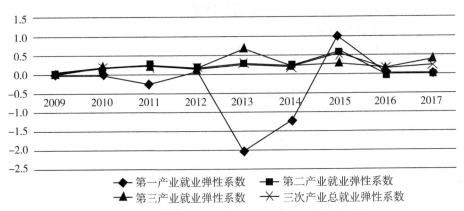

图 1-5-2　2009—2017 年武汉市三次产业就业弹性系数和总弹性系数图

4)协调系数分析

总体上来看,武汉市产业结构与就业结构协调系数呈上升趋势。2009—2017年,武汉市产业结构与就业结构协调系数不断上升,产业结构和就业结构之间的协调性不断提升。随着第一产业产值比重的波动,从事第一产业的人员数得到一定程度的转移,第二产业劳动生产率在不断降低,拉动就业劳动力的能力也在下降,还需要不断推动第一产业劳动力转移到第二产业。武汉市第三产业产值在不断上升,产值比重和就业比重也在不断上升,产业结构协调性在不断提升,吸纳劳动力的能力还需不断提高。

2009—2017年武汉市产业结构与就业结构协调系数见表1-5-2。

表1-5-2 **2009—2017年武汉市产业结构与就业结构协调系数**

年份	2009	2010	2011	2012	2013	2014	2015	2016	2017
协调系数	0.981	0.983	0.981	0.983	0.984	0.987	0.991	0.994	0.992

5.2.2 东西湖区——经济总量增加,就业需求加大

分析2009—2017年东西湖区就业结构,三次产业的就业比重分别为30.07%、46.09%、23.84%,就业结构由"一、二、三"模式调整为"二、一、三"模式。总体来说,东西湖区第一产业就业比重比较稳定,第二产业就业比重经历迅速发展后逐渐稳定,而第三产业就业比重呈现不稳定的波动在逐渐发展。这种状况表明,大量的农业剩余劳动力需要转移。由于经济的发展和改制的推进,失地农民和下岗失业人口两大群体也带来了较大的就业压力。

第一产业产值在减小但存在大量剩余劳动力未得到较好、较快的转移;第二产业在这一时期得到较快的发展,相对劳动生产率高,然后逐渐稳定发展,可见第二产业的就业能力持续发挥作用,未来可以容纳更多第一产业的剩余劳动力;第三产业发展水平在逐步提升,创造的产值和吸纳的就业人员数在总量上越来越对称。

东西湖区就业总弹性系数出现许多负值,说明东西湖区随着经济总量的增加对就业产生了大量的需求,就业水平没有跟上产业经济增长的飞速发展。各产业吸纳劳动力的能力程度不同。第二产业经济总量的增加,就业人员数也在相应出现正增长趋势,但经济增长对就业拉动能力比较弱。第三产业就业人员需求在减少。但2017年第三产业就业弹性绝对值较上年增加,这说明东西湖区第三产业需求在缓慢提升。

总体上看,东西湖区产业结构与就业结构协调系数在反复波动中呈上升趋势,

但第一产业相对劳动生产率较低，而第二、第三产业随着产值的增加就业结构也并不合理。可见，东西湖区劳动力市场建设并不完善，劳动力流动缓慢，第二、第三产业人才需求供给不足，而从事第一产业的劳动力因素质和技术等因素的限制并不能进入第二、第三产业相关部门。

5.2.3　蔡甸区——一产就业需求上升，二、三产劳动力吸引力降低

蔡甸区第一产业就业比重最大，就业结构由"一、二、三"模式调整为"二、一、三"模式。总体来说，蔡甸区第一产业就业比重逐年下降，第二产业就业比重不断上升，而第三产业就业比重呈现不稳定的波动。这源于蔡甸区原以农业发展为主，工业发展起步晚，受到经济发展水平的制约，技术水平低，不利于资源的开采与利用，导致工业发展规模小，不能吸纳更多就业人员。

从产业结构偏离度计算结果分析，蔡甸区第一产业产值比重在减小，同时就业比重也在减小，就业结构和产业结构在趋于平衡，第一产业经济效益不稳定且较差，现代化农业发展不全面，无法保障农民收入。第二产业产业结构与就业结构逐渐趋于对称，产业结构和就业结构供需关系更加平衡。第三产业存在一定的稳定且上升的特性，经济发展水平在逐步提升，但从业人员人数在逐渐下降，说明蔡甸区第三产业正在向高端服务业发展。

蔡甸区第一产业对就业人员的需求逐渐上升，第二产业对劳动力的吸引力在逐渐下降，第三产业对劳动力的吸引力不强，存在其他外界因素的影响。

总体上来看，蔡甸区在经济发展过程中，产业结构与就业结构的协调性有小范围波动，但总体上是向好的，这与前面分析的蔡甸区产业结构与就业结构的变化趋势基本吻合。但劳动力市场建设并不完善，劳动力流动缓慢，第二、第三产业人才需求供给不足，而从事第一产业的劳动力因素质和技术等因素的限制并不能进入第二、第三产业相关部门。

5.2.4　汉南区——产业结构和就业结构协调性不足

汉南区就业结构由"一、三、二"模式调整为"一、二、三"模式，第一产业就业比重逐年下降，第二产业就业比重不断上升，而第三产业就业比重呈现不稳定的波动。这源于汉南区发展传统制造工业，技术水平高，不能吸纳更多就业人员，同时城市的生产功能大于生活功能，第三产业发展较差。

从产业结构偏离度计算结果分析，汉南区第一产业产值在减小，但存在大量剩余劳动力未得到较好、较快的转移；第二产业在这一时期得到较快的发展，相对劳动生产率高，可见第二产业具有巨大的就业潜力，未来可以容纳更多第一产业的剩余劳动力；第三产业产值在增大，但没有足够的劳动力支撑第三产业发展，应当拓展第三产业的宽度和深度，增加其多样性，发挥其带动就业的潜力，不断吸引来自

第一产业劳动力的转移。

汉南区就业总弹性系数总体上呈现负值，说明汉南区随着经济总量的增加对就业的需求增大。汉南区各产业吸纳劳动力的能力不同，第一产业对就业人数的增加没有拉动作用；随着第二产业产值的增加，其吸纳劳动力的能力也在增强，但拉动能力比较弱；第三产业就业人员需求在增大。

在经济发展过程中，产业结构与就业结构的协调系数在不断波动，汉南区产业结构和就业结构的协调性还不足。劳动力市场建设并不完善，劳动力流动缓慢，第二产业和第三产业发展迅猛，但人才供给跟不上经济的发展，而从事第一产业的劳动力因素质和技术等因素的限制并不能进入第二、第三产业相关部门。

5.2.5 江夏区——就业结构均衡分布，协调性趋势稳定

江夏区就业结构由"三、二、一"模式调整为"一、二、三"模式；第一产业就业比重先增大后减小继而增大，第二产业就业比重不断上升再减小并趋于平缓，而第三产业就业比重呈现不稳定的波动。

从产业结构偏离度计算结果分析，江夏区第一产业产值在增大但存在大量剩余劳动力未得到较好、较快的转移；第二产业具有巨大的就业潜力，未来可以容纳更多第一产业的剩余劳动力；第三产业发展水平在逐步提升，创造的产值和吸纳的就业人数在总量上越来越对称。但没有足够的劳动力支撑第三产业发展，应当拓展第三产业的宽度和深度，增加其多样性，发挥其带动就业的潜力，不断吸引来自第一产业劳动力的转移。

江夏区就业总弹性系数大多正负波动明显，说明江夏区随着经济总量的增加对就业产生的拉动作用并不持续；各产业吸纳劳动力的能力和程度不同。一产经济总量的提升对一产就业人口产生拉动作用；随着江夏区第二产业经济总量的增加，就业人数也在相应减少，且减少趋势变化大；第三产业就业弹性一直在波动，其绝对值在增大，说明第三产业就业人员需求在增大。

总体上来看，江夏区产业结构与就业结构协调系数变化趋势不大，整体较为稳定。分析发现，随着第一产业产值比重波动变化明显，从事第一产业的人员数并没有随着产值的变化而变化，其就业结构变化并不合理，导致第一产业相对劳动生产率低下，而第二、第三产业随着产值的增加人员产生相应的转移，但是并不能满足日益增长的需求。可见，江夏区劳动力市场建设有待提高，劳动力流动不及时，特别是第三产业人才需求供给不足。

5.2.6 新洲区——劳动力流动缓慢，人才需求供给不足

新洲区就业结构由"一、二、三"模式调整为"二、一、三"模式；第一产业就业比重逐年下降，第二产业就业比重不断上升，而第三产业就业比重呈现不稳定的

波动。这源于新洲区工业发展起步晚，受到经济发展水平的制约，技术水平低，不利于资源的开采与利用，导致工业发展规模小，不能吸纳更多的就业人员。

从产业结构偏离度计算结果分析，新洲区第一产业产值在减小，但存在大量剩余劳动力未得到较好、较快的转移；第二产业在这一时期得到较快的发展，相对劳动生产率高，可见第二产业具有巨大的就业潜力，未来可以容纳更多第一产业的剩余劳动力；第三产业产值在增大，但没有足够的劳动力支撑第三产业发展，应当拓展第三产业的宽度和深度，增加其多样性，发挥其带动就业的潜力，不断吸引来自第一产业劳动力的转移。

新洲区就业总弹性系数大多为正值，说明新洲区随着经济总量的增加对就业产生了持续的拉动作用，经济总量的增加带来了就业人数的增加。新洲区各产业吸纳劳动力的能力程度不同。第一产业就业弹性系数总体上呈现负值；随着新洲区第二产业经济总量的增加，就业人员数也在相应出现正增长趋势，但就业弹性系数数值较小，表明经济增长对就业拉动能力比较弱；新洲区第三产业需求在缓慢提升。

总体上看，新洲区在经济发展过程中，产业结构与就业结构的协调性有小范围波动，但总体上是向好的，这与前面分析的新洲区产业结构与就业结构的变化趋势基本吻合。随着第一产业产值比重的减小，从事第一产业的人员数并没有得到较快转移，导致第一产业相对劳动生产率较低，而第二、第三产业随着产值的增加就业结构也并不合理。可见，新洲区劳动力市场建设并不完善，劳动力流动缓慢，第二、第三产业人才需求供给不足，而从事第一产业的劳动力因素质和技术等因素的限制并不能进入第二、第三产业相关部门。

5.2.7　黄陂区——经济总量增加对就业作用拉动力小

黄陂区就业结构由"一、二、三"模式调整为"二、一、三"模式；第一产业就业比重逐年下降，第二产业就业比重不断上升，而第三产业就业比重波动较小。

从产业结构偏离度计算结果分析，黄陂区第一产业产值在减小，但存在大量剩余劳动力未得到较好、较快的转移；第二产业在这一时期得到较快的发展，相对劳动生产率高，可见第二产业具有巨大的就业潜力，未来可以容纳更多第一产业的剩余劳动力；第三产业发展水平在逐步提升，创造的产值和吸纳就业人员数在总量上越来越对称，应当拓展第三产业的宽度和深度，增加其多样性，发挥其带动就业的潜力，不断吸引来自第一产业劳动力的转移。

黄陂区随着经济总量的增加对就业产生的作用不明显，对就业人数增加的拉动力小。黄陂区各产业吸纳劳动力的能力和程度不同。随着第一产业经济的增加，就业数量呈现减少趋势。随着黄陂区第二产业经济总量的增加，就业人数也在相应出现正增长趋势，但就业弹性系数数值较小，表明经济增长对就业拉动能力比较弱；第三产业总体呈现经济、就业均为正增长的趋势，就业人员需求在增大。

　　总体上看，黄陂区产业结构与就业结构的协调性有小范围波动，但总体上是向好的，这与前面分析黄陂区产业结构与就业结构的变化趋势基本吻合；随着第一产业产值比重的减小，从事第一产业的人员数并没有得到较快转移，导致第一产业相对劳动生产率较低，而第二、第三产业随着产值的增加就业结构也并不合理。可见，黄陂区劳动力市场建设并不完善，劳动力流动缓慢，第二、第三产业人才需求供给不足，而从事第一产业的劳动力因素质和技术等因素的限制并不能进入第二、第三产业相关部门。

5.3　本章小结

　　通过上述分析可以看出，武汉市各区共同的发展特点是：第一产业结构呈负向偏离，产业对于劳动力具有挤出效应，劳动力富余，生产率较低，同时偏离有扩大的趋势；第二产业结构呈正向偏离，而且偏离程度很高，对于就业有很强的吸纳能力，不过吸纳能力近几年有所减弱；第三产业偏离度总体比较稳定，有轻微的波动，对于劳动的前期具有吸纳能力，中期劳动力富余，近期又恢复了对于就业的吸纳能力，有所波动，但波动幅度不大。这说明，武汉市乡村各区第一产业都有劳动力富余的现象，第二产业可以吸纳较多劳动力，第三产业总体比较平稳。武汉市各区产业结构和就业结构协调系数均呈现逐年上升的趋势，各区数值虽不相同，但都大于 0.5，说明武汉市各区产业结构和就业结构协调性都有不同程度的提升和改善。

6 武汉乡村产业整体优化策略研究

6.1 武汉市乡村产业优化策略

产业的最终战略地位决定了其战略行动。在 SPACE 矩阵战略分析象限图中，战略地位分为进取、保守、防御和竞争四类区域，不同的区域代表着产业应考虑相应的战略行动。

6.1.1 进取象限

若处于进取象限，则说明该产业正处于一种绝佳的地位，即可以利用自己的内部优势和外部机会选择自己的市场渗透战略模式。

市场渗透战略是比较典型的竞争战略，主要包括成本领先战略、差异化战略、集中化战略三种最有竞争力的战略形式。成本领先战略是通过加强成本控制，使企业总市场渗透战略体经营成本处于行业最低水平的战略；差异化战略是企业采取的有别于竞争对手经营特色(从产品、品牌、服务方式、发展策略等方面)的战略；集中化战略是企业通过集中资源形成专业化优势(服务专业市场或立足某一区域市场等)的战略。在教科书上，成本领先战略、差异化战略、集中化战略被称为"经营战略""业务战略"或"直接竞争战略"。

6.1.2 保守象限

若处于保守象限，则意味着产业应该固守基本竞争优势，多元化经营，而不要过分冒险。

企业多元化经营的形式多种多样，但主要可归纳为以下四种：同心多元化经营战略、水平多元化经营战略、垂直多元化经营战略和整体多元化经营战略。

6.1.3 防御象限

若处于防御象限，则意味着产业应该集中精力克服内部弱点，采取紧缩型战略并回避外部威胁。

紧缩型战略是指企业从目前的战略经营领域和基础水平收缩和撤退，且偏离起点战略较大的一种经营战略。与稳定型战略和增长型战略相比，紧缩型战略是一种消极的发展战略。一般地，企业实施紧缩型战略只是短期的，其根本目的是使企业捱过风暴后转向其他的战略选择。有时，只有采取收缩和撤退的措施，才能抵御竞争对手的进攻，避开环境的威胁和迅速实行自身资源的最优配置。可以说，紧缩型战略是一种以退为进的战略。

采用紧缩型战略的企业可能是出于不同的动机，从这些动机来看，有三种类型的紧缩型战略，即适应性紧缩战略、失败性紧缩战略、调整性紧缩战略。

6.1.4 竞争象限

若处于竞争象限，则表明产业应该采取竞争性战略，进行产品开发。

产品开发，是指考虑在现有市场上通过改良现有产品或开发新产品来扩大销售量。例如，原来只生产化妆品，现在增加生产洗涤用品。产品开发战略是建立在市场观念和社会观念的基础上，企业向现有市场提供新产品，以满足顾客需要，增加销售的一种战略。

6.2 武汉市乡村就业优化策略

6.2.1 进一步促进农村劳动力就地转移

农村劳动力在快速城镇化背景下逐步摆脱了传统农业生产和土地的禁锢，流动更加自由，出现了逐渐向非农产业进行转移的现象。但随着农村劳动力向外转移的发展，一系列的社会经济问题也引起了人们的注意，如农村老龄化严重、乡村空心化越演越烈、留守儿童的心理健康不容乐观、农村产业发展劳动力不足，等等。近年来，新型城镇化理念逐步得到完善和推广，新型城镇化注重因地制宜培育地区主导产业发展，注重加大农民人力资本投入，通过准确产业定位和提升农民素质与技能实现就地城镇化①。武汉远城区农村劳动力资源丰富，历年来向外输出劳动力为数不小，近年来也进行了劳动力就地转移的尝试，如湖北省颁布了《关于开展全省"四化同步"示范乡镇试点的指导意见》，在文件精神的指导下湖北省开展产城融合试点，促进就地城镇化，已经取得了一定的成果。在原有产业的基础上，引导从传统农业中解放的劳动力向具有劳动力需求的非农产业转移，既可有效保证产业发展所需劳动力数量，也可实现就地城镇化，从而有效减少一系列社会问题的产生。

---

① 陈海秋. 论农民工就业质量的提高与"体面劳动"[J]. 北京农业职业学院学报，2009，23(4)：57-61.

6.2.2　深化完善农村产业分工合作

农村产业结构是一个具有多层次特征的组织结构，各农村产业之间相互协调合作促进农村经济发展，农村劳动力在行业之间的流动一定程度上可以反映农村产业结构的演变。通过对武汉远城区农村劳动力在行业间的流动和转换进行分析，发现在农村产业的发展过程中，各个地区都在进行农村产业结构的选择培育和内部优化，发展具有自身优势的农村产业，但仍存在一定程度上的产业结构类似、优势产业不明显的情况，对于农村产业的发展会产生降低资源配置效率、增强区域之间竞争、阻碍区域合作的不良后果。需要进一步深化农村产业结构调整，完善农村产业的明确分工与积极合作，以自身拥有的社会经济基础和产业基础为出发点，以市场为导向，明确农村产业发展重点，引导农村劳动力在行业间的不断流动，优化农村产业结构，促进农村产业的分工，进一步促进区域农村产业的合作。

6.2.3　加快产业结构调整步伐

加快发展民营企业和中小微企业新产业、新业态、新商业模式的快速发展，成为吸纳就业的新兴力量。要继续提高服务业特别是现代服务业和新兴产业的就业比重。同时，要防止劳动密集型制造业，如纺织、皮革、造纸和食品等行业就业岗位断崖式缩减，鼓励中小微企业发展，使其成为吸纳就业的蓄水池。进一步深化行政审批制度改革，努力实现向"服务型政府"转变，降低企业注册门槛，鼓励企业创业创新。同时制定和落实相关支持政策，打造较为完善的创业政策体系，降低年轻人创业难度。

6.2.4　提升劳动力素质

一方面，要加快高等教育的学科和专业结构调整，有效引领和匹配社会需求。从分析可以看出，武汉市远城区乡村就业劳动力文化低下现象普遍。供给侧结构性改革促进了产业动能的转换和传统产业优化升级，一些战略性新兴产业得到了快速发展，产业结构和层次得到有效提升，其对劳动者专业结构需求也发生了较大改变。建议高校应当合理确定并动态调整学科门类和专业布局，更好地发挥对产业的引领和支撑作用，从根本上改善创新人才的有效供给。另一方面，要加快教育结构调整，大力推进职业教育。高技能蓝领已成为我国先进制造业发展中的紧缺人才，应加快发展职业教育，加大对职业技术院校的师资和设备投入，积极引导学校同相关知名企业建立合作共赢关系，加大技能型专业人才培养力度，进一步提高专科(高职)毕业生比重。积极实施"蓝领国家千人计划""国家工匠"等工程，加快在中小城市发展一批职业院校，培养当地产业发展急需的实用人才。

6.2.5 进一步完善社会保障和公共就业服务体系

一方面，要进一步完善社会保障体系和促进就业的配套政策，提高对少数就业困难群体的生活保障，强化政府兜底。加快建立适合农村、中小企业和民营企业的差别化养老和医疗保障体系，逐步加强商业性保险在养老和医疗中的比例，加快推进社保跨省转移。同时在子女教育、户籍政策等方面为省际转移的劳动力提供更多便利，促进劳动力的流动。另一方面，要完善公共就业服务体系，提高供需匹配效率。调整和完善现行就业培训政策，着重提高培训质量，强化转岗、再就业技能培训。加大对就业技能培训的财政投入和补贴力度，对中年失业人员和农民工群体要适当倾斜。进一步规范企业用工，创新劳动保障监察执法方式，加大劳动力市场监管和对违法行为的惩处力度。

6.2.6 实施积极扩大就业政策

就业政策是宏观经济政策的重要组成部分。在制定产业政策、投资政策和财政政策时，尤其在就业形势日益严峻的情况下，要以扩大就业为根本目标。控制失业率，增加就业机会，是促进社会发展和国民经济增长的出发点和落脚点，是评价政府政绩的重要指标。在引导政府和社会投资时，要参考各部门的确定的投资领域的吸收能力，把就业因素作为批准社会投资项目的重要指标，作为决定政府投资项目的主要依据。应坚持实施扩大就业战略，着力扩大就业，继续完善公共就业服务和就业援助体系，促进创业驱动型就业，扩大就业规模，改善就业结构，提高就业质量，努力实现更加充分的社会就业战略目标。

6.3 武汉市乡村产业结构和就业结构协调性优化策略

根据上文产业结构和就业结构协调性评价的分析结果，将武汉市乡村各区分为三类产业发展地区：成长型地区、成熟型地区和再生型地区。其中，成长型地区是指在产业发展初期，三次产业发展有极大的潜力，经济处于发展上升期的地区；成熟型地区是指产业发展已处于成熟稳定时期，经济进入较高速发展阶段的地区；再生型地区是指产业发展已逐渐摆脱资源等问题，寻找到其他产业发展形式，经济逐渐恢复的地区。

成长型地区第一产业产值比重始终低于就业人数比重，下降幅度也低于就业人数所占比重；第二产业产值比重大于就业人数比重，对劳动力具有很强的吸纳能力；第三产业产值比重大于就业人数比重，差距不断增大。

成熟型地区的第一产业，表现为就业人数占比大于产值占比，且差值趋于变大；第二产业产值占比始终高于就业人数占比，两者都有较大幅度的增长，差值趋于变小；第三产业就业人数占比高于产业产值占比，并在不断趋于平衡。

再生型地区第一产业的产值占比，始终低于就业人数占比，且呈现出差距逐渐减小的趋势；第二产业产值占比高于就业人数占比，就业人数占比增长幅度较小，产业产值增长幅度也较小，两者差距愈来愈小；第三产业产值比重与就业人数比重增幅相近，产值比重略高于就业人数比重。

不同产业发展类型地区特征见表1-6-1。

表 1-6-1　　　　　　　　　不同产业发展类型地区特征

类型	第一产业	第二产业	第三产业
成长型地区	产值比重小于就业人数比重，且差距变大	产值比重大于就业人数比重，且差距变小	产值比重大于就业人数比重，且差距变大
成熟型地区	产值比重小于就业人数比重，且差距变大	产值比重大于就业人数比重，且差距变小	产值比重小于就业人数比重，且趋于平衡
再生型地区	产值比重小于就业人数比重，且差距变小	产值比重大于就业人数比重，且差距变大	产值比重大于就业人数比重，且差距变小

根据不同产业发展类型的特征，对照武汉市乡村各区产业特征，将各区划分为不同产业发展类型地区，对处于不同发展类型的武汉市乡村各区提出产业优化策略，促进产业结构和就业结构协调发展。见表1-6-2。

表 1-6-2　　　　　　　　　武汉市乡村各区产业发展类型

类型	地区
成长型	东西湖区、蔡甸区、汉南区
成熟型	江夏区
再生型	黄陂区、新洲区

6.3.1　成长型地区转移第一产业剩余劳动力

成长型地区第一产业产值在总产值中的占比不断减少，而就业人数占比减少的速度不及产值较少的速度，导致第一产业劳动力富余现象明显。从长远来看，第一产业劳动力的增加会负向促进第一产业产值，因此要促进第一产业劳动力的转移，可以从产业结构内部转化与提高城市化水平两个方面进行。

1）第一产业内部转化

内部产业结构升级是指促进当地第一产业就业人员进行生产方式的转变，将农业与加工制造业、服务业相结合。积极引导农户进行土地整合，聘请专家对土地质量进行取样调查，选取合适的经济作物，规模化种植。鼓励农产品创新开发，提高农产品附加值。利用互联网+，形成新的合作服务模式。如蔡甸区张湾蔬菜产业示范园依托蔬菜大棚、智能温室和电子商务平台发展蔬菜业，以绿家园和白湖家园两大农业产业龙头企业为主体，将产品销往全国各地，不断推进农业科技创新，2017年促进农民人均增收2万元。另外，也可以发展观光农业，集中资源规模开发果蔬采摘、私家菜园等新型农业发展模式，促进服务业的发展。在传统和优良农业生产不断发展的同时，扩大农业发展道路，结合当地特色，逐渐过渡到生态农业、休闲农业、旅游农业等多个领域。

2）提高城市化水平

人口流动动态模型认为农村劳动力向工业部门转移的根本原因是城乡收入差距，但随着工业创新与技术投入，工业吸纳劳动力的能力会降低，因此，要促进第一产业劳动力的转移，要着力促进其向第三产业转移。无论是国际经验，还是实证研究，均认为城市化水平与第三产业的发展是相互促进的。因此，资源型城市要采取大城市与小城镇相结合的发展模式，设立大城市发展目标，推动新型发展模式，同时要将小城镇作为城乡之间的纽带，鼓励农民进入城镇务工经商。可以适当调整区域内的行政区划，以更好地促进劳动力流动为目标，撤乡并镇。对大城市与小城镇的发展做好规划。

相比其他两类地区，成长型地区的资源阻力较小，产业优化布局潜力大，可以借鉴其他类型城市发展经验，提早做好培养接续产业的各项准备。同时，重视资源开发技术水平的提高，提升资源深加工能力，形成资源产业链布局，完善上下游产业发展，加快推进新型工业化。如武汉市东西湖区发展蒙牛、光明、友芝友等乳制品加工业，依托奶制品生产加工营销向前延伸到草业生产和鲜奶生产，发展规模化奶牛养殖，确保优质原料供应。多角度推进就业人数的结构性转移，比如提高劳动技能、鼓励创业创新等，使成长型地区工业化与城镇化同步协调发展。

6.3.2 成熟型地区提升第二、第三产业经济发展能力

1）提高第二产业经济发展水平

不可否认的是，第二产业仍然是当前成熟型地区的重要支柱产业。实现产业结构由"二、三、一"向"三、二、一"的转型，要尤其重视第二产业在转型中的过渡

和承接作用。

（1）提升资源利用水平。成熟型地区要控制资源标准，在提升资源利用率上下足工夫。同时，加速产业规模化和集群化，支持替代行业的下游接续发展。此外，在资源产业发展上升期，着力保障和改善民生，完善城市基础设施，注重社会事业的发展，提高城市化水平，提高小城镇能力。

（2）发展高技术制造业。将传统产业从注重规模转变为注重产品质量，增强产业新技术的开发与利用，重视计算机技术、数字通信、微电子、生物工程等一批新兴高新技术产业的发展，利用高新行业不断获取劳动力，进而使劳动力素质得到完善和提高。与此同时，科学发展是产业发展过程中的重中之重，要始终将科学发展放在第一位，在此过程中逐渐摒弃传统的以牺牲环境资源获得工业利益的工业道路，要以技术带动发展，以科技创造效益。因此，要注重发展科技高、效益好、污染少的产业，转变产业结构，推动产业结构优化升级，建立新型的产业体系。

2）提高第三产业经济发展水平

在促进第三产业就业发展时，要考虑影响就业的政策、科技进步等方面的因素。技术进步不仅能改造传统产业，同时，还能实现产品服务创新，满足新的需求，创造新的岗位。例如，资源型城市可以充分利用得天独厚的资源优势，重点发展特色旅游业；利用当地遗迹等，开发成科普基地或者观光园区，通过大力扶持旅游业来带动交通运输等其他诸多行业的发展。江夏区凭借丰富的水资源，可发展梁子湖休闲旅游业，打造地区特色旅游品牌，同时提高市场管理水平，注重可持续发展。利用技术进步，发展新型能源创新服务，进行新型能源的推广和培训服务，利用与当地特色产业相关的新型技术，促使劳动力向第三产业转移。

6.3.3 再生型地区应大力发展第一产业并提高第二、第三产业就业能力

再生型地区要以培养经济新增长点、摆脱"资源诅咒"为指导理念，加快现代服务业的发展力度，以开放的心态吸纳外来经验，培养创新思维，提高当地的创新水平，发展产业规模，实现生产要素在区域或行业内的集中。如新洲区邾城企业集聚化，可在邾城城北工业园的基础上，引导周围分散企业根据产业类型向产业园区集聚发展，聚焦优势产业，培育行业龙头企业，加强企业间合作交流，协调推进产业发展。增强对质量和效益的把控，实现产业的可持续发展，有重点、有规划地发展成以第三产业为经济发展主导产业的结构模式。

1）大力发展第一产业

为了改变农村田地被荒废的现状，政府可以提供优惠政策扶持新农人，采用科

学管理技术、现代农业生产设备，整合农村资源发展当地经济。在农村经济发展过程中，需要劳动力资源的投入，这将扩大对当地劳动力的需求。坚持以市场需求为导向，健全农产品市场体系。运用现代科学技术改造传统农业，努力提高农产品的质量和市场竞争力。加快第一产业现代化进程，发展现代化农业，提高劳动生产率，使农业机械化得到发展，提高从业人员的自身素质，鼓励第一产业的人力资源向第二、三产业流动，释放剩余劳动力。

2）提高第二、第三产业就业能力

政策引导高校毕业生向第三产业转移，利用其专业基础与第三产业发展相结合，促进产业与个人双赢发展；利用当地资源优势，创新开发思维，促进高端人才就业和创新产业的发展。对于第一产业与第二产业挤出的劳动力资源，必须解决这部分劳动力技能与市场机制不匹配的现实问题。建议对于在职人员根据新技术的发展要求，有针对性地进行技能培训；对于尚未入职的潜在劳动力，也要注重在前期提升其自身素质，从而保证能够为各产业部门源源不断地提供高素质的劳动力。

6.4 本章小结

本章结合对武汉市乡村各区产业结构分析、就业结构分析以及产业结构和就业结构协调性分析结果，从产业结构、就业结构和协调性这三个方面，提出各区调整优化策略。

在产业策略方面，根据各区不同产业所处的战略地位，分别采取进取、保守、防御和竞争等战略行动。在就业策略方面，应促进劳动力就地转移，深化和完善产业分工合作，加快产业结构调整步伐，提升劳动力素质，完善社会保障和公共就业服务体系，实施积极扩大就业政策。在产业结构和就业结构协调性策略方面，将武汉市乡村各区分为三类产业发展地区：成长型地区、成熟型地区和再生型地区，根据不同产业发展类型地区的特征，对武汉市乡村各区提出产业优化策略。

7 实施保障措施

7.1 土地制度改革

盘活农村存量土地资源。紧紧围绕发展壮大村级集体经济和促进群众增收致富两大目标，对产业示范园区建设及扶持村集体经济形成的设施、设备、产业基地等村集体固定资产和村集体货币资产，采取公开租赁、承包经营、股份合作等多种方式进行盘活，建立资产有偿使用制度，使村集体存量资产合理流动和优化组合，实现集体资产保值增值，增加村集体收入，同时为群众提供就业岗位，增加群众收入，助力群众脱贫奔小康。

落实"三权"分置制度。有利于保障承包农户的土地承包权，促进土地资源的优化配置。农村土地产权主要包括所有权和用益物权两个方面，作为土地所有权主体的农村集体经济组织，其概念自 20 世纪 80 年代土地制度改革之后便逐渐被弱化，现有的《土地管理法》等法律法规对其只给出了一个笼统的概念，均没有对其进行详细的阐述①。因此，产权关系的模糊容易导致对农民承包权的侵害，这也是在土地流转前期农民积极性不高的原因之一。"三权"分置政策的颁布，稳定了农民的土地承包权，能够提高农民进行土地流转的积极性，从而为农业的适度规模化经营打下了良好的基础，对于土地利用率、农业劳动生产率的提高具有重要的意义。

进行土地制度改革试点。在缩小征地范围方面，各地普遍研究了土地征收目录，探索了公共利益用地范围，将一些不属于公共利益范围的建设用地，不再实行土地征收；在规范征地程序方面普遍建立了社会稳定风险评估机制和民主协商机制，签订征收补偿安置协议，建立健全土地征收矛盾纠纷调处机制，保障被征地农民合法权益；在多元保障方面，各地从实际出发积极拓展安置和就业途径，通过留地留物业安置、入股安置、留粮食安置以及征地补偿款代管，将被征地农民纳入城

---

① 余应鸿. 乡村振兴背景下教育精准扶贫面临的问题及其治理[J]. 探索，2018（3）：170-177.

镇社会保障体系等方式，保障被征地农民长远生计①。

7.2 集体产权制度改革

2017 年 12 月 31 日，武汉市委、市政府印发《关于进一步加快推进农村集体产权制度改革的实施意见》(武发〔2017〕24 号)。要求全市各级党委政府必须高度重视，围绕改革目标任务，做好责任分工，理清责任链条，拧紧责任螺丝，创新工作举措，突出抓好集体资产清产核资、集体经济组织成员身份清理确认、有序推进经营性资产股份合作制改革、积极推进集体资源性资产股份合作、探索赋予农民集体资产股份权能等五个关键环节，切实加快推进此项改革的落实落地，建立健全归属清晰、权能完整、流转顺畅、保护严格的农村集体产权制度，构建符合市场经济要求的农村集体经济新的实现形式和运行机制。2018—2020 年是全市深化推进农村集体产权制度改革的关键阶段。全面贯彻落实市委、市政府《关于进一步加快推进农村集体产权制度改革的实施意见》精神，市、区、街(乡镇)、村要按照既定的农村集体产权制度改革时间表和路线图，把这项改革放在实施乡村振兴战略、推进"三乡"工程的大局中去统筹谋划，做好改革基础性工作，不断扩大改革覆盖面，加快推进改革工作，确保改革目标任务的全面完成。一是强化保障。在加强区、街道(乡镇)农村经济经营管理体系建设的基础上，重点是要加大区级财政投入保障力度。建议按照省要求及借鉴外地经验，对未完成农村产权制度改革的村，按每个村 3 万~5 万元的工作经费进行预算安排，用于各村(社区)在推进农村产权制度改革工作中发生的误工费、会议费等相关费用，确保改革顺利开展。二是抓好试点。在全面完成"两清"工作目标的基础上，重点是推进蔡甸全国整区试点改革，着力抓好江夏、黄陂、新洲、经开(汉南)区的市级整街道(单位)试点，完成农村集体经营性资产股份合作制改革。三是统筹推进。在重点推进农村集体产权制度改革的基础上，注重深化农村改革的整体性、系统性和协同性，把农村集体产权制度改革与全市正在推进的深化农村土地"三权"分置、宅基地"三权"分置、农房及土地经营权"两权"抵押融资、承包经营权有偿退出试点等有关改革有机衔接，发挥好改革的综合效应，努力探索创新创造农村改革的"武汉经验""武汉模式""武汉样本"。

---

① 吴成玉，李定国．乡村振兴战略：革命老区"精准脱贫"中的"志贫"研究[J]．经贸实践，2018(10)：80-81.

7.3 资金保障建议

优化农村金融服务改革。农村金融体制改革是一项涉及广泛的系统工程，需要进行深入研究，从多方面加以推进。具体包括：深化农村信用社改革，把农村信用社办成产权清晰、管理科学、约束机制强、财务上可持续发展、坚持商业性原则、主要为"三农"服务的金融机构。继续完善农村政策性金融服务，明确中国农业发展银行作为国家政策性银行的职能定位，形成农村政策性金融与商业性金融分工明确、各负其责、共同支持农村经济发展的格局①。尽快停止对新增邮政储蓄实行利差补贴政策，并结合邮政储蓄体制改革，解决存量部分的利差补贴问题。参考有关国家在社区发展与再投资方面的立法及实际经验，要求有关存款类金融机构对县域经济发展提供必要的信贷支持。发展农业保险、大宗农产品期货等，分散农村信贷风险。探索建立农村存款保险机制，保障农户存款与农村金融机构的可持续发展。逐步放开县及县以下贷款利率，确保农村金融机构的利差能抵补成本和风险。实事求是地认识民间借贷的作用，规范和引导民间借贷，积极探索新的农村金融组织形式和金融产品。

完善财政支农体制机制。围绕"三农"重点工作，从政府与市场的关系和支出责任两个方面鉴别清理现行财政支农政策，将其分为公益类、准公益类、竞争类三类，形成重点突出、管理规范、进退有序、保障有力、科学系统的支农政策体系。明晰财政部门与农口部门各自管理权限，实现合理分权，减少部门之间职责的交叉重叠。财政、农口主管部门各司其职，除重大项目或中央有明确规定的项目以外，原则上不再进行联合审批、评审、验收等。明晰不同层级财政部门与农口部门各自管理权限，实现合理授权，把该放的权力下放到位，逐步解决上下一般粗的问题②。

多元化开展精准扶贫。扶贫开发贵在精准，重在精准，成败在于精准。各地情况千差万别，要因地制宜，探索多渠道、多元化的精准扶贫新路径。在这一过程中，要充分发挥社会组织能动作用，积极搭建社会参与平台，培育多元社会扶贫主体，为全面建成小康社会贡献力量。具体到如何支持贫困地区的产业发展，专家学

---

① 萧子扬，黄超. 新乡贤：后乡土中国农村脱贫与乡村振兴的社会知觉表征[J]. 农业经济，2018(1)：74-75.
② 田菊会，乔亚杰，孟祥屾. 精准扶贫背景下的乡村振兴战略研究[J]. 经济研究参考，2018(10)：65-69.

者建议,一是发展高效种植产业①。帮助贫困地区培育一批专业村,推进"三农"产业标准化,发展高效种植产业。二是发展养殖产业。比如针对阜平县,可考虑引进国外新品种牛羊,采用"公司+农户养殖"模式,发展特色养殖。三是发展特色品牌产业。通过典型带动、示范引导,打造特色农业、品牌农业。四是发展休闲观光农业。积极创办农家乐等休闲农业,建设特色蔬菜等农产品供应基地,发展农事体验园等,引导农民多环节增收。此外,还要加大贫困片区信贷资源投入,不断提高金融扶贫工作水平,积极为农业发展、农村建设、农民致富"输血供氧"。

7.4 实行人才振兴

实施人才振兴,配强扶贫队伍。整合第一书记、大学生村官和农业技术人员等力量,组建驻村扶贫工作队。所谓"千军易得,一将难求",以政治素质好、自我要求严、工作能力强、敢担当、肯吃苦为标准选派干部②。有针对性地为扶贫干部"充电",重点加强基层党务知识、项目管理办法、农业农村实用技术等知识的培训学习,提升干部理论和实践水平。挖掘乡村自身的力量,结合扶贫开发工作需要,充分发挥教育在人才培养中的基础性作用,优化本土人才培养结构,激发脱贫攻坚的内生动力。制定本土人才成长激励机制,建立本土人才回引机制,引导人才和智力向贫困地区、扶贫产业集聚。让人才没有后顾之忧。要给予扶贫干部工作支持和生活关心,让他们安心工作、尽心干事、全心扶贫。要让其真正扎根基层、安心施展才能,就要建立晋升奖励机制,从根本上解决这些人的待遇问题和出路问题。

---

① 李创,吴国清. 乡村振兴视角下农村金融精准扶贫思路探究[J]. 西南金融,2018(6): 28-34.

② 王超,蒋彬. 乡村振兴战略背景下农村精准扶贫创新生态系统研究[J]. 四川师范大学学报(社会科学版),2018,45(3): 5-15.

8　研究结论

本专题选择较为常用的产业分析方法，即产业结构、就业结构和两者协调性进行产业分析。首先，就这三个方面内容对武汉乡村产业的发展现状和现存问题进行剖析；接着，针对这些问题分别采用城市战略地位与行动评价、熵值法、协调系数三种方法对武汉乡村的产业结构、就业结构、两者协调性结构进行了深入解析，提出了相应的改进策略，并确定了今后乡村产业发展的重点方向，并在宏观分析指导下，提出了武汉乡村产业发展实施保障措施。

（1）运用SPACE矩阵，对武汉市各区产业进行战略评价得出其战略地位，战略地位分为进取、保守、防御和竞争四类区域，不同的区域代表着产业应考虑采取相应的战略行动。

（2）运用熵值法，从增长指标、就业指标、平均工资、农村教育投入和转移劳动力比例五个方面构建乡村就业结构体系，得出各区所处的就业情况等级，提出相应的就业优化策略。

（3）选取产业结构偏离度、就业弹性系数以及产业结构和就业结构协调系数等评价方法，对武汉市乡村各区的产业结构和就业结构协调性进行评价分析，将其产业发展分为三类，即成长型、成熟型和再生型，根据不同产业发展类型的特征，对处于不同发展类型的武汉市乡村各区提出产业优化策略。

专题二　空间环境篇

1 研究思路

中国是一个农业大国，在辽阔的大地上，除了城市以外还分布着许多乡村居民点。它们是农业生产用地的主要分布之地和农业人口的主要聚集之地，同样是与大自然最亲近的人居环境，具有较为复杂的功能组织、特殊的地域文化和独特的景观风貌格局。乡村所处的生态条件、乡村居民的生活方式和农业生产结构共同塑造了乡村空间的基本形态。因此，乡村生产、生活和生态功能的协调与融合是乡村空间营造中的核心内容。

近年来，随着我国城镇化发展和新农村建设进程的加快，各地乡村迎来了发展的新契机，但同时也让乡村空间发生了剧烈的变化。延续千百年的乡村空间和乡土风貌遭到破坏，大量自然资源被侵占；乡村居民点布局无序让自然景观高度破碎化；生物栖息地逐渐消失，生物多样性降低。空间的不合理发展和变化导致了乡村生态、生产和生活空间功能的冲突，最终影响到了乡村经济社会的发展。因此，科学地进行乡村空间布局以实现乡村"三生"空间的协调与有序开发，将成为推进乡村"生产、生活和生态"功能融合，即维护乡村生态安全、营造乡村居民美好生活环境和构建乡村绿色产业基础的一项核心工作，也将为新时代我国乡村振兴奠定坚实的基础。

1.1 研究对象界定

乡村"三生"空间即乡村生活空间、生产空间、生态空间。其具体界定如下：

1）乡村生活空间

生活空间是人们日常生活活动所使用的空间，为人们的生活提供必要的空间条件。生活空间的宜居适度，不仅要有生产空间的支持，也包含了对生态空间的要求。生产空间、生态空间本质上都是要为生活空间功能的实现所服务，促进生活空间宜居度是正确协调"三生空间"关系的重要纽带。

本专题中涉及的乡村生活空间指乡村用于建设生活、休闲、旅游、娱乐的空间，包括了乡村地区的各类居民点及相应公共活动空间。

2）乡村生产空间

生产空间具有专门化特征，是人们从事生产活动在一定区域内形成的特定的功能区。促进生产空间集约高效，有利于推动生产力的快速增长，减少对生态环境的破坏，为生活空间、生态空间的丰富发展创造物质基础。

本专题中涉及的乡村生产空间指乡村地区用于农业、工业生产等的空间，包括用于农作物种植、木材种植、放牧、渔业养殖、捕捞生产、仓储等开发建设等的空间。

3）乡村生态空间

生态空间是具有生态防护功能、对于维护区域生态环境健康具有重要作用、能够提供生态产品和生态服务的地域空间，其为生产空间、生活空间提供生态基础，是支撑生产空间和生活空间实现各自功能的前提。只有保证生态空间的重要基础性地位，才能更好地协调人-社会-环境的关系，才能保障生态资源的稳定持续供给，满足人类的生存和发展需求。

本专题中涉及的乡村生态空间指乡村地区自然草甸林地、湖泊水域、用于自然生态保护、环境整治修复等的带空间，分为保护利用空间、特殊利用空间和未利用空间等。

1.2　研究目的与意义

首先，在现实层面上，以武汉市乡村地区作为研究对象，分析武汉市城乡格局的发展历程和武汉乡村地区的现状特征，并以行政区划单元为研究样本对武汉市乡村现状进行深刻解读。通过分析社会、经济、环境因素对空间分布差异的影响作用，为后续乡村"三生"空间识别与测度提供理论支撑，对不同区域间的"三生"空间优化的各类要素投入提供依据与导向。

其次，对武汉乡村"三生"空间进行识别和功能测度，分析总结武汉乡村"三生"空间功能的分布特征、集聚状态与相邻情况，对于解决乡村发展与生态环境、空间资源之间可持续协调发展的矛盾具有重要的实践价值。

再次，提出行之有效、可实施落地的武汉乡村空间优化思路、措施与策略，有针对性地进行乡村生产空间资源配置重构、乡村生活空间社区建设、乡村生态空间管制治理修复，对引导乡村空间健康、持续发展以及促进乡村有序发展转型具有重要指导意义。同时，为武汉乡村未来发展方向提供科学依据，为乡村土地合理开发使用提供有效引导，为乡村空间规划设计、监督管理和环境保护提供决策参考，并为其他中部地区的乡村空间功能培育及乡村空间优化提供有益范例。

最后,在乡村空间优化研究中强调融入微观主体意愿的人文观,从村民生产关怀到社区居民生活关怀,积极关注乡村空间使用主体的各项需求,促进乡村生产效率的提高、生活品质的提升与生态资源的持续,从而保障人地关系和谐持续发展,并为乡村空间规划实践提供一种新的、可借鉴的技术方法。

1.3 研究内容

1)武汉市乡村"三生"空间识别与功能测度

通过借助生态系统服务研究范式,梳理城乡用地分类、村庄用地分类,并结合武汉市城乡空间格局和乡村地区现状特征,筛选出 15 个"三生"空间的代表性具体指标,构建武汉市乡村"三生"空间识别体系,并进行其"三生"空间功能价值评价。同时,进一步在武汉市乡村"三生"空间功能价值评价结果的基础上,对"三生"空间的分布情况、集聚状态及融合程度进行研究分析与特征归纳。

2)建立乡村"三生"空间识别与功能测度体系

建立"三生"空间识别与功能测度体系,研究分析武汉市乡村"三生"空间分布集聚、时空演变特征,并总结归纳其作用机理与规律。基于武汉乡村"三生"空间的分布特征、功能分异与强度差异,总结归纳各行政区内乡村空间发展的差距特征,为武汉市各区域未来乡村发展的定位和方向提供科学依据。同时,在微观个体实际需求意愿调查的基础上,研究制定武汉乡村空间的优化思路与策略。

3)解决现阶段武汉市乡村发展困境并提供空间规划支持

通过实地调研分析发现,武汉市乡村地区现阶段存在人户分离现象普遍、空心化程度严重;农业产业发展不均、粮食产区集中;非农经济高度依赖主城区、小城镇拉动能力欠缺;农业从业人员在数量和素质上双重下降、农地抛荒严重等发展困境。本研究通过跨学科的多维视角审视以及对乡村发展相关理论的借鉴,进一步引入行动者网络理论,明确乡村主体和乡村空间内、外互动的原理、机制与特征。在乡村振兴战略与新型城镇化战略的政策指导下,运用城乡规划学的空间规划理论,解决现阶段武汉市乡村发展困境并提供空间规划支持。

4)武汉市乡村空间振兴的路径与战略研究

剖析武汉市乡村"三生"空间所面临的困境,分析乡村"三生"空间问题产生的根源,并对武汉市乡村"三生"空间的优化进行多维度思考。同时,明确武汉市乡村"三生"空间的未来发展定位,在前文对武汉市乡村"三生"空间现状分布、集聚和相邻的特征分析基础上，提出武汉市乡村空间的三大基本类型：农业生产型、产业发展型、居住保障型。在此基础上依据武汉市乡村"三生"空间现状功能价值量的高低，划分出武汉市乡村复合空间类型，并据此提出相应类型空间的具体优化措施，以实现武汉市乡村"三生"空间的协调来适应新时期发展的需要，最后有针对性地提出乡村"三生"空间的优化策略及规划的实施保障路径。

2 武汉乡村"三生"空间现状研究

2.1 武汉市乡村空间功能的价值测度

2.1.1 识别原则

1)土地分类标准与城规分类标准相结合

我国目前现行的土地分类标准为 2017 年 11 月由原国土资源部组织修订并发布实施的《土地利用现状分类》(GB/T 21010—2017),其中详细规定了土地利用的各个类型及相应的含义。而从城乡规划角度,是以住房和城乡建设部于 2010 年 12 月发布的《城市用地分类与规划建设用地标准》(GB 50137—2011)以及 2014 年 7 月发布的《村庄规划用地分类指南》(建村〔2014〕98 号)为依据,进行用地划分与空间管控。通过不同规划角度下乡村"三生"空间的差异可知,在乡村地域层面,"土规"角度的《土地利用现状分类》(GB/T 21010—2017)对乡村土地类型和生态用地类型的划分比"城规"角度的分类标准更加详细。此外,本次研究为保证对现状用地情况落实的准确性,采用的是土地利用现状图、landsat8 遥感卫星图等矢量图(2016 年)以及武汉市国土资源和规划综合统计年报和相关土地二调数据,以上数据资料与"土规"更为匹配。因此,本次研究中乡村"三生"空间分类体系的构建应以《土地利用现状分类》(GB/T 21010—2017)为基础,以城乡规划用地分类标准为补充,对现有土地分类进行延伸和拓展,充分发挥乡村"三生"空间分类体系在实践中的应用价值。

2)以用地现状主导功能为主要分类依据

土地具有多功能性,"三生"空间更是一个复杂的巨系统,其中任何一种用地都可能同时具备生产、生活、生态复合功能。在实际土地分类的操作中,经常会出现用地边界交叉、土地功能重叠等情况。因此,本次研究乡村"三生"空间分类体系的构建中,根据乡村地域的实际情况,确定并重点突出用地的主导功能,对其次要功能进行忽略,以确保本次研究构建的分类体系重点突出、主次分明,符合乡村地域特点。

3）依据研究尺度落实现状精简用地类型

"三生"空间的具体划分具有较强的研究尺度依赖性。在宏观研究尺度上，通常更加强调区域景观功能、生态系统价值；而在微观研究尺度上，则一般更关注具体的土地利用类型。因此，本次研究聚焦在乡村地域范围内，将"三生"空间的所有分类均落实到现状用地上，避免因用地类型的过度细分造成用地边界交叉和用地功能重叠，精简用地类型，以确保本次研究构建的分类体系在实际应用中标准清晰、可操作性强。

2.1.2　功能识别

乡村"三生"空间分类体系的构建是需要以其土地现状功能识别为基础的，本次研究在"三生"内涵与定义的综述分析基础上，对本次乡村"三生"空间的具体功能进行界定和说明（表 2-2-1）。

（1）生产功能：指以土地为劳动对象，直接或间接以其为基础进行物质生产和提供产品服务的功能。

（2）生活功能：指土地在人类活动中所提供的各类空间承载功能，依据活动类型和需求可划分为生活承载、物质保障与精神保障等。

（3）生态功能：指为维持人类生存和发展，生态系统在其生态作用过程中所提供的自然基础及保障功能，主要分为容纳功能和调节功能两种。

表 2-2-1　　　　　　　　　　**本次研究对乡村"三生"空间功能的界定**

功能分类	功能类型	具体分类
生产功能	直接产品供给	农产品、畜牧产品、林木产品、水产品等供给
	间接产品供给	工业产品、能源矿物供给
生活功能	生活承载	居住、交通、休闲等活动承载
	物质保障	就业、公共服务等保障
	精神保障	文化教育、科学普及、审美体验等保障
生态功能	生态容纳	养分循环、自然修复、废弃废水净化、多样性维护等
	生态调节	水调节、气体调节、气候调节等

本次研究以《土地利用现状分类》（GB/T 21010—2017）为基础，结合各学科各学者对"三生"空间的主要识别方法，对乡村现状土地利用的"三生"空间功能进行分析，确定各类用地的主导功能（表 2-2-2）。

表 2-2-2　基于乡村土地现状类型的"三生"空间功能分类及其主导功能定位

一级类编码	二级类编码	名称	生产功能	生活功能	生态功能	主导功能
01	—	耕地	★★★	—	★★	生产
02	—	园地	★★★	—	★★	生产
03	—	林地	★★★	—	★★	生产
04	—	草地	★★★	—	★★	生产
06	—	工矿仓储用地	★★★	★★	—	生产
07	0702	农村宅基地	★	★★★	—	生活
08	0803	教育用地	★★	★★★	—	生活
	0805	医疗卫生用地	★★	★★★	—	生活
	0806	社会福利用地	★★	★★★	—	生活
	0807	文化设施用地	★★	★★★	—	生活
	0808	体育用地	★★	★★★	—	生活
	0809	公用设施用地	★★	★★★	—	生活
09	0904	宗教用地	★	★★★	—	生活
	0905	殡葬用地	★	★★★	—	生活
	0906	风景名胜设施用地	★	★★★	★★	生活
10	1003	公路用地	★★	★★★	—	生活
	1004	城镇村道路用地	★★	★★★	—	生活
	1006	农村道路	★★	★★★	—	生活
	1009	管道运输用地	★★	★★★	—	生活
11	1101	河流水面	★	—	★★★	生态
	1102	湖泊水面	★	—	★★★	生态
	1103	水库水面	★	★★	★★★	生态
	1104	坑塘水面	★	—	★★★	生态
	1106	内陆滩涂	—	—	★★★	生态
	1107	沟渠	★	—	★★★	生态
	1108	沼泽地	—	—	★★★	生态
	1109	水工建筑用地	★	★★	—	生活

续表

一级类编码	二级类编码	名称	生产功能	生活功能	生态功能	主导功能
12	1201	空闲地	—	—	★★★	生态
	1202	设施农用地	★★★	★	★★	生产
	1203	田坎	★	—	★★	生态
	1204	盐碱地	—	—	★★★	生态
	1205	沙地	—	—	★★★	生态
	1206	裸土地	—	—	★★★	生态
	1207	裸岩石砾地	—	—	★★★	生态

注释：其中★★★表示该空间功能较强，★★表示该空间功能中等，★表示该空间功能较弱，—表示无此空间功能。

2.1.3　指标选取

通过分析可知，目前主流的生态系统服务评价指标主要分为千年生态系统评估（Millennium Ecosystem Assessment，MEA）、生物多样性公约（Convention on Biological Diversity，CBD）、生物多样性与生态系统服务经济学（The Economics of Ecosystems and Biodiversity，TEEB）三大类别。除此之外，还有一些其他机构所使用的评价指标，具体见表2-2-3。

表2-2-3　　　　　　　　　生态系统服务价值主要评估指标

一级分类	二级分类	评价指标	指标来源
供给服务	医药供给	从自然资源中获取的可利用化合物；可用于医药的植物占比	Chile(Atacama) Assessment
	原材料	每公顷森林木材供给的净年增量；用于销售或工业产品的森林树木；森林树木产品的年生物量	Partuga lMEA；Norway CBD；TEEB
	生物燃料	生物对总能源需求的贡献	Lake Kyoga Pilot Assessment
	食物	总粮食产量；主要碳水化合物产量	中国生态系统服务与扶贫；Southern Africa MEA

一级分类	二级分类	评价指标	指标来源
供给服务	淡水	地下水资源年再生量；可用水数量	Lake Kyoga Pilot Assessment；TEEB
	基因资源	用于主要投资的物种数量	Global MEA；CBD
调节服务	侵蚀调节	被侵蚀的面积；森林覆盖的密度	China-Western MEA，CBD
	自然危险调节	干旱频率；洪水频率；防护森林面积；海岸线中红树林面积百分比	Lake Kyoga Pilot Assessment
	空气调节	大气清洁容量；二氧化碳净吸收量；植被和土壤碳存储量	Southern Africa MEA；Global MEA
	水质调节	自然环境处理废水的能力；容纳废弃物处理的容量	Philipines MEA；Gariep Basin MEA
	水量调节	平均年降水量；土壤水渗透、土壤水储存、水资源径流	Gariep Basin MEA；China MEA
文化服务	美学价值	提高当地水体水质的支付意愿；自然旅游的花费；临近良好景色的房地产比较价值	Global ME；Portugal MEA；TEEB
	历史价值	历史文化遗产数量	Portugal MEA；TEEB；CBD
	休闲和旅游	自然旅游花费；岸上旅游设施；总旅游价值；游客数量	Global MEA；India-Urban MEA
	精神和宗教	文化景观的完整性；不可替代的价值；文化服务的减少	Global MEA；Portugal MEA
	地方感	场地和物种数量；高度关注出生地人口数量	Global MEA；TEEB

在指标的选取上，基于前文对目前主流的生态系统服务评价指标分析，以Costanza等国外学者提出的17种生态系统功能价值分类为分类基础(表2-2-4)，并结合上文对"三生"空间功能的界定、乡村"三生"空间分类体系以及武汉市乡村现实情况，进行筛选。

表 2-2-4　　　　　　谢高地与 Costanza 的生态服务类型划分对比

一级类型	二级类型	对应 Costanza 的分类
供给服务	食物生产	食物生产
	原材料生产	原材料生产
调节服务	气体调节	气体调节
	气候调节	气体调节
		干扰调节
	水文调节	水调节
		供水
	废物处理	废弃物处理
支持服务	保持土壤	控制侵蚀和保持沉积物
		土壤形成
		养分循环
	维持生物多样性	授粉作用
		生物控制
		生物避难所
		基因资源
文化服务	提供美学景观	游憩
		文化

2.1.4　空间功能评价体系构建

根据上文对乡村"三生"空间具体功能侧重的指标筛选结果，构建本次研究的"三生"空间分类体系，具体划分结果如表 2-2-5 所示。

表 2-2-5　　　　　　武汉市乡村"三生"空间功能评价体系

空间类型	具体功能	指标释义	指标选取依据
生产空间	食物生产	总初级生产中可以获取的食物，包括动物和植物产品	中国生态系统服务与扶贫
	淡水供给功能	提供淡水的能力	TEEB

空间类型	具体功能	指标释义	指标选取依据
生产空间	原材料生产	总初级生产中可提取的原材料部分，供人类用作建筑材料或其他用途	TEEB
	农林牧渔总产值	以货币表现的农、林、牧、渔业全部产品的总量	TEEB
生活空间	居住承载功能	居住与配套服务设施总用地量	中国生态系统服务与扶贫
	交通与公共服务承载功能	可提供的交通及公共服务最大容量	中国生态系统服务与扶贫
	社会保障功能	提供基本生活保障和就业机会的能力	中国生态系统服务与扶贫
	休闲功能	提供休闲游憩空间，可承载的旅游人数总量和服务能力	Global MEA
	美学景观功能	提供美学、艺术、教育、精神及科学价值的能力	Costanza
生态空间	气体调节	大气化学成分调节	Global MEA
	气候调节	碳汇、温度、降水等调节	Global MEA
	水调节	地表水体径流调节与涵养	Global MEA
	废弃物处理	水、土壤中沉积物、农药、病原细菌、病原体等的过滤和分解	TEEB
	土壤保持	土壤保持，土壤侵蚀和滑坡控制能力	TEEB
	维持生物多样性	授粉、生物控制、栖息地、基因资源	TEEB

2.1.5 "三生"空间功能测度

1) 数据来源

本次研究数据主要分为城乡土地利用、区域生态环境、社会经济发展三个类别。城乡土地利用数据主要引自武汉市行政区划图、土地利用现状图、landsat 8 遥感卫星图等矢量图(2016 年)及其他辅助图件和相关规划；区域生态环境数据来源于国家生态系统观测研究网络(http：//www.cnern.org/index.action)、中国生物多样性和生态系统服务经济价值评估网站(http：//202.108.253.203/#teeb_main)；社会经济发展数据来源于武汉市 2017 年统计年鉴、湖北省 2017 年农村统计年鉴、武汉市国土资源和规划局基准地价等数据、武汉市国土资源和规划综合统计年报、武汉新基准地价修正体系等及实地调查资料。

2)生产空间功能测度

生产空间功能分为食物生产、淡水供给、原材料生产和农林牧渔总产值四个指标进行价值测算。其中，食物生产、原材料生产采用价值量转化法，以中国生态系统单位面积生态服务价值当量为基础；淡水供给采用生物物理过程直接测算方法计算，农林牧渔总产值通过农村统计年鉴查询后计算得出。由于价值量转化方法计算相对简单，下面详述淡水供给指标[①]计算方法：

$$V_{i,w} = Y_{xj} \times \mathrm{WP},$$

$$\frac{\mathrm{AET}_{xj}}{P_X} = \frac{1 + w\,R_{xj}}{1 + w\,R_{xj} + \dfrac{1}{R_{xj}}},$$

$$R_{xj} = \frac{K_{xj} \times \mathrm{ET}_0}{P_X},$$

$$w_x = Z\frac{\mathrm{AWC}_x}{P_x},$$

其中，$V_{i,w}$ 指水产量；WP 指单位面积水价；Y_{xj} 指 x 土地覆被类型 j 年产水量；AET_{xj} 指 x 土地覆被类型 j 年蒸散发量；P_X 指年均降水量；w 指修正植被年可利用水量与预期降水量的比值；R_{xj} 为 x 土地覆被类型 j 年的实际蒸散与降水比值，为无量纲数据；K_{xj} 指植被蒸散系数；ET_0 指参考作物蒸散量；Z 为 Zhang 系数，此处依据通用情况取值 3.33；AWC_x 指土壤有效含水量。

3) 生活空间功能测度

生活空间功能分为居住承载功能、交通与公共服务承载功能、社会保障功能、休闲功能、美学景观功能共五个指标进行价值测算。其中，美学景观功能采用价值

---

① Tallis H, Polasky S. Mapping and valuing ecosystem services as an approach for conservation and natural-resource management[J]. Annals of the New York Academy of Sciences, 2009, 1162(1)：265-83.

量转化方法，以中国生态系统单位面积生态服务价值当量为基础；居住承载功能、交通与公共服务承载功能、社会保障功能、休闲功能采用生物物理过程直接测算方法计算。以下为详细计算方法：

（1）居住承载功能：

城镇居住用地：

$$V_{i,\text{land}} = V_{i,\text{b-price}} \times \left(1 + \sum K_{i,\text{factors}}\right) \times Y_{i,\text{year}} \times D_{i,\text{data}} \times R_{i,\text{plotratio}}$$

其中，$V_{i,\text{land}}$ 指待估宗地价格；$V_{i,\text{b-price}}$ 指待估宗地所处区域的基准地价；$K_{i,\text{factors}}$ 指各影响因素修正系数之和；$Y_{i,\text{year}}$ 指年期修正系数；$D_{i,\text{data}}$ 指日期修正系数；$R_{i,\text{plotratio}}$ 指容积率修正系数。

乡村宅基地：

$$V_{i,\text{land}} = (\text{Cost}_i + R_i) \times S \times K$$

其中，$V_{i,\text{land}}$ 指待估宗地价格；Cost_i 为土地成本价格（成本无法核算的地区，以当地征地补偿标准（每年）替代）；R_i 指土地增值收益；S 指个别修正系数；K 指年期修正系数。

（2）交通与公共服务承载功能：

$$V_{i,\text{land}} = P_i \times S \times D$$

其中，$V_{i,\text{land}}$ 指待估用地价格；P_i 指待估用地所处区域周边用地的平均价格；S 指个别修正系数；K 指年期修正系数。

（3）社会保障功能：

社会保障功能价值包括基本生活保障功能价值（包括养老功能）和就业保障功能价值，尤其乡村地区，耕地等可耕作土地承载了家庭基本保障、就业及失业保障、养老保障、医疗保障补充等多项社会保障功能。

$$V_p = V_1 + V_2$$

$$V_1 = P_i + \frac{L}{K}$$

$$V_1 = (P_0 - P_1) \times \frac{B}{K}$$

其中，V_p 指社会保障功能价值；V_1 指基本生活保障功能价值；V_2 指就业保障功能价值；P_i 指第 i 种土地利用方式的人口承载力；L 指研究区域相应年份的城镇最低生活保障水平；K 指相应年份城市居民人均可支配收入与农民人均纯收入的比值，即城农收入比；P_0 指人口承载力；P_1 指土地资源最小承载力；B 指研究区域相应年份城镇失业保险金数额。

（4）休闲功能：

$$P_{\text{travel}} = T_{\text{cap}} \times I_i \times T_i^{-1} \times l / A_i$$

$$l = L \times (1 + a\,\mathrm{e}^{-bt})^{-1}$$

$$t = \mathrm{En}^{-1} - 3$$

其中，P_{travel} 指研究区域的休闲价值；T_{cap} 指研究区域总体旅游环境容量；I_i 指研究区域第 i 年的旅游收入；T_i 指第 i 年的游客人数总量；l 指社会发展阶段系数；A_i 指旅游区的总面积；L 指极富社会阶段人的支付意愿，取值为 1；t 指时间变量，为社会发展阶段；a、b 指常数，取值为 1；e 为自然对数；En 指恩格尔系数。

4）生态空间功能测度

生态空间功能分为气体调节、气候调节、水文调节、废弃物处理、土壤保持、维持生物多样性共六个指标进行价值测算，这六个指标均采用物质转化法，即以中国生态系统单位面积生态服务价值当量为基础，某一生态空间功能价值量等于该项功能所占的生态空间面积与相应价值当量的乘积，生态空间功能价值总量为各项功能价值量之和。

2.1.6　测度结果

运用"三生"空间功能评价方法，对武汉市乡村地区共 34 种土地利用类型、15 个空间功能指标进行计量和识别。并根据每种用地类型的单位空间价值量进行具体空间功能类型及空间主导功能识别，具体结果如表 2-2-6 所示。

表 2-2-6　　　武汉市乡村地区"三生"空间功能价值评价结果

土地类别		生产功能单位价值（万元/hm²）	生活功能单位价值（万元/hm²）	生态功能单位价值（万元/hm²）	主导功能
一级	二级				
耕地	—	23595171.43	7484.62	267746.07	生产
园地	—	31883798.10	8905.24	628382.23	生产
林地	—	533108.50	28539.59	279733.45	生产
草地	—	8358263.71	415.96	4785.97	生产
区域交通、公用设施用地	—	0.00	317.43	0.00	生活
水域及水利设施用地	河流水面（自然水域）	6138132.55	141185.15	1272892.22	生产
	坑塘沟渠	0.00	0.00	205589.79	生态

土地类别		生产功能单位价值 （万元/hm²）	生活功能单位价值 （万元/hm²）	生态功能单位价值 （万元/hm²）	主导功能
一级	二级				
其他土地（其他非建设用地）	—	49864635.07	0.00	175064.21	生产
城镇村及工矿用地	建制镇（乡）（镇/乡建设用地）	8116692.25	299648.01	0.00	生产
	村庄（村庄建设用地）	104224388.11	94407.66	0.00	生产
	采矿用地	3179509.31	0.00	0.00	生产
	风景名胜及特殊用地	1688207.42	5951.32	2496.41	生产

表 2-2-6 武汉市乡村地区"三生"空间功能评价结果显示：耕地、园地、林地、草地等农林用地，河流水面、镇建设用地、村庄（村庄建设用地）、采矿用地及风景名胜用地以生产功能为主导；区域交通、公用设施用地以生活功能为主导；坑塘沟渠用地以生态功能为主导。

测度结果显示的空间主导功能评价结果与前文基于用地主导功能确定的现状土地利用分类存在差异。其中，林地、河流水面用地的空间主导功能为生产功能而不是生态功能；村庄（村庄建设用地）空间主导功能为生产功能而不是生活功能；坑塘沟渠用地空间主导功能为生态功能而不是生产或生活功能。

2.2 武汉市乡村"三生"空间的分布特征

2.2.1 生产空间："中心强聚，圈层递减"

生产空间分布呈现明显的"中心强聚，圈层递减"特征。即北部地区整体生产功能价值总量较高且分布较为分散，南部地区整体生产功能价值总量偏低且分布较为集中；以乡村地区新城镇中心为核心，沿主要交通干道或水系，依次向外圈层发散分布；越临近新城镇中心、主要交通干道及水系生产功能价值量越高，反之则越低。

　　从各乡村地区间的对比来看，黄陂、江夏、新洲三个区的生产功能价值总量较高，且均在 39600000 万元/hm² 以上；蔡甸、东西湖、汉南三个区的生产功能价值总量稍低，且均在 39500000 万元/hm² ~ 39600000 万元/hm² 区间。生产空间分布呈现明显北高南低现象，这与乡村地区城镇中心发展水平及产业多样化、集聚程度相关联。黄陂与新洲在新城镇建设、产业多样及集聚程度上更为相似。黄陂(盘龙、前川新城)和新洲(阳逻、邾城)均拥有两个建设较为完善、发展较好的新城镇中心，且均为一个中心靠近主城区发展(黄陂的盘龙、新洲的阳逻)，另一中心位于远城区地理中心发展(黄陂的前川、新洲的邾城)，形成一处中心承接主城区外溢、另一中心集聚本地服务的双核驱动发展模式。在产业发展方面，与其他远城区脱离主城区产业带动、自成产业门类与体系发展不同，黄陂与新洲均依据地理分布情况，承接主城区产业转移并与相邻区域形成工业和农业并行的产业集聚区。

　　武汉市产业功能布局见表 2-2-7。

表 2-2-7　　　　　　　　　　　**武汉市产业功能布局**

产业布局	产业功能	城乡载体	空间说明
现代服务业集聚区	金融商贸、行政办公、文化旅游、科教信息、创新咨询	中心城区	—
大光谷板块	光电子信息产业、装备制造业及汽车、生物产业和环保节能产业	流芳、豹澥、纸坊、左岭等新城及新城组团	江夏区
大车都板块	汽车及零部件、电子电器、高端装备制造、新材料、新能源	纱帽、常福、军山、黄金口等新城及新城组团	常福、军山属于新洲区；纱帽、黄金口属于汉南区
大临空板块	航空企业总部、临空现代制造、电子信息、生物、食品加工、机电、现代物流	吴家山、盘龙、走马岭、横店、滠口、天河等新城及新城组团	盘龙、横店、滠口、天河属于黄陂区；吴家山、走马岭属于东西湖区
大临港板块	钢铁及深加工、乙烯化工、重型装备制造、化工装备及化工新材料、港口物流	阳逻、北湖、武钢、武湖等新城及新城组团	阳逻属于新洲区；武湖属于黄陂区；北湖、武钢属于中心城区

2.2.2　生活空间："镇区集中，乡域分散"

生活空间分布呈现明显的"镇区集中，乡域分散"特征。由于生活空间功能价值评价是按照居住承载功能、交通与公共服务承载功能、社会保障功能、休闲功能、美学景观功能共五个指标进行的测算，水体及山体因其面积相较其他用地更大，且在休闲和美学景观价值测算中数值更高，在最终的生活功能价值量分布上显示为最高区域。除去山体与水体，生活功能价值量分布的高低与乡村地区城镇中心建设发展水平、城镇体系等级及农林用地规模程度相关联，并且与生产功能价值量分布高低一致。

从乡村地区各区间的具体对比来看，黄陂、江夏、新洲三个区的新城镇中心建设发展水平更为成熟和完善，城镇等级体系清晰且完整，农林用地规模集中。与此相对应，这三个区的生活功能价值总量较高，均在 120000 万元/hm² 以上。蔡甸、东西湖、汉南三个区的生活功能价值总量偏低，均在 100000 万元/hm² 以下且差异较大，其中汉南区最低。究其原因认为，蔡甸新城镇中心还处于建设初期，且由于地理位置原因，其服务及带动区域有限；而常福新城镇中心目前建设仍着重在工业园区，生活和服务配套功能还有待提升；东西湖区域面积较小且以国有农场为乡村主要组织生产形式，也是最早通达地铁(1 号线)的乡村地区，与主城区联系更为紧密，区域内生活服务功能更多依托主城区解决，因此其自身的吴家山新城中心独立功能性较弱；汉南全区面积为六个区中最小，自身以武汉经济开发区的工业发展为主，区内自然资源相较其他乡村地区更为匮乏，因而其生活价值总量最低。

2.2.3　生态空间："依山就水，要素集聚"

生态空间分布呈现显著的"依山就水，要素集聚"特征。生态功能价值量高低的分布与生产及生活价值量高低的分布无直接关联，与水体、山体、林地等自然资源及非建设用地分布直接相关。

从乡村地区各区之间的对比来看，新洲、黄陂两个区生态功能价值总量较高，其中，新洲和黄陂均在 740000 万元/hm² 以上，相差不大；江夏和东西湖为 400000 万～600000 万元/hm²，二者间存在一定差距；汉南和蔡甸为 100000 万～200000 万元/hm²，相差不大。由于生态功能价值评价采用气体调节、气候调节、水文调节、废弃物处理、土壤保持、维持生物多样性共六个指标进行测算，新洲、黄陂与江夏三个区在水体、山林及其他非建设用地面积占比相对较大，因此其生态功能价值总量也较高。

2.2.4　整体空间："生产主导，功能多样"

从"三生"空间的结构来看，本次研究范围(六个远城区)中的生产空间占武汉市域总面积的 46.80%，生活空间占 9.61%，生态空间占 31.26%（如图 2-2-1、图 2-2-2、图 2-2-3、图 2-2-4 所示）。从"三生"用地占比可看出，目前是生产空间占据主导，表明追求经济发展仍是现阶段的客观要求。从空间的多功能角度看，超过 90% 的空间类型存在双重或三重功能，空间多功能性尤为显著。多种空间功能的相互交织与混合在一定程度上可有效缓解因空间功能单一而造成生态、景观失衡，但同时也存在空间多种功能间的冲突和矛盾。因此，对空间的多功能性进行定量识别和综合权衡是科学利用空间的客观要求和必然过程。

图 2-2-1　武汉市乡村生产空间分布图

图 2-2-2　武汉市乡村生活空间分布图

图 2-2-3　武汉市乡村生态空间分布图

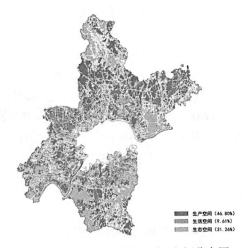

图 2-2-4　武汉市乡村"三生"空间分布图

2.3 武汉市乡村"三生"空间当前存在的问题

2.3.1 生产空间功能价值与空间占比双增长，但经济结构与工业化程度差异显著

生产空间功能价值与空间占比的双重增长，说明生产空间的拓展较为高效地支撑了乡村地区经济的快速发展，但在经济结构与工业化程度上乡村各区存在较大差异。

对比 2011 年和 2016 年生产空间功能价值及空间分布，可看出生产空间在功能价值量增长的同时，其在"三生"空间中的占比也在增长。2011—2016 年乡村地区生产空间功能价值增长量为 126676824.53 万元/hm²，生产空间面积增长量为 625.89km²，GDP 增长量为 2545.72 亿元。从增长率来看，18.49% 的生产空间扩张支撑了 114.22% 的空间功能价值量增长及 159.23% 的实际乡村地区 GDP 增长。其中，农业产值对乡村地区 GDP 的贡献从 2011 年的 33.67% 下降到 2016 年的 5.62%。乡村各区的各街镇城镇化如图 2-2-5 所示。生产空间在较为稳定的城乡总体格局下进行规模拓展，具体表现为 2011—2016 年生产空间增长集中在乡村地区（83.6%），以产业为先导，空间增长迅速但并未真正改变城市整体功能格局。究其原因，武汉工业倍增计划中的工业用地获批率较高，各区均超过 30%，汉南、新洲区高达 50%。但产业空间的分布只是在主城区之外另增加一个产业环，其他配套服务功能仍需要由主城区做主体供给，乡村各区的中心城镇只能做到补充供给。

乡村各区的生产空间功能变化呈现显著的殊途同归特点，即乡村各区虽呈现较为近似的"双中心模式"，在武汉市域层面产业功能空间投放较为均匀、要素投放模式近似（如工业板块和工业倍增计划）的前提下，由于乡村各区与主城区的实际关系及联系度不同（例如黄陂与新洲，江夏、蔡甸、汉南与东西湖），乡村各区的生产空间功能价值增长也不同。

选取 H. 钱纳里制定的工业化进程阶段化标准[①]（以 1998 年为基年）为基本判断依据（如表 2-2-8 所示），综合人均 GDP、地区增加值构成、工业增加值占 GDP 比重、第三产业增加值占 GDP 比重、工业内部门类结构共五方面指标进行研判（如表 2-2-9 所示）。

---

① 霍利斯·钱纳里，谢尔曼·鲁宾逊. 工业化和经济增长的比较研究[M]. 吴奇，王松宝，译. 上海：格致出版社，2015.

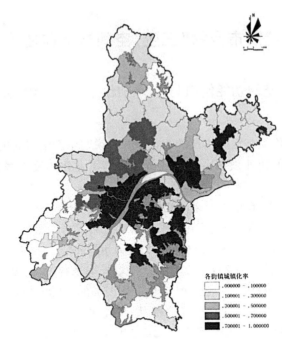

各街镇城镇化率
　.000000 - .100000
　.100001 - .300000
　.300001 - .500000
　.500001 - .700000
　.700001 - 1.000000

图 2-2-5　武汉市分街镇城镇化率示意图

表 2-2-8　　　　　　　**2011 年和 2016 年武汉市工业化发展阶段相关指标比较表**

指标	2011 年	发展阶段判断	2016 年	发展阶段判断
人均 GDP（美元）	12645.01	工业化后期	24212.44	工业化后期
地区增加值构成	2.94：48.19：48.87	工业化后期	3.04：43.71：53.25	工业化后期向后工业化过渡
工业增加值占 GDP	48.19%	工业化中期	43.71%	工业化后期
三产增加值占 GDP	48.87%	工业化中期	53.25%	工业化后期
工业内部结构	汽车零部件、装备制造、能源与环保产业、电子信息技术、石油化工、钢铁及深加工	工业化中期	汽车零部件、装备制造、能源与环保产业、电子信息技术、石油化工、钢铁及深加工	工业化中期向后期过渡

（注：人均 GDP 折算，采用 2011 年和 2016 年当年人民币兑换美元的年均汇率，其中 2011 年兑换汇率为 6.4588，2016 年兑换汇率为 6.6423。）

表 2-2-9 武汉市乡村各区工业化发展阶段相关指标对应表

指标	主城区	黄陂	新洲	江夏	汉南	蔡甸	东西湖
人均 GDP（美元）	29255	8450	9712	17154	152269	11714	18483
地区增加值构成	1：42：57	20：46：34	9：37：54	15：61：24	15：64：21	13：56：31	24：53：23
工业增加值占 GDP	42%	46%	37%	61%	64%	56%	53%
三产增加值占 GDP	57%	34%	54%	24%	21%	31%	23%

从以上对比可得出，武汉市整体正处于工业化中后期阶段，刚进入工业化后期。通过对武汉市主城区与乡村各区横向比较发现：主城区已进入后工业化阶段，与乡村各区差距明显；乡村各区之间也呈现出较大分异，其中新洲呈现后工业化时期特征，黄陂呈现工业化中期向后期过渡特征，江夏、汉南、蔡甸、东西湖在人均GDP 上虽达到后工业化阶段标准，但在产业构成上仍呈现显著的工业化中期阶段特征。

2.3.2 生态空间功能价值与空间占比双下降，快速城镇化与经济发展的冲击巨大

生态空间功能价值量与空间占比的双重下降，表明了快速城镇化及当前社会经济发展对生态空间的客观冲击。

虽然生态空间功能价值量的下降幅度较大，但从生态空间在"三生"空间中的占比下降幅度来看，下降以稳定可控为主，且整体空间功能和发展质量均有提高、向好趋势。2011—2016 年武汉乡村生态空间功能价值降低量为 19192052.51 万元/hm^2，生态空间面积降低量为 441.74km²。从下降比率看，14.16%的生态空间下降伴随着 87.12%的空间功能价值量的下降，进一步证明生态空间对于生物多样性和生态系统稳定的重要影响作用，同时更说明生态空间是一类以生态为主导功能的多功能地域空间，它不仅具有调节功能，还具有支持功能、供给功能与文化功能。

2.4 本章小结

本章借助生态系统服务研究范式以及对城乡用地分类、村庄用地分类的比较分析，筛选出 15 个具体指标构建武汉市乡村"三生"空间功能评价与识别体系，并进行了"三生"空间功能价值评价。同时，在武汉市乡村"三生"空间功能价值评价过

程中对"多规"数据源进行了转换与对接应用。通过对计算结果总结和归纳，得出了武汉市乡村"三生"空间的分布特征：(1)生产空间分布呈北高南低、圈层分布、中心聚集特征；(2)生活空间分布呈大区域内散布、小区域内团状聚集特征；(3)生态空间分布呈依据非建设用地位置高度集聚特征。同时，进一步在武汉市乡村"三生"空间分布特征的基础上，对"三生"空间的集聚状态及相邻情况进行分析，并进一步印证：武汉乡村"三生"空间分布具有空间自相关性；具有比较显著的高值聚集的特征，即空间功能价值高的空间和空间功能价值高的空间聚集，生活功能价值量分布高低与生产价值量分布高低一致；同时，存在着大量空间功能价值低的空间和空间功能价值低的空间聚集，以及少量空间功能价值高的空间和空间功能值价低的空间聚集。并进一步指出武汉乡村"三生"空间的整体空间集聚毗邻性较低，不同空间功能间的互补性和融合性较差。因而，有必要在空间优化中充分考虑这一问题，即通过不同空间要素的优化布局来增强不同空间的匹配和融合。

　　本章节对武汉市乡村"三生"空间分布现状进行了详细刻画，同时对"三生"空间功能进行了定量计算与评价，总结和归纳出武汉市乡村"三生"空间分布特征，并进一步对"三生"空间的集聚状态及相邻情况进行分析，能够综合且全面地反映出武汉乡村"三生"空间的现实情况与空间优化基础。

3 武汉乡村"三生"空间优化模式研究

3.1 结构调整：确保乡村空间与生态环境的互适性

"耦合"源于物理学概念，原指两个或两个以上系统或运动方式间，通过相互作用而彼此影响最终相互联合起来的一种现象，是系统间的各个子系统在良性互动下，相互依赖、协调、促进的动态关联关系①。由此可知，"耦合"包含了系统、关系及动态三方面要素。将"耦合"这一基本概念引入城乡规划学科范畴中，即是强调在对场所的尊重及自然力运用的前提下，将多个设计目标与场所原有秩序和要素进行相互关联，强调的不仅仅是局限于空间形式上的和谐，而是将新植入的元素与环境进行"无缝连接"。"互适"是"耦合"过程下的最终期望目标与状态，"互适性"是指双向适应，包含设计目标对场所的主动适应，即根据环境制定适宜的设计目标和方案，以及针对环境适宜度的改造。

武汉市乡村空间优化的基础是村庄聚落与自然环境达到互适，这需要建成环境与自然环境建立在一个统一的有机整体基础上。武汉市乡村系统的完整性是基于村庄聚落与自然环境之间的相互影响、联系和依存的关系上，其中自然环境是村庄聚落空间发展的生态基地，而村庄聚落是自然环境物质交换的实现场所。武汉乡村空间是以一定的结构体系呈现在空间整体布局中的，而空间优化的核心就在于构建起合理的生态结构。这种空间结构形态主要依托乡村的农林用地、河湖水系、山体林地等用地空间共同构建形成，将此网络中的组成元素，包括农田、水系、山林、鱼塘、道路等纳入空间优化范围内，通过科学方法对各类组成要素进行优化组合，并对各个资源空间进行连接，促使各要素耦合发展，最终形成多层次的绿色空间网络系统，如图 2-3-1 所示。

3.1.1 调整结构，促进建成环境与山林、水系的耦合

武汉市乡村地区存在"择田而居"的居住传统，这也是造成乡村地区村庄聚落分散分布的主要原因。乡村聚落的空间结构演变过程本质上是人类建成环境逐步适

---

① 黄昆. 固体物理学[M]. 北京：北京大学出版社，2009：49-55.

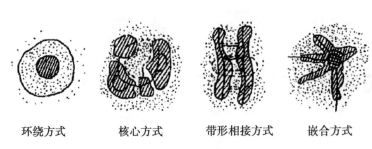

| 环绕方式 | 核心方式 | 带形相接方式 | 嵌合方式 | ▨ 底—生态环境
▨ 图—建成环境 |

图 2-3-1　乡村聚落空间与生态环境的耦合方式示意图

应自然环境的过程，乡村空间在生产、生活、生态功能上都显示出对山林、水网等生态用地的依赖特征。基于对就地取材、资源能源的需要，乡村聚落形成了不同的布局形式及空间结构。根据实地调研并进行总结归纳发现，武汉乡村聚落主要存在"线形""块状"和"线形+块状"三种空间类型，如表 2-3-1 所示。

武汉市乡村空间以"线形""块状"或两者兼有的聚集形式进行分布，在一定程度上遵循了因地制宜的原则。在空间优化的过程中，对与现状乡村建成环境与山林、水系等自然环境相疏离的乡村空间，首先，应在布局形态调整上使其与周边环境相适应，提高建成环境与自然环境的关联性；其次，对村庄所在地的生态环境容量值进行评价，将环境容量纳入乡村空间优化考虑范畴，防止乡村建成空间无序蔓延。乡村建成环境与生态环境相互协调发展，要求乡村空间与生态环境的互适性不仅是结构形式上的耦合，更要在两者的内部系统中进行耦合，从而构建并发展出高效、适宜的乡村聚落空间体系。

表 2-3-1　　　　　　　　　武汉市乡村聚落空间与山林、水系的耦合类型

武汉乡村聚落空间类型	特征	结构形态	与山地、水网的耦合关系
线形	以带状沿河湖水系或道路一侧或两侧分布		道路、河湖水系 村庄聚落

武汉乡村聚落空间类型	特征	结构形态	与山地、水网的耦合关系
块状	通常有一个或一个以上聚落核心，村庄其他空间围绕该聚落核心呈层状展开，最终形成"块状"空间		
线形+块状	这类村庄聚落通常村民户数较多、村庄占地面积较大，由"线形"聚落为空间骨干，串联起"块状"聚落，而"块状"聚落为空间组织的核心		

3.1.2 明确边界，维护农林用地、生态空间的稳定

明确村庄建设用地边界，与耕地、菜地、园地等农林用地及山林、湿地、河湖等生态边界相区隔，这对于解决武汉乡村地区建设用地与非建设用地相互掺杂、农林用地分布破碎、景观格局紊乱等现实突出问题有着至关重要的作用。明确村庄建设用地边界，是确保乡村空间与生态环境相互适应的首要步骤和有效方式。

3.1.3 结合道路，构建各类生态廊道的绿色网络空间

根据生态学中连接廊道的划分类型可知，依据生态系统自身属性可分为水系、山体、交通、林地、水系山体混合五种主要廊道类型①。在武汉市乡村空间中，除水系、林地、山体等明显的生态连接廊道要素之外，联通各个村庄的外部交通干道和村庄内部的生活街巷也是一类隐性的生态连接廊道要素，并为乡村绿色网络空间的构建提供了更多的规划可能。在村庄外部交通干道连接廊道方面，武汉市目前已

---

① 单楠，周可新，潘扬，等. 生物多样性保护廊道构建方法研究进展[J]. 生态学报，2019(2)：1-9.

初步形成了以武汉至孝感、青菱至郑店、米粮山至侏儒、沌口至水洪口、汉口至周铺、武汉至麻城、武汉至鄂州等与周边地区相连的7条快速出口通道为基础的骨干绿化带。在村庄内部生活街巷连接廊道方面，主要是连接村内公共活动空间和居住建筑，起到交通连接与沟通交流作用。村庄内部、外部的道路互相交织成为一种网络状空间结构，因此，结合道路系统，将交通基础设施作为连接其他各生态廊道的网络基底，是构建起完善绿色网络空间最为经济适用、有效便捷的手段。

3.2 要素控制：提升乡村空间与自然要素的协调度

协调度在"耦合"概念中是用来衡量系统中各个子系统间的相互作用关系和作用程度的，在本次乡村空间优化研究中用来反映优化后空间与原有环境之间耦合的协调程度。武汉市乡村空间中的自然要素主要分为山体、水系、田地、林地等，自然要素的生态敏感度较高，在乡村地区空间建设发展中极易与建成空间产生干扰和摩擦。当乡村空间与自然要素耦合协调度低时，乡村空间发展将会受到自然要素的约束，同时自然要素的破坏也会反向限制乡村空间的发展，由此乡村空间与自然要素形成相互联系、此消彼长的动态关系。因此，在进行乡村空间优化时，应尽力提升乡村空间与自然要素的耦合协调度，使两者都能呈现较优程度的积极态势，并最大限度地发挥出自然环境的载体功能。

3.2.1 调整乡村空间形式，保障绿网体系的生态性

武汉市乡村的空间优化除了对于村庄空间本身进行整理外，还要对河湖水系、山体林地等自然空间进行维育，维护生态格局的安全性和稳定性。武汉乡村空间分为农业生产型、产业发展型、居住保障型共三种基本类型，这三类基本空间均为人为建成空间且人的活动参与程度高，这必然会对自然环境产生较大影响，从而阻碍生态功能的发挥。面对不同的乡村空间类型，必须要采取与之相适应的生态处理措施，来保障自然环境得到充分维护（表2-3-2）。

3.2.2 优化乡村空间布局，保证耕地斑块的连续性

根据实地调研走访发现，武汉市乡村地区存在农地抛荒率高、耕地碎片化、变相占用农林用地并转为建设用地等情况，且针对耕地的相关保护工作缺位或滞后。对耕地的保护首先要依据乡村不同空间类型及需求，调整村庄布局形态，严格控制农林用地红线范围；其次需要结合村庄分布情况，划分耕地斑块，保证耕地的连续性，促进农业规模化经营；最后还需要明确农林用地的规划控制要求，保障管控有据可依。根据土地利用现状图发现，武汉市耕地斑块普遍较小，面积在0.15~0.8公顷区间内。小型耕地斑块虽在防治病虫害、提高景观多样性等方面具有一定优

势，但与耕地基于利用、规模化生产的农业发展理念相违背。因此，在对乡村空间的优化中，在农业生产空间上要综合考虑现状耕地斑块大小、位置、形状、基质和权属，在合理范围内尽可能扩大耕地斑块面积，保证其连续性。

表2-3-2 　　　　　　　　三类乡村基本空间类型的生态耦合优化措施

基本空间类型	空间格局示意	生态耦合措施
农业生产型	 ←→主要连接廊道　农业生产空间　空间生态耦合	(1)在农业生产空间与河湖水系间设置一定宽度的生产隔离绿带，在涵养水源的同时自然消纳一部分农业生产过程中外排的化肥和农药；(2)进一步推行使用生态肥；(3)推行轮休轮养，发展生态农业，增加农产品附加值。
产业发展型	 ←→主要连接廊道　工业生产空间　空间生态耦合	(1)优化产业结构，降低工业难降解、处理的废弃物产生；(2)在工业生产空间与生态空间之间设置一定宽度的生产防护隔离带；(3)提高废弃物、污水等处理工艺和技术；(4)加强生态驳岸、生态林地建设，种植抗污植物，提高生态修复功能。
居住保障型	 ←→主要连接廊道　空间生态耦合　居住空间	(1)整理乡村居民点，需要集中布局的进行集并，加强村庄用地集约度，增强内部联系度；(2)梳理河流水系、山林、道路等连接廊道，在连接廊道两侧制定适宜宽度的建设活动控制范围；(3)在村庄内部增设活动场所、景观小品、健身器材，营造丰富的公共活动空间；(4)设置垃圾收集、运输以及污水处理等生态基础设施。

3.2.3 控制乡村空间蔓延，确保山体林地的完整性

山体林地是自然生态系统中的重要组成部分，具有重要的生态作用，应划定山体、林地的边缘，明确保护范围，严格限制建设用地盲目扩张，提高山体林地内部的生境质量，减少、防止其外部边缘因人的各类建设活动受到干扰，确保其完整性。由此，在村庄聚落空间与山体林地间可设置一定宽度（一般在20~30m）的由树木带、灌木带和地衣草皮三个基本层次组成的保护带，（如图2-3-2所示）。一方面

可形成障碍边界，控制村庄建设用地的扩张；另一方面可明确山体林地边界，保护其完整性。

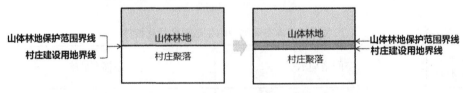

图 2-3-2　山体林地边缘保护带示意

3.3　功能提升：发挥乡村空间与"三生"功能的作用力

乡村空间优化的目的是充分发挥生产—生活—生态功能的作用力，达到提高生产空间效率、提升生活空间品质和维护生态空间稳定的最终目标。

3.3.1　优化产业空间，提高乡村生产空间效率

农业不再是乡村地区村民就业的主要部门，村民兼业化行为成为主流，农业纯收入在乡村居民纯收入中的比重已大幅下降，观光农业、乡村旅游等新型农业发展形式占乡村产业收入比重日益增加。目前，武汉市乡村已出现将农业作为一种休闲、文化、娱乐等消费取向的功能性产品现象。在这一乡村产业发展背景下，提高乡村生产空间效率则可主要归纳为两大方面内容：一方面是就农业生产本身的生产要素进行提升，调整各项生产要素空间布局，从而提高农业生产效率（表2-3-3）；另一方面是基于农业生产传统，结合自然禀赋资源，拓展乡村产业领域及链条，发展乡村服务产业。

表 2-3-3　　　　　　　　　　　主要农业生产要素的空间优化

农业生产要素	具体优化方法	优化示意
耕地	将相对集中的小面积耕地斑块进行重新整合，形成较大面积的耕地斑块，利用连接廊道与分散的较小斑块相互连接，形成有机的联系整体。	小型耕地斑块　大型耕地斑块

续表

农业生产要素	具体优化方法	优化示意
果林	果林具有较好的农业生产与观光旅游的双重产业性质,既可以获得更高的农业生产收入,又可提供观光、旅游、采摘的游憩空间。果林要素可利用自身植物景观优势,增设休息桌椅、建筑小品等旅游服务设施,形成农业生产与产业发展相融的生产功能空间。	
河湖	河湖水系在为乡村起到蓄水、防涝作用的同时,也具有渔业生产及休闲观光功能。因而,在疏通水系,保障渔业生产要求的水域面积、水深高度、水质等级和生态保护要求的同时,沿岸可增设观光台、休息点、垂钓点等,拓展其服务产业链条。	

3.3.2 激活使用空间,提升乡村生活空间品质

乡村生活空间生活品质的提升主要在于对村民生活环境的改善和公共服务设施的完善两大方面。村民生活环境的改善方面包括村庄公共活动空间、交通空间、村庄周边环境、庭院空间等与村民日常居住、活动紧密相关的物质空间。公共服务设施的完善方面主要包括公共服务设施的配置方式、公共服务中心的选址、公共服务设施的配置规模等。

3.3.3 利用资源禀赋,维护乡村生态空间稳定

武汉市乡村具有丰富的生态环境资源,乡村空间各项功能的发挥都依赖于对生态环境资源的利用。生态环境资源的有效利用涉及生态环境承载力的预判、生态资源的管理和经营以及生态环境资源的休作和维育。应延续武汉市乡村自身生态环境资源特征,加强基本农田建设,实施退耕还林、退耕还湖的措施防治水土流失,在乡村内部形成能源使用的内循环,提高禽畜粪便的再利用与处理,将生活生产废弃物进行合理的资源化利用。从资源源头、使用过程、用后处理等生态环境资源使用的各个环节提升对资源利用率和无害化处理率,促进乡村空间的生态功能发挥。

3.4　本章小结

本章根据武汉市乡村"三生"空间分布特征及空间功能价值评价，引入"耦合"概念，以"系统—关系—动态"三方要素相协调统一的空间观解析武汉乡村空间，通过结构调整，确保乡村空间与生态环境的互适性，提升乡村空间与自然要素的协调度，发挥乡村空间与"三生"功能的作用力，构建基于"三生"协调的武汉乡村空间体系。

同时，在前文对武汉市乡村"三生"空间现状分布集聚特征分析的基础上，提出武汉市乡村空间的三大基本类型：农业生产型、产业发展型、居住保障型。并进一步结合武汉市乡村"三生"空间的未来发展定位，依据前文中武汉市乡村"三生"空间功能价值量强度，划分武汉市乡村五种复合空间类型，并据此提出相应空间类型的具体优化方法，实现武汉市乡村"三生"空间协调，以更好地适应新时期发展的需要。

4 武汉乡村"三生"空间优化策略与路径

4.1 生产空间：以土地流转引起乡村资源配置重构，促进农地规模经营

4.1.1 选择以土地流转促成农地规模经营的现实必然

1)农地细碎化造成农业生产效率低下

根据武汉市统计数据显示，截至 2016 年 12 月 31 日武汉市农户家庭平均土地经营规模为 3.75 亩，户均拥有农地块数为 4.92 块，平均每块土地大小为 0.76 亩，由此可看出武汉市乡村农地细碎化程度严重。农地细碎化造成种粮增收困难，影响农业生产效率，不仅阻碍农业生产规模效益的提升，而且浪费乡村劳动力，降低村民收入水平[1]。

2)青壮年劳动力转移造成乡村劳动力流失

根据武汉市统计数据显示，从 2011 年到 2016 年武汉市农林牧渔业从业人员由54.11 万人减少到 42.96 万人，共减少 11.15 万人，降低 20.61%。同时，实地调研结果显示，性别上外出务工村民以男性为主，占外出务工人员总数的 67.82%，而女性只占 32.18%；年龄上外出务工村民以青壮年为主，其中 18~30 岁的占61.72%，30~50 岁的占 35.41%，50 岁以上的占 2.87%。由此可看出，乡村转移劳动力以青壮年男性为主，青壮年男性劳动力离开乡村进入城市务工，在为城市经济发展作出重要贡献的同时，也对乡村农业生产带来了深刻的负面影响。青壮年男性劳动力转移的同时，基于家庭经济决策考量，女性和老人成为乡村主要留守人员。而农业生产的女性化、老年化，造成重体力农活人力缺乏、农业型技术推广难度大、农地耕种面积缩减等，使得农业生产效率提升困难。

---

[1] 陈科皓.我国耕地细碎化问题研究[J].农业科技与信息，2018(8)：40-42.

3）乡村劳动力代际传承断裂造成农业技能缺失

由于在 20 世纪 80 年代计划生育被定为基本国策，使得乡村地区家庭子女数量骤减，出现了大量双子女和独生子女家庭。而随着社会经济发展水平的提高，村民的教育观念也随之提高，期望其子女通过受教育的方式进入城市工作、落户成为主流观念。在这样的社会环境中，20 世纪 80、90 年代出生的村民子女已经进入成年期，且大部分基本没有掌握农业生产技能。实地调研数据显示，外出务工 30 岁以下的青年高达 61.72%，这部分乡村青年进入城市务工经商后，再返乡从事农业生产工作的意愿极低。由此，乡村劳动力代际传承断裂，能够投入传统家庭式农业生产的人才高度缺乏。因此，现代农业生产必然要依靠新型农业科学技术、规模化的生产来保证农业的可持续发展。

4）农业生产过程污染威胁土地生态安全

农业生产是重要的碳源来源。目前，农业生产存在低效率以及高剂量地使用化肥、农药、薄膜等高污染、高排放、高能耗的现象，并在农业机械化过程中会释放大量二氧化碳、甲烷、氧化亚氮等温室气体[1]。中国统计年鉴数据显示，目前我国单位面积耕地化肥使用量为 2.87kg/亩，是国际化肥施用量安全标准的 4 倍，但有效利用率不足 30%。我国每年使用约 180 万吨农药，其中高毒农药约占总用量的 70%，且 60% 以上会残留在土壤中。现代农业生产的污染严重程度不亚于工业污染，占到全部污染的 47%[2]。因此，发展低碳生态农业、保证土地清洁、保障农产品安全成为迫在眉睫的重要任务。显然，以家庭为单位的农业生产无法形成规模效应，且污染产生率更高，不利于绿色、有机、循环农业发展，而农地的规模化经营为此提供了可能性。

4.1.2 土地流转对乡村资源的配置重构

1）农业业态、经营模式及产业结构改变

自 1978 年 12 月党的十一届三中全会确定以家庭联产承包责任制为农村改革突破口之后，1982—1986 年连续 5 年的中央一号文件不断深化农地产权结构调整，确立了我国农地"两权分离"（集体所有权和承包经营权分离）制度的正式形成。自 2013 年中央一号文件提出"鼓励和支持承包土地向专业大户、家庭农场、农民合作

---

① 许广月. 中国低碳农业发展研究[J]. 经济学家，2010(10)：72-78.
② 杨慧，刘丽晶，刘忠军，等. 我国农田化肥施用现状分析及建设[J]. 农机化研究，2014(9)：260-264.

社流转,发展多种形式的适度规模经营"①起,正式开启农地"三权"分置即"保持农村土地承包关系稳定并长久不变的前提下,落实集体所有权、稳定农户承包权和放活土地经营权"②,2014—2018 年中央一号文件在不断推进和完善"三权"分置,引导土地经营权进行有效流转。从农村土地政策由"两权"分离到"三权"分置的转变,可明确看到,在我国乡村劳动力流动加剧、乡村现实生产力发展不足、乡村土地利用粗放和农地细碎化经营等问题日益突显,严重阻碍乡村发展的现实情况下,中央在不断释放、挖掘乡村生产力、发展新动力上进行了有益尝试与经验总结。同时,土地流转将打破传统农地分散经营格局,使得土地资源的集约连片,规模化、资本化经营成为可能。土地集约化必然会引起农业的规模化生产,而进一步使得农业与二、三产业融合形成新型农业业态,例如农业与服务业融合、农业子产业间融合、高新技术对农业的渗透融合以及产业综合融合等③(如图 2-4-1 所示)。由此,乡村必然形成一、二、三产并存的经济结构,以及村民个体家庭经营模式向集体主导、企业主导的产业规模经营模式转变(如表 2-4-1 所示)。

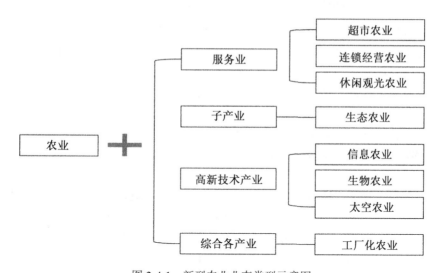

图 2-4-1　新型农业业态类型示意图

---

① 中华人民共和国农业农村部.2013 年中共中央国务院关于加快发展现代农业 进一步增强农村发展活力的若干意见[EB/OL]. [2018-12-22]. http://www.moa.gov.cn/ztzl/yhwj2013/.

② 中共中央办公厅、国务院办公厅印发《深化农村改革综合性实施方案》[N].人民日报,2015-11-03(6).

③ 戴天放.农业业态概念和新业态类型及其形成机制初探[J].农业现代化研究,2014(2):200-207.

表 2-4-1　　　　　　　　　农业经营模式对应农地使用要求

农业经营模式	业态类型	户均农地规模（亩/户）	耕种半径要求	村庄规模
农场式	种植养殖业为主	25~30	较高	较小
公司+基地+农户	生态农业、设施农业为主	8~16	较小	较大
农业合作社+基地+农户		12~25	较小	较大
农业产业化联合体+企业+农户		8~16	较小	较大
休闲服务	休闲观光农业	4~12	较小	较小

2) 村民收益、就业结构及社会阶层分化

传统乡村以农户家庭为单位从事农业种植，乡村发展较为封闭，社会同质程度高、分化程度低，村民间收入差距小，乡村社会阶层的分化主要为政治身份的差异。土地流转推动乡村人口流动、产业多元发展，也随之带来村民收益和就业结构变化，进而导致乡村内部劳动力分工与职业的分化。专职从事农业生产的村民人数比重较小，继续留在村庄内就业的村民逐渐成为农业企业经营者、家庭农场主及农业产业工人，加之已脱离村庄、外出务工的村民，乡村社会阶层形成新的群体、"社区差别"[1]，并最终分化。根据实地调研所得的具体阶层及就业收入情况如表2-4-2 所示。

实地调研发现，当前空巢家庭、留守家庭、隔代家庭的占比较高，这对于乡村地区的社会经济发展都产生了极大的消极影响。土地流转一方面将使得乡村内脱离土地、外出务工、半工半农这部分城镇化潜在阶层可以用租赁、入股的方式将自己的农地经营权流转给农业企业、专业大户、农村合作社，以此获取土地租金及分红，降低家庭收入对土地的依赖程度。有实力、有精力的村民进入城市务工、就业、定居，完成城镇化过程。另一方面土地流转促使乡村产业升级、产业结构调整，使得原本留村的小农兼业阶层和返乡务工人员成为农业产业工人，从事专业农业生产工作，纯农业型家庭比重降低。乡村家庭结构及类型的改变，将使得宅基地的使用、退出和管理产生新的变化。

---

① 刘锐. 土地流转、阶层分化与乡村治理转型[J]. 南京农业大学学报（社会科学版），2013(2)：92-100.

表 2-4-2   乡村阶层、就业、收入情况表

乡村阶层分类	脱离土地	外出务工	半工半农	小农兼业	老弱贫困
与乡村的关系	完全脱离村庄，已进入城镇，未迁移户口	暂时不在村庄	全年小部分时间在村庄	全年大部分时间在村庄	留在村庄
与土地的关系	不耕种土地	租用人工按时节耕种，户均耕种 2~5 亩	户均耕种 10 亩左右	10~15 亩	户均耕种 2 亩以下
年收入情况	5 万元/人以上	人均 3 万元/人左右	2 万~3 万元/人	3 万~5 万元/人	1 万元/人以下

3)村庄结构、规模、职能及形态变化

土地流转推动农地规模化、集约化发展，农业生产率也得以提高，可从农业生产中释放出更多的乡村劳动力，这部分劳动力会逐步向乡村中的其他产业部门及城镇转移。乡村劳动力转移趋势的变化将改变乡村居民点均质化的空间分布情况，促使"城—镇—村"空间等级进行重构，并重新适应人口流动、产业集聚发展的需要（如图 2-4-2 所示）。

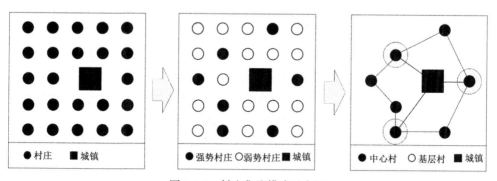

图 2-4-2 村庄集聚模式示意图

随着我国城镇化进程的不断推进及深化，乡村人口减少、村庄规模缩减则是必然趋势。土地流转将淘汰产业、人口均在缩减的弱势村庄，使其村庄用地功能逐渐退化为单一农业生产；扩张产业基础优良、居住保障功能完善的强势村庄，使其村庄用地功能愈加复杂和细化，例如除居住用地、农林用地功能外出现服务业用地功

能、产业设施用地功能等。

土地流转使得乡村中的各类型资源，如农业、旅游资源等，都成为可流转、可集聚及可抵押的一类资产，而产业的分工细化及相互协作必然促使乡村产业主体多元化，进而造成村庄职能的转变。村庄自身的优势资源将成为乡村职能转变的依据，例如，农业基础好、粮食产量高的村庄将进一步发展农业生产服务类职能；工业基础好、产业园区多的村庄将进一步依据工业门类拓展深加工、精细加工类职能；自然资源好、历史文化资源丰富的村庄将进一步发展休闲观光旅游类职能。

村庄职能的差异化发展将深刻影响村庄各类用地分布安排以及乡村各类建设用地、非建设用地的集中使用与布局，从而使得乡村形态发生根本性改变。

4.1.3　优先选择国有农场进行农地规模经营探索

1)国有农场土地与乡村集体土地的异同

国有农场的土地国有制和乡村集体土地的集体所有制是土地公有制的两种差异形式①。因国有农场土地归国家所有，所以决定了其土地经营制度必然与乡村集体土地经营制度存在差异，但是在农业生产本质上国有农场与乡村集体土地并无二致，且国有农场的土地制度变革也同样必然受到城乡经济形势的影响。国有农场进行土地流转也必然是农业产业结构调整以及为适应产业化、规模化生产的客观选择。国有农场土地经营制度的比较优势，有可能在农地规模经营与管理上成为乡村集体土地的有益借鉴。

2)国有农场土地相较乡村集体土地在土地流转上的优势

目前，国有农场土地承包的基本形式为"两田制"，具体为：在坚持土地国家所有制和家庭联产承包责任制的基本前提下，将农场职工承包的土地划分为"基本田"和"规模田"，分别采取两种费用缴纳标准。"基本田"体现政策精神，通常参照周边乡村地区人均耕地面积分配，用于解决农场职工的口粮、种子、饲料及承包合同规定的订购粮，其费用缴纳低，通常只包括农场职工的社会保险费和农业保险费。"规模田"(又称"经营田""租赁田"等)的承包按照市场行情定价，承包人需先缴纳土地租赁费取得土地经营权后才能开展农业生产，租赁期通常在1～3年，农场职工具有优先承包权；由于其为经营性土地，故其费用缴纳高。对"规模田"实行租赁经营形式，充分发挥市场资源配置效力，通过市场竞价确定土地规模并适度集中，实现土地连片、成块，充分发挥土地规模生产优势。

---

① 贺雪峰.国有农场对农村经营体制改革的启示[J].华中农业大学学报(社会科学版)，2017(3)：1-7+149.

武汉目前有 18 处国有农场，与乡村集体土地相比较，国有农场在进行土地流转时具有明显优势。具体如下：

（1）流转成本：国有农场土地产权明晰，明晰的产权带来事权的明晰。国有农场土地在流转过程中具备高操作效率、低谈判成本与交易成本。

（2）村民身份：国有农场职工的特殊身份使其具有良好的就业、养老等社会保障。相较于村民，其与土地依存度不高，离开土地进行城镇化成本较低，更易依据自身意愿进行就业、居住选择。

在以上优势作用下，国营农场土地更易进行流转，更适宜按照市场机制优化土地资源配置，更易推行土地适度规模经营、进行农业组织方式和管理模式的突破与创新，因而可为乡村集体土地的规模经营提供有价值、可借鉴的经验。

4.2 生活空间：以乡村地域主体行为界定空间范围，构建乡村综合社区

4.2.1 乡村生活空间使用主体的多元化

乡村生活空间的本质是一定地域内的居民进行居住、就业、消费、休闲等日常活动的空间。乡村生活空间的组织形式、内涵意义、关联要素等是乡村地域人地关系的一种重要映射[1]。具体表现为乡村生活空间使用主体的多元化及乡村生活空间的异质化。随着城乡各类要素流动愈加频繁、联系愈加紧密，乡村生活空间的居民不再完全等同于村民。对于乡村居民更为确切的理解应为乡村空间的迁入者或实际使用者，例如农业产业工人、休闲游客、旅行者、土地经营者等。村民与这些乡村空间的迁入者相互联系、彼此交融，以其共同的空间体验与使用反馈重新塑造乡村生活空间发展的可能与方向，例如乡村的绅士化现象。国外乡村研究成果表明，乡村的绅士化[2]是乡村转型的重要推动力量，指城市中产阶级因厌倦城市生活而向乡村转移，利用自身的经济资源和优势获取对乡村自然环境、生活方式、地域文化等的消费体验感受。同时，资本对乡村地域的物质景观、社会关系、文化内涵进行着改变与重构[3]，乡村成为城市中产阶层逃离社会现代性的理想去处，一定程度上使

---

① 李小建. 还原论与农户地理研究[J]. 地理研究, 2010, 29(5)：767-777.

② 何深静, 钱俊希, 徐雨璇, 等. 快速城市化背景下乡村绅士化的时空演变特征[J]. 地理学报, 2012, 67(8)：1044-1056.

③ Phillips M. Other geographies of gentrification [J]. Progress in Human Geography, 2004, 28 (1)：5-30.

得乡村空间、生活方式被审美化、符号化①。城市退休人员等"适居性移民"②以及"城市休闲阶层"③等群体也进入乡村地域中，而乡村原住居民在不断向城镇转移，乡村人口的流出与城市人口的进入使得乡村地域内的人口来源和结构变化繁复，由此使得乡村空间关系愈加复杂。

4.2.2 根据空间使用主体行为划分生活空间类型

乡村居民的日常活动主要分为居住、就业、消费和休闲。可根据乡村空间使用主体的活动类型将乡村生活空间分为居住空间、就业空间、消费空间和休闲空间。

1) 居住空间

宏观尺度上，武汉市乡村居住空间呈现密集和稀疏并存趋势，表现为村庄规模趋向扩大、村庄数量趋向减少、村庄密度趋向减小。乡村居住空间的变化虽依然受限于自然环境因素，但是经济技术、交通条件、土地政策等都逐渐超越自然环境因素成为影响乡村居住空间布局的主要驱动力④。从微观尺度上看，村庄空心化程度严重且空心化趋势蔓延迅速，这一情况不仅使得乡村人居环境严重恶化，而且严重浪费了村庄的土地资源。村庄空心化的外在表现为村庄内部村民房屋、宅基地以及土地的废弃和闲置，其内在本质则是乡村经济社会功能的整体退化。

2) 就业空间

乡村产业结构调整促使村民职业分化，村民就业由纯农业转向纯农、兼业、非农并存的就业状态，纯农就业占比下降，兼业和非农就业占比上升。工作地点距离、工作收入与生活成本等成为影响村民就业选择的主要因素，居民兼业和非农就业发展推动乡村就业空间的分化和拓展。村庄二、三产业门类的选择、就业空间的布局与其周边小城镇的主导产业和分布密切相关。同时，武汉市大部分乡村地区的就业空间呈现以住所为中心、工作时间和劳动强度差异为特征的圈层结构分布状态。就业空间是村民自主选择与外部产业门类分布共同作用的结果。

① Phillips M. The production, symbolization and socialization of gentrification: Impressions from two Berkshire villages[J]. Transactions of the Institute of British Geographers, 2002, 27(3): 282-308.

② Hannah G, Jesse A. Amenity migration: diverse conceptualizations of drivers, socioeconomic dimensions and emerging challenges[J]. GeoJournal, 2011(76): 303-322.

③ Maja F, Johan F R. Second home owners, locals and their perspectives on rural development [J]. Journal of Rural Studies, 2013(30): 41-51.

④ 周国华，贺艳华，唐承丽，等. 中国农村聚居演变的驱动机制及态势分析[J]. 地理学报，2011，66(4): 515-524.

3)消费空间

城镇化和工业化不断深化乡村地区的市场化程度，乡村居民的消费水平和消费结构也随之产生变化，具体表现为生产性消费减少而生活性消费增加，产品型消费占比降低而服务型消费占比增加①。当前，在社会经济水平提高、互联网普及及网络购物方式的兴起、电商物流服务链条下沉等因素影响下，乡村居民消费空间形式已突破传统基层市场约束，呈现日常消费半径缩减、购买能力提高、消费产品类别多样等特征，乡村消费空间体系正逐步在乡村居民消费认知的提升及城市消费文化的渗透下被重构。

4)休闲空间

休闲空间是人类增进交流、愉悦心情的重要体验和交往空间②。目前，以乡村居民需要为主体的休闲空间建设严重滞后，休闲环境仍处于低层次水平，现代休闲方式与设施并不普及。同时，以观光农业、休闲旅游为主要内容的休闲产业迅速发展，但目标人群为城市居民，乡村休闲空间建设内容与设施配备主要针对城市居民需求，而并非乡村居民实际日常需求。目前，乡村休闲空间建设意图与建设内容主要在乡村经济提升而并非居住环境改善。

4.2.3　回归乡村生活空间使用主体，设定乡村综合社区

乡村生活空间的调整与优化应回归空间的实际使用主体，以乡村实际居民的日常生活需求为切入点，并作为各项要素的安排依据，而不只是重视外来观光者的旅游需求和体验感受。生活空间本身的宜居水平和村民的居住体验才是其本质所在。乡村生活空间的内涵已经从单纯的农村居民点向承载乡村生活关系的综合社区转变。乡村综合社区可认为是以共同聚居的村民共同利益为基础，具有强烈身份认同的乡村生活共同体。乡村综合社区以经济—产业关系为连接基础，突破行政村界线要求，以产业中心的最小规模为下限、居民步行最大出行距离(如表2-4-3所示)为上限确定生产、生活设施配置规模与数量。

---

① 王敏，梁利．中国农民消费行为及影响因素分析[J]．数理统计与管理，2010(5)：780-788.

② 王亮清．试论新型农村社区的休闲文化建设[J]．郑州大学学报(哲学社会科学版)，2014，47(4)：25-28.

表 2-4-3　　　　　　　　　　　　　　生活圈服务半径一览表

	一般村、基层村	中心村、部分一般村	中心镇、一般镇、部分中心村	城区
	基本生活圈	一级生活圈	二级生活圈	三级生活圈
空间界限	最大半径 1km，最佳半径 0.5km	最大半径 4km，最佳半径 2km	最大半径 8km，最佳半径 4km	半径 15~30km
界定依据	幼儿、老人徒步 15~30 分钟的距离	小学生徒步 1 小时的距离	成人徒步 1.5 小时或骑自行车 30 分钟的距离	驾驶机动车行驶 30 分钟的距离
服务人口	500~1500 人	3000~4000 人	10000 人以上	30000 人以上

　　乡村综合社区不违背现有"中心聚居点+一般聚居点"的居民点布局体系，而是在居民点体系的基础上，引导一定乡村地域空间内在经济产业组织密切关联、日常生活行为频繁交往的聚居点，形成以生产动力为集聚内核的乡村综合社区空间发展模式，如图 2-4-3 所示。

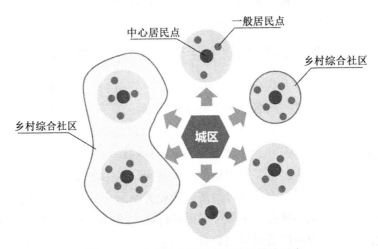

图 2-4-3　乡村综合社区空间发展模式示意

4.3　生态空间：以资源高效、生产清洁、生活集约，改善生态环境治理

　　2017 年 10 月党的第十九次全国代表大会报告中首次提出实施"乡村振兴战

略",按照"生态宜居"要求,加强农村人居环境和生态环境整治①;并随即在2018年2月发布的中央一号文件《中共中央国务院关于实施乡村振兴战略的意见》中,明确农村环境问题综合治理方式方法,统筹山水林田湖草系统治理,建立生态补偿机制并增加农业生态产品和服务供给。2018年2月,《农村人居环境整治三年行动方案》发布,明确指出改善农村环境、建设宜居乡村,是实施乡村振兴战略的重要任务,推进农村生活垃圾、污水治理,开展厕所粪污治理,提升村容村貌②。2018年9月中共中央、国务院印发了《乡村振兴战略规划(2018—2022年)》,提出严格保护乡村生态空间,修复和改善乡村生态环境,提升生态功能和服务价值③。

改革开放以来,我国城镇化进程快速推进,造成乡村生产、生活空间的剧烈变化,生产生活过程中所产生的废弃物和污染加之外部环境资源的大量消耗,使得乡村生态环境压力逐渐增大,生态空间环境质量急剧下降。乡村生产、生活方式深刻影响着乡村生态空间:农业生产过程中化肥、农膜、农药的过量施用,禽畜养殖排放污染的不当处理;宅基地的"建新不拆旧"、村民外出务工等导致人地分离、用地闲置、农地抛荒村庄空心化严重;村庄分散布局、生活污水与生活垃圾随意排放、无有效收集转运处理,使得村庄居住环境破坏、污染严重,乡村居民身体健康受到严重威胁。生产空间的组织无序、生活空间的破坏污染,需要对空间进行调整,为乡村经济发展提供适宜的生产空间,为村民提供宜居的生活空间。

4.3.1　乡村生态空间污染物的主要来源

1)资源利用

从土地资源方面看,随着城镇化的快速推进、农业生产成本的提高而农业收益的下降,致使乡村人口不断向城市转移,最终引发土地利用效率低下、土壤污损、土地质量下降等问题。

从水资源方面来看,据农业部门统计数据显示,我国农业灌溉区平均水利用系数仅为0.45,平均渗水损失、漏水损失、蒸发损失占总输水损失的81%、17%和2%左右,同时水资源重复利用率极低。农业、工业与生活用水引起的水质污染问题也日益严重。

---

① 中国共产党第十九次全国代表大会报告[EB/OL].[2018-12-25]. http://www.gov.cn/zhuanti/19thcpc/baogao.htm

② 国务院办公厅印发农村人居环境整治三年行动方案[EB/OL].[2018-12-25]. http://city.huanqiu.com/csyw/2018-02/11586035.html

③ 中共中央　国务院印发《乡村振兴战略规划(2018—2022年)》[EB/OL].[2018-12-25]. http://www.gov.cn/zhengce/2018-09/26/content_5325534.htm

从矿产资源方面来看，矿产资源是工业生产的重要生产资料，但过度开采会对生态环境造成严重破坏。地形地貌、景观破碎极易引发山洪、泥石流等地质灾害和环境灾害①。

2）生产过程

目前，在城市环保法规惩戒约束逐渐加强的情况下，高污染企业因生存空间不断被挤压，转向城市地域外寻求生产空间。随着这类企业迁往乡村地域，其工业污染也随之转向乡村空间。乡镇企业由于布局分散、规模较小、经营粗放、生产废弃物未经有效处理直接排放，成为乡村生态环境被破坏的主要原因。在农业生产上，村民为尽可能提高土地产出率，过度使用化肥、农药、农膜等现象普遍，致使大量污染物在土壤中残留，严重影响土壤生态系统结构及功能，对乡村生态环境、农业可持续发展、食品安全均构成严重威胁。据相关资料显示，2016 年中国化肥施用总量为 22.8kg/亩，远高于国家生态乡镇化肥施用量 16.7 kg/亩的规定②。过量的化肥和农药会随降水或灌溉进入地表径流、农地排水及地下周边水体，引发水体污染③。禽畜养殖业、水产养殖作为乡村经济的支柱产业，其养殖规模的扩张致使禽畜粪便、残留饵料等污染物大量增加，由此引发的土壤和水体中氮、磷等污染物远超出土壤和水体的自净能力，造成严重面源污染。

3）生活方式

根据有关研究数据，目前我国乡村人均生活垃圾产生量为 0.034～3.000kg/d④，主要包括生活垃圾、旱厕粪水、塑料包装、废弃物品等。乡村居民日常洗衣洗碗产生的污水中含有油脂、醋酸、碘、钠等有机物元素，同时洗洁精、洗发水、沐浴露等化学洗涤产品的使用，造成排放的污水中含有大量磷元素。这类生活污水在乡村中通常会通过明沟直接排放至宅基地周边土壤中，经由土壤自身渗透吸纳，很少经过沉淀处理，长期对乡村土壤和水产生沉重负担。生活用品废弃物同样没有收集、转运处理设施，大多采用集中堆放焚烧处理，对空气污染极大。

---

① 刘桂建，袁自娇，周春财，等. 采矿区土壤环境污染及其修复研究[J]. 中国煤炭地质，2017，29(9)：37-40+48.

② 刘钦普. 中国化肥面源污染环境风险时空变化[J]. 农业环境科学报，2017，36(7)：1247-1253.

③ Chen X P, Cui Z L, Fan M S, et al. Producing more grain with lower environmental costs[J]. Nature，2014(514)：486-489.

④ 韩智勇，费勇强，刘丹，等. 中国农村生活垃圾的产生量与物理特性分析及处理建议[J]. 农业工程学报，2017，33(15)：1-14.

4.3.2 乡村生态空间污染来源分散、排放不均、治理低效

乡村生态空间污染存在面源、点源并存，生产、生活叠加，城市工业由外向乡村内部转移等特点。同时，在生产过程中由于村民在种植施肥、打药、禽畜养殖管理上都存在因缺乏专业农技知识具有主观随意性，村民劳动投入、专业技术、经营组织及管理方式都对农村生产面源污染产生较大影响；生活方式上乡村地域人口分散聚居，生活污水排放分散、随机、随意，缺乏排水管网、垃圾收集转运设施，污水垃圾收集困难。目前，乡村生态环境专项资金投入极度欠缺，污水垃圾生物技术处理水平低下，且均是从排放末端角度考虑治理方案，未从污染源头采取有效管控措施，同时存在检测管理能力不足、排放标准及政策法规不完善等问题。

4.3.3 采取源头控制、过程清洁、处理有效策略治理乡村生态空间污染

污染源头上，以土地整治推动乡村空间重构，对闲置、散乱的乡村建设用地进行集中整备；依照"退耕还林""治沟造地"等政策规定采取工程手段对山体林地、河湖水系进行保护和污染预防。

生产过程中，学习绿色生态种养殖技术，加强农业生产、禽畜水产养殖；引入清洁生产模式，阻断生产过程污染、采取废物循环利用；在不降低农地产量前提下，合理施用化肥、农药，降低生物化学污染；调整产业结构、合理选址布局、精进生产工艺、制定清洁生产过程标准，降低乡镇企业对乡村生态空间的污染。

生活方式上，通过空心村治理、"中心村+一般村"体系布局，加强乡村生活空间适度聚集；通过加大环卫基础设施投入，进行垃圾污水集中无害处理。在目前无法进行集中、人口密度较低、经济水平较差的村庄，由政府财政适当补贴，采用就地家庭式处理模式，如修建沼气池、沉淀池等。

4.4 本章小结

本章根据武汉市乡村"三生"空间识别与空间功能评价、"三生"空间变化特征与内在动力机制的研究结果，分别针对生产空间、生活空间、生态空间提出优化策略及空间优化的实施保障。(1)生产空间以土地流转引起乡村资源配置重构，促成农地规模经营，并优先选择国有农场进行农地规模经营探索；(2)生活空间以乡村地域主体行为界定空间范围，回归乡村生活空间使用主体需求，构建乡村综合社区；(3)生态空间采取资源高效、生产清洁、生活集约的策略，改善生态环境治理，采取源头控制、过程清洁、处理有效的策略治理乡村生态空间污染。

5 研究结论与展望

5.1 研究结论

(1)武汉市城乡空间格局、发展阶段、人口集聚均呈现显著差异。

城乡空间格局上呈现"大市域、小城区""多要素、差异大"的特征，即九成的人口和建设用地集中在主城区，九成的耕地集中在乡村地区；乡村占据市域面积的八成以上，主城面积仅占不到两成；武汉市各街镇的发展基础与政策制度存在地域性差异，城乡要素组织模式多元化。

城乡发展阶段上呈现"大产业、大项目""大城市、大乡村"的特征，即城乡人口的集聚与经济的发展均靠大型工业产业园区及大型产业项目的建设来拉动。城乡发展呈现明显二元结构特征，主城区以及乡村各区所处发展阶段差异较大。

乡村发展现状上，人户分离现象普遍，空心化现象严重；农业产业呈现显著南高北低态势，粮食产区集中；乡村非农经济发展高度依赖主城区，小城镇拉动能力有限；农业从业人员的数量与素质均呈下降趋势，农地抛荒问题严重。

(2)武汉市乡村"三生"空间分布及功能价值各有特点，同时具有空间自相关性及高值聚集特征，整体空间集聚毗邻性较低，不同空间功能间的互补性和融合性较差。

生产空间分布呈北高南低、圈层分布、中心聚集特征；生活空间分布呈大区域内散布、小区域内团状聚集特征；生态空间分布呈依据非建设用地位置高度集聚特征。通过对"三生"空间的集聚状态及相邻情况进行分析，并进一步印证：武汉乡村"三生"空间分布具有空间自相关性；具有比较显著的高值聚集的特征，即空间功能价值高的空间和空间功能价值高的空间聚集，生活功能价值量分布高低与生产价值量分布高低一致；同时，存在着大量空间功能价值低的空间和空间功能价值低的空间聚集，少量空间功能价值高的空间和空间功能价值低的空间聚集，且整体空间集聚毗邻性较低，不同空间功能间的互补性和融合性较差。

(3)在研究时间段内，武汉市乡村"三生"空间分布和功能价值在变化方向及变化程度上各有不同。

乡村生产空间：2011年的生产空间分布与2016年同样呈现北高南低、中心集聚的特征，但 2011 年的生产空间分布不具有明显圈层分布的特点；2011—2016 年生产空间在价值量与空间占比呈现双重增长，说明生产空间的拓展较为高效地支撑了远城区经济的快速发展，但经济结构与工业化程度乡村各区存在较大差异。

乡村生活空间：2011 年与 2016 年的生活空间分布在"三生"空间分布对比中差异最大，与 2016 年的生活空间分布呈显著成团聚集特征相比，2011 年的分布分散且相对均衡；2011 年的乡村各区生活空间功能价值总量均大于 2016 年，且乡村各区间的量值差异较小；2011—2016 年生活空间在价值量与空间占比上的反差加剧，凸显了乡村地区依附主城外溢单一功能发展、自身内在动力不足、多中心体系欠缺，可提供的公共服务水平低下。

乡村生态空间：与 2016 年生态空间分布呈现南北高西部低特征不同，2011 年呈南高北低、分布更为均衡的特征，且乡村各区的生态空间功能价值总量均大于 2016 年；2011—2016 年生态空间在价值量与空间占比上的双重下降，说明了快速城镇化及当前社会经济发展对生态空间的客观冲击。

(4)根据武汉市乡村"三生"空间识别、空间功能评价、变化特征与内在动力机制的研究结果，分别针对生产空间、生活空间、生态空间提出优化策略及空间优化的实施保障。

生产空间以土地流转引起乡村资源配置重构，促成农地规模经营，并优先选择国有农场进行农地规模经营探索；生活空间以乡村地域主体行为界定空间范围回归乡村生活空间使用主体需求，构建乡村综合社区；生态空间采取资源高效、生产清洁、生活集约的策略，改善生态环境治理，采取源头控制、过程清洁、处理有效策略治理乡村生态空间污染；优化保障上以空间规划体系确立乡村规划编制，确保优化策略的落实，加强对乡村混合用地分类研究，增加村庄经营性用地开发弹性，以"县"(区)域空间作为乡村空间体系建构的基础单元，引入跨行政界线的"村庄聚落群"概念，丰富乡村空间规划体系，以法制化为基础、个性化为特征、自主化为组织编制具体村庄规划。

5.2　研究展望

(1)本次研究因数据的可获得性、不同层次间的数据一致性原因，以行政区为研究单元，在研究的空间指向上存在不足，研究结果仅能反映从宏观到中观空间层面的现状。在数据的可获得性能够保证的情况下，以街镇为研究单元，从微观层面对乡村"三生"空间分布情况和空间功能价值进行分析、评价和总结，对于更为详细的乡村空间规划、具体的乡村空间优化以及乡村空间管理等都更具有现实指导意义。

(2)乡村是"人—地"综合的复杂场域，关系到每个利益相关者的微观个体实际利益。乡村在地区发展条件、发展过程、发展目标、实际需求及政策实施上存在差异性和多元化，人的个体利益与行为决策如何影响乡村空间的变化与发展将是今后乡村空间研究中值得进一步加强的方向。此外，如何对空间规划体系进行完善，提出更有地域针对性的乡村规划方法，重构乡村生产、生活、生态空间，也是今后乡村空间研究的重点方向。

专题三　文化建设篇

1 研究思路

乡村文化振兴是乡村振兴的重要内容。在城镇化、市场化和现代化的进程中，乡村文化面临城市文化的冲击，日益呈现出衰落之势。从历史维度、现实维度和未来维度的视角分析，乡村文化重塑的必要性显而易见。

乡村振兴战略提出了产业兴旺、生态宜居、乡风文明、治理有效、生活富裕的发展目标，这些目标无不与乡村文化有关，乡村文化是乡村振兴实现的灵魂与价值指引。乡村文化作为中华文化的重要组成部分，它所具有的文化价值、教育价值和经济价值等，必然在未来的乡村社会发展中得到释放和彰显，其独有的文化内涵、文化特质和文化魅力必然在乡村振兴战略实施中得以体现和证明①。

1.1 研究对象界定

1.1.1 乡村文化

乡村文化是人们在长期的农业生产生活实践中形成的带有地域性乡土性的物质文明和精神文明的总称。乡村文化作为有别于城市文化的文化类型，有其产生的经济基础、文化生态环境、传播途径和建设主体。乡村文化是维护乡村社会秩序的重要内生力量②。

从生活世界和精神价值而言，乡村文化是农民生活世界的重要组成部分，也是农民安身立命的价值和意义所在。具体来说，乡村文化是农民在长期从事农业生产与乡村生活的过程中，逐步形成并发展起来的一套思想观念、心理意识和行为方式，以及为表达这些思想观念、心理意识和行为方式所制作出来的种种成品。它表现为无形的乡村文化，如农民的情感心理、生活情趣、处世态度、人生追求和行为

---

① 赵淑清．再造乡村文化，助力乡村振兴[J]．人民论坛，2018，585(5)：139-140.
② 赵旭东，孙笑非．中国乡村文化的再生产——基于一种文化转型观念的再思考[J]．南京农业大学学报(社会科学版)，2017(1)：125-133+154.

习惯；也表现为有形的乡村文化，如民风民俗、典章制度和生活器物等①。

1.1.2　乡村文化服务设施

《中华人民共和国公共文化服务保障法》中将乡村文化服务设施定义为用于提供公共文化服务的建筑物、场地和设备，主要包括图书馆、博物馆、文化馆、美术馆、青少年宫、妇女儿童活动中心、老年活动中心、基层文化服务中心、图书室和公共数字文化服务网点等。

这里所定义的乡村文化服务设施指的是文化设施的公益性部分，属于本专题对乡村文化服务设施的研究范围，本专题的乡村文化服务设施强调在乡村地区，由政府主导进行文化资源分配，由市场化方式搭建，为人民群众提供公共文化服务的乡村文化服务设施及其所配套的制度体系。乡村文化服务设施的配置以服务社会大众为核心，强调公平性、实用性和社会性，是文化空间结构的重要组成部分。

1.2　研究目的与意义

1.2.1　研究目的

乡村文化服务设施建设是国家公共文化服务体系建设的重要组成部分，在经济社会发展过程中，无论是经济、政治还是文化建设，农村一直落后于城市，这与社会主义和谐社会建设是不相符的。和谐社会建设要求经济、政治、文化、社会、生态等要相互协调、相互促进，文化与经济、政治、社会的发展相适应，不同地区之间的文化发展水平基本一致，城市与乡村文化建设相协调，使农村人民群众能够与城市群众一样充分享有文化发展成果。在此基础上使全体人民群众都能享有基本的文化消费权利，基本精神文化生活需要得到满足与保障。

当前，在文化大发展、大繁荣等政策方针推动下，中国公共文化服务体系建设将大大加快，但乡村地区的文化服务设施建设能否达到人民满意的水平，却是未知数。乡村地域范围广，地理分布复杂，经济、政治、文化、社会发展状况千差万别，乡村经济能力又与乡村文化服务设施建设的要求相差太远，这都为乡村文化服务设施建设带来了实实在在的困难。

文化本身是复杂的，文化服务设施体系建设不是简单地进行一些如图书馆、博物馆、美术馆、文化大院等基础设施建设所能完成的，也不是给群众放几部电影、演几出戏等这样简单的事情。它涉及文化的保护与创新发展、群众精神生活的满

---

① 于影丽. 社会转型期乡村文化：传承与断裂：玉村教育人类学考察[M]. 北京：教育科学出版社，2012.

足、群众文化生活的丰富，在参与文化生活中继承、创造文化、发展文化。同时，乡村文化服务设施体系建设面临着投入保障、基础设施建设与管理、服务内容与形式错位等多个方面的问题，如何解决这些问题与矛盾需要理论的指导。

本选题研究的目的就在于尽可能从理论与实践中回答如何解决这些问题，探索如何在现有条件下解决武汉乡村文化服务设施建设中的困难和不足、如何促进武汉乡村文化服务设施体系的进一步完善，使乡村文化服务设施在乡村振兴建设中发挥应有作用，为培育文明乡风、良好家风、淳朴民风奠定坚实的物质基础，并对乡村文化服务设施体系的构建提供参考。

1.2.2 研究意义

1）为乡村文化服务设施体系建设提供理论指导与理论基础

通过研究可以为乡村文化服务设施体系建设中各种问题和矛盾的解决提供理论指导，为乡村文化服务设施体系的构建提供科学的理论依据，同时紧密契合国家与地方乡村振兴战略中文化建设的相关要求，探索具有实践意义的乡村文化建设路径。

2）为乡村公共文化服务体系运行提供指导

通过对乡村文化服务设施体系现状问题、乡村文化建设发展动力机制、国内外乡村文化设施体系建设经验等进行梳理与分析，结合实证满意度、需求度分析，提出具有针对性、实操性的乡村文化服务设施配置准则，为乡村公共文化服务体系运行提供指导。

3）丰富乡村文化建设理论体系

乡村文化建设理论体系是一个包含许多分支理论的理论体系，需要不断完善。基于实证的乡村文化服务设施建设研究将有益于公共文化服务体系建设理论与乡村文化建设理论的完善，同时也可以为其他公共服务建设提供理论借鉴，推动公共服务特别是文化服务数量与质量的提高。

1.3 研究内容

本专题的研究内容主要涵盖了以下内容：

（1）乡村文化服务设施体系研究。通过对国内外现有乡村文化服务设施相关研究进行总结和归纳，结合乡村振兴战略背景，从现有研究中梳理和提炼出乡村振兴背景下乡村文化服务设施的侧重点，并依次整理出乡村文化服务设施分类表，以便后续研究。

（2）武汉乡村文化服务设施配置标准研究。在对武汉乡村文化服务设施进行实证研究的基础上，依据国家与地方层面关于乡村文化服务设施的相关配置标准，结合武汉乡村文化服务设施现状与问题实证，并对照乡村振兴战略规划相关要求，整合、分类提出武汉乡村文化服务设施具体配置标准，为武汉乡村文化振兴探寻可行和可操作的具体路径。

2 乡村文化服务设施体系研究

2.1 国内外乡村文化服务设施体系研究现状

关于文化服务设施的分类有很多，原则和方法也不尽相同。本专题查阅了 50 余个国内外文化设施相关规范与案例，在总结归纳现有经验与文化设施以及服务分类的基础上，为乡村文化服务设施分类表的提出提供借鉴。

2.1.1 《湖北省基本公共文化服务实施标准》中关于文化服务设施的分类

《湖北省基本公共文化服务实施标准(2015—2020 年)》中从服务项目和内容、设施和设备、人员配备三个层面对公共文化服务与文化设施进行了分类，见表 3-2-1。

表 3-2-1　　　　　　　　　　湖北省基本公共文化服务设施分类表

层面	项目	序号	类别	内容
服务项目和内容	基本服务项目	1	读书看报	公共图书馆(室)、乡镇(街道)综合文化站(中心)、村(社区)综合文化服务中心、农家书屋、流动图书站、阅报栏、电子阅报屏
		2	收听广播	对农服务广播节目、智能广播网
		3	收看电视	卫星电视节目、数字电视节目
		4	观赏电影	免费数字电影放映、新农村电影数字节目库
		5	送地方戏	民营艺术院团、免费送戏曲等文艺演出
		6	设施开放	公共图书馆、文化馆(站)、国有博物馆(非文物建筑及遗址类)、公共美术馆、大型体育馆、工人文化宫、青少年宫、妇女儿童活动中心、科技馆等设施免费开放

续表

层面	项目	序号	类别	内容
服务项目和内容	基本服务项目	7	文体活动	讲座、文化艺术知识普及和培训、群众文艺活动、专题展览、公共文化艺术教育活动、特殊群体(残疾人、未成年人、老年人、农民工等)文体活动、文体广场、公园、健身路径
		8	数字文化服务	公共文化数字服务平台、公共电子阅览室、文化机构移动终端(App)、文化服务菜单
设施和设备	文化设施	9	市级文化设施	设置"三馆一场"即公共图书馆、文化馆、国有博物馆、剧场;公共美术馆、非遗展示馆
		10	县级文化设施	设置"两馆一场"即公共图书馆、文化馆、剧场;国有博物馆、非遗展示馆
		11	乡镇(街道)综合文化站(中心)	设置综合文化站(中心),"三室一厅一场"即图书阅览室(含电子阅览室、文化信息资源共享工程基层服务点)、教育培训室、管理和服务用室、多功能活动厅、文体广场;宣传栏、灯光音响、群众体育活动器材、戏台舞台
		12	村(社区)综合文化服务中心	设置综合文化服务中心,"五个一"标准:1间多功能文体活动室、1间阅览室(含农家书屋和文化资源信息共享工程基层服务点)、1个文体广场、1套群众体育活动器材、1套简易灯光音响设备
	新闻广电设施	13	广电播出机构	县级以上广电播出机构、广电直播"户户通"、农村智能广播网("村村响")、广播室
		14	广电发射(监测)台	县级以上设立广电发射(监测)台
		15	新闻出版设施	公共阅报栏(屏)、农家书屋书刊配送
		16	电影放映	县级数字影院、(乡镇)农村电影固定放映点
	体育设施	17	体育场馆	公共体育场、体育馆、全民健身活动中心、绿道、体育公园、体育广场

续表

层面	项目	序号	类别	内容
设施和设备	体育设施	18	基层体育设施	乡镇(街道)小型全民健身活动中心、村(社区)全民健身路径与器材(篮球场、乒乓球台等)
	流动文化设施	19	流动文化车	流动图书车、流动文艺辅导车、流动演出车、流动博物馆车、流动电影放映车
	服务设施	20	特殊群体服务	无障碍设施、手语节目
人员配备		21	人员编制	公益性服务岗位工作人员、大学生村官
		22	业务培训	乡镇(街道)和村(社区)文化专兼职人员参加集中培训
		23	文化团队	乡镇(街道)级建立各类群众文化团队不少于3支,村(社区)级不少于1支

资料来源:《湖北省基本公共文化服务实施标准(2015—2020年)》

2.1.2　城市公共设施层面关于文化服务设施的分类

近年来,随着国家与地方各层面对民生生活的不断重视,文化设施成为城市公共设施中的重要一环,形成了不同规模、不同指标下的文化设施体系规范。鉴于城市中"区、街道、社区"三级指标体系与乡村"区、乡镇、村"三级指标体系的相似度,《城市居住区规划设计标准》《城市公共服务设施规划标准》等规范文件中不同级别的文化设施指标体系对于构建不同级别乡村文化设施体系具有较高的借鉴意义。

1)《城市居住区规划设计标准》中关于文化服务设施相关指标

2018年7月发布的《城市居住区规划设计标准(GB 50180—2018)》依据不同人口与用地规模,将城市居住区划分为十五分钟生活圈居住区(人口规模5万~10万人)、十分钟生活圈居住区(人口规模1.5万~2.5万人)、五分钟生活圈居住区(人口规模0.5万~1.2万人)、居住街坊(0.1万~0.3万人)四个等级类型,各级生活圈居住区内需对应居住人口规模配建包括文体活动、养老助残、社区服务等在内的生活服务设施,形成"生活服务圈"。

近年来,上海、北京等地陆续提出建设"乡村文化生活圈""乡村社区生活圈"等,研究不同规模城市居住区中文化服务设施配设类别与指标,对于构建"乡村文化生活圈"、完善乡村文化生活与设施体系有着积极的借鉴意义。

居住区乡村文化服务设施配置见表3-2-2。

表3-2-2 居住区乡村文化服务设施配置表

序号	项　目	十五分钟生活圈居住区	十分钟生活圈居住区	五分钟生活圈居住区	居住街坊	备注
1	体育馆(场)或全民健身中心	△	—	—	—	可联合建设
2	大型多功能运动场地	▲	—	—	—	宜独立占地
3	中型多功能运动场地	—	▲	—	—	宜独立占地
4	小型多功能运动(球类)场地	—	—	▲	—	宜独立占地
5	室外综合健身场地(含老年户外活动场地)	—	—	▲	—	宜独立占地
6	儿童、老年人活动场地	—	—	—	▲	宜独立占地
7	室外健身器械	—	—	—	▲	可联合建设
8	养老院	▲	—	—	—	宜独立占地
9	老年养护院	▲	—	—	—	宜独立占地
10	老年人日间照料中心(托老所)	—	—	▲	—	可联合建设
11	文化活动中心(含青少年、老年活动室)	▲	—	—	—	可联合建设
12	文化活动站(含青少年活动站、老年活动站)	—	—	▲	—	可联合建设
13	社区服务中心	▲	—	—	—	可联合建设
14	社区服务站(含居委会、治安联防站、残疾人康复室)	—	—	▲	—	可联合建设
15	社区食堂	—	—	△	—	可联合建设

注：▲为应配建的项目，△为根据实际情况按需配建的项目。

2)《城市公共服务设施规划标准》中关于文化服务设施相关指标

2018年发布的《城市公共服务设施规划标准(征求意见稿)》中将群众活动类乡村文化服务设施分为市级、区级、街道级和社区级四级，并将乡村文化服务设施分为图书阅览设施、博物展览设施、表演艺术设施、群众文化活动设施等四大类，见表3-2-3。

表 3-2-3　　　　　　　　　　　乡村文化服务设施分类表

设施分类	序号	设施名称	内容
图书阅览设施	1	公共图书馆	大型馆(每 150 万人)、中型馆(每 20 万人)、小型馆(每 5 万人)
博物展览设施	2	综合博物馆	—
	3	科技馆	50 万以上人口设置
	4	城市规划展览馆	20 万以上人口设置
	5	公共美术馆	20 万以上人口设置
	6	纪念馆	根据文化资源条件设置
表演艺术设施	7	剧场、音乐厅等	50 万以上人口设置
群众文化活动设施	8	文化馆(群众艺术馆)	区级及以上设置
	9	工人文化宫	区级及以上设置
	10	青少年宫	区级及以上设置
	11	妇女儿童活动中心	区级及以上设置
	12	老年人活动中心	区级及以上设置
	13	文化活动中心	街道(乡镇)级,开展图书阅览、科普知识宣传与教育、影视厅、舞厅、游艺厅、球类、棋类、科技与艺术等服务
	14	文化活动站	社区(村)级,开展书报阅览、书画、文娱、健身、音乐欣赏、茶座等服务

资料来源:《城市公共服务设施规划标准(征求意见稿)》

2.1.3　乡村公共设施层面关于文化服务设施的分类

1)《乡镇综合文化站建设标准》中关于文化服务设施相关指标

《乡镇综合文化站建设标准(建标 160—2012)》明确要求建设覆盖广大农村区域的普遍均等、惠及全民的乡镇综合文化站服务设施,乡镇综合文化站根据其建筑面积规模划分为大型站(面积≥800m²)、中型站(500~800m²)和小型站(300~500m²)三种类型。

乡镇综合文化站的建设内容包括房屋建筑、室外场地和建筑设备,具体为:

141

（1）乡镇综合文化站的房屋建筑包括：文化体育活动用房、书刊阅览用房、教育培训用房、网络信息服务用房、管理与辅助用房。（2）乡镇综合文化站室外场地主要包括：室外活动场地（含开展群众文化体育活动的篮球场、演出和文艺活动场地以及宣传橱窗等）、绿化游憩场地、道路及停车场。（3）乡镇文化站文化设施器材包括：卫生设备、电气设备、通信设备、信息设施设备、暖通空调设备、消防与安全设备等，见表3-2-4。

表 3-2-4　　　　　　　　　乡镇综合文化站文化设施分类表

类别	序号	项目	细目
房屋建筑	1	文化体育活动用房	多功能活动厅、排练室、展览室、体育健身室（乒乓球、台球、健身、棋牌等）、美术室
	2	书刊阅览用房	书刊阅览室、少年儿童图书阅览室、电子阅览室
	3	教育培训用房	教室、视听室
	4	网络信息服务用房	文化信息资源共享工程服务室、微机室、广播电视服务室
	5	管理和辅助用房	管理室、设备间、库房
室外场地	6	室外活动场地	群众文体活动场地、文艺演出场地、宣传橱窗
	7	绿化游憩场地	乡镇广场、公园绿地
	8	道路及停车场	—
文化设施器材	9	演出设备、乐器、服装	灯光、音响、流动舞台、乐器、服装、道具
	10	美术创作及展览设备	书画桌、展品挂件、展板
	11	书报刊阅览设备	书架、书柜、阅览桌椅
	12	教育培训、试听、电教设备	课桌、椅、影碟机、电视、电脑、投影仪
	13	摄影摄像设备	照相机、摄影机、刻录机
	14	文化信息资源共享工程设备	PC服务器、投影仪、计算机及配套设备、卫星信号接收器
	15	综合文化车	送戏、送书下乡等流动文化服务综合用车
	16	体育健身器材	乒乓球桌、台球桌、室内外健身器材、球类
	17	其他设备	舞龙舞狮、民间工艺品制作、特色文化活动设备

资料来源：《乡镇综合文化站建设标准（建标160—2012）》

2)《镇(乡)村文化中心建筑设计规范》中关于文化服务设施相关指标

《镇(乡)村文化中心建筑设计规范(JGJ 156—2008)》中要求镇(乡)村文化中心宜为开展文学、艺术、娱乐、体育、健身、科技、教育、展示和宣传等活动配置多种空间和设施。具体配置项目见表3-2-5。

表 3-2-5　　　　　　　　　　镇(乡)村文化中心设施配置表

类型	序号	基本项目	内容
场地环境	1	环境设施	绿化、小品、道路、水域、线杆、灯饰、引导标志、警示标牌、休闲座椅、围墙等
建筑物	2	专业活动用房	普通讲授用房
			语言讲授用房
			计算机用房
			创作和排练用房——美术、书法创作室,舞蹈、戏剧排练室,器乐活动室
			音响和摄影用房——音响室、摄影室
	3	展览、阅览用房	展览用房——展室、展廊、储藏室
			阅览用房——书刊阅览室、电子阅览室、储藏室、管理室
	4	娱乐活动用房	观演用房——观众厅、表演台、化妆室、放映室、储藏室、休息廊
			游艺用房——棋牌室、电子游艺室、管理室
			交谊用房——歌舞厅、茶室、管理室、服务处
	5	健身活动用房	乒乓球活动用房
			台球活动用房
			器械健身用房
	6	办公、管理用房	办公用房——办公室,保健室,值班、传达室,售票处等
			管理用房——库房、维修室、配电室、水泵房、锅炉房等

类型	序号	基本项目	内容
建筑物	7	服务、附属用房	服务用房——小卖部、饮水间(饮水处)、卫生间
			附属用房——运动员室、教练员室、裁判员室、更衣室、淋浴室、储藏室等
文体活动场地	8	放映和表演场	放映场、表演场
	9	篮球、排球、羽毛球、门球场	篮球场、排球场、羽毛球场、门球场
	10	武术、举重、摔跤场	武术场、举重场、摔跤场
	11	游泳、滑冰、轮滑场	游泳场、滑冰场、轮滑场
	12	服务、附属用房	服务用房——小卖部、饮水间(处)、卫生间等
			附属用房——运动员室、教练员室、裁判员室、更衣室、淋浴室、救护站、储藏室、存物处等

资料来源:《镇(乡)村文化中心建筑设计规范(JGJ 156—2008)》

2.1.4　台湾地区地方文化馆中关于文化服务设施的分类

台湾地区地方文化馆是指对历史建筑、闲置空间再利用的展演场所以及由历史建筑、古迹等改造而成的展演空间等文化机构设施,通过专家团员与地方文史或表演团体的投入,为各地方乡镇、社区筹设永续经营的馆舍①。2001—2013 年,台湾地区已在 25 个县乡建立超过 270 个地方文化馆,充分起到了传承地方传统特色文化、提供文化活动场所的作用。按照其建设主题,地方文化馆可分为 6 大类、19 小类②,见表 3-2-6。

表 3-2-6　　　　台湾地区地方文化馆主题分类表

类别	序号	小类	具体内容
历史	1	历史文物	博物馆、县史馆、历史文物馆、古迹故事馆
	2	人物纪念	文物馆、纪念馆、艺术园区
	3	民俗	生活文物馆、民俗文物馆、文化生活馆

①　包旦妮,高志强.文化创意产业视阈下地方工艺文化馆的发展路径——以台湾地区丰原漆艺馆为例[J].艺术工作,2017(6):94-96.
②　郑怡然.台湾地方文化馆研究:理念、实践及启示[D].昆明:云南大学,2013.

续表

类别	序号	小类	具体内容
艺术	4	文学	艺文馆、文学资料馆、文学馆、童谣馆
	5	美术(绘画、雕塑、设计)	美术馆、艺术特区、儿童美术馆、画廊
	6	工艺	工艺文化馆、工艺博物馆
	7	表演艺术(音乐、舞蹈、喜剧、电影)	音乐文化馆、艺术资讯馆、演艺厅、文艺中心、户外表演场、戏剧馆、电影艺术馆、小剧场
产业	8	工业	博物馆、文化馆
	9	农业	产业文化馆、休闲农场、产业博物馆
	10	林业	展示馆、博物馆、文化馆
	11	茶业	产业文化馆、风物馆、博物馆
	12	渔业	文化展示馆、博物馆
生态	13	自然	生态文化馆、科技博物馆、化石馆
	14	昆虫动物	生态文化馆、生态主题馆、博物馆
	15	综合园区	自然公园、自然生态馆、自然生态教学园区
族群	16	原住民文化	博物馆、文化馆、文物陈列室、生活文化馆
	17	客家文化	文化馆、艺术园区、村史博物馆
	18	眷村文化	故事馆、博物馆
宗教	19	民间信仰、道教、佛教、基督教等	宗教博物馆、艺术馆、文物馆、文化馆

2.1.5　韩国"新村运动"中关于文化服务设施的分类

　　韩国新村运动以建设新农村、新国家为目标，以勤勉、自助、协同、奉献为精神理念，通过教育改变人们的思想，以农民的亲身实践、政府扶持为主要形式，激发村民自信心，再内化为实现乡村发展的动力[1]。新村运动在实践中涉及多方面的现代化目标，并需要通过各类具体项目建设来加以逐步实现[2][3]。为此，可以将各

---

[1]　张薇. 韩国新村运动研究[D]. 长春：吉林大学，2014.

[2]　李仁熙，张立. 韩国新村运动的成功要因及当下的新课题[J]. 国际城市规划，2016，31(6)：8-14.

[3]　韩道铉，田杨. 韩国新村运动带动乡村振兴及经验启示[J]. 南京农业大学学报(社会科学版)，2019，19(4)：20-27+156.

类具体建设项目以现代化的核心范畴——"物质环境""启蒙与文明""制度和政策"等来进行分类和理解(表 3-2-7)。

表 3-2-7   韩国新村运动文化建设范畴表

范畴	序号	领域	具体项目
物质环境	1	公共基础设施建设	村村通电话,建设移动通信网等
	2	住区建设	住区改善工程
启蒙与文明	3	乡村组织	各级乡村组织、村民委员会
	4	公共场所	村民会馆
	5	便民福利设施	乡村邮电网点、乡村电话
	6	社会福利事业	乡村幼儿园、托儿所、老人院
	7	教育事业	培养农渔业生产传承人、培训新村领导人
制度和政策	8	体制与法制	调整扩充支援机构、出台法律法规
	9	文化产业	文化产业协作、产业农业融合
	10	文化环境	环境绿化工程、文化绿地建设

2.2 乡村文化服务设施分类表制定

《湖北省基本公共文化服务实施标准(2015—2020 年)》对公共文化服务设施进行了较为详尽的分类。以本次研究的研究对象——武汉乡村地区而言,较有参考价值的层面主要为乡镇(街道)、村(社区)级文化设施的类别与建设内容以及文化服务项目的类型等。

《城市居住区规划设计标准(GB 50180—2018)》与《城市公共服务设施规划标准》按照城市居住区的不同等级,分级配置文化服务设施。其中生活圈、居住街坊、社区等级别的文化设施分类方式,对于乡镇(街道)级、村(社区)级文化设施分类与配置具有一定的借鉴意义。

《乡镇综合文化站建设标准(建标 160—2012)》与《镇(乡)村文化中心建筑设计规范(JGJ 156—2008)》进一步详细厘分了乡村文化中心需涵盖的场馆、用房、设施设备类型,并提出了较为详尽的分类方式与建设标准。

台湾地区与韩国带有地域特色的"新农村"建设方式及其所涉及的乡村文化服务设施建设类型,对丰富本专题的视野广度、思考深度提供了有价值的参考。

本专题在大量基础工作的前提下,紧扣国家和地方乡村振兴相关战略中关于乡村文化建设的要求与内容，参照国内外乡村文化设施建设案例与国家及地方乡村文化服务设施分类标准，制定武汉乡村文化服务设施分类表。

本专题进一步对照《乡村振兴战略规划(2018—2022 年)》中提出的健全公共文化服务体系、增加公共文化产品和服务供给、广泛开展群众文化活动等相关要求，依据文化服务设施建设的不同形式与侧重点，将乡村文化服务设施分为物质环境类、服务活动类、制度政策类等三大类(其中物质环境类设施可依据建设类型进一步细分为场馆和用房、室外活动场地、设备器材三个中类)，共包含 20 个小类与 78 种具体乡村文化服务设施(表 3-2-8)。

表 3-2-8　　　　　　　　　武汉乡村文化服务设施分类表

文化设施大类	文化设施中类	序号	文化设施小类	具体内容
物质环境类	场馆和用房	1	综合文化中心(站)	(1)区级文化馆；(2)乡镇(街道)综合文化站(中心)；(3)村(社区)综合文化服务中心
		2	图书阅览设施	(4)图书馆(室)；(5)农家书屋；(6)少年儿童图书(馆)阅览室；(7)电子阅览室；(8)公共阅报栏(屏)；(9)流动图书站；(10)文化信息共享工程基层服务点
		3	展览表演设施	(11)纪念馆；(12)博物馆、村(乡镇)史馆；(13)展览馆(室)；(14)剧场、舞蹈、戏剧馆(室)；(15)美术、书法馆(室)；(16)音乐、器乐馆(室)；(17)非遗传承展示馆；(18)名人(乡贤)纪念馆；(19)文化礼堂
		4	教育培训设施	(20)青少年空间、四点半课堂；(21)老年大学(课堂)；(22)艺术(工艺)教室、科普教育室；(23)市民学校、家长学校、人口学校
		5	群体活动设施	(24)老年人活动中心(室)；(25)妇女活动中心(室)；(26)儿童活动中心(室)；(27)文化团体活动中心(室)
		6	娱乐休闲设施	(28)棋牌室；(29)茶室；(30)游艺厅；(31)数字影院、电影、戏剧放映室；(32)视听室
		7	体育活动设施	(33)体育馆、体育公园、全民健身活动中心(室)；(34)舞蹈室；(35)健身房；(36)球类活动室(台球、乒乓球等)

续表

文化设施大类	文化设施中类	序号	文化设施小类	具体内容
物质环境类	室外活动场地	8	文体广场	(37)文体(文化)广场；(38)戏台舞台
		9	体育活动场地	(39)健身路径；(40)球类活动场；(41)室外健身场
		10	儿童、老年活动场地	(42)儿童室外活动(游戏)场地；(43)老年人室外活动(健身)场地
	设备器材	11	新闻广电设备	(44)广播电视直播设施(有线、卫星、数字)；(45)农村智能广播网(广播喇叭)；(46)广播室；(47)电影戏剧下乡固定放映点
		12	文化展演设备	(48)室外宣传栏(橱窗、展板)；(49)音箱；(50)灯光；(51)服装道具乐器；(52)舞龙舞狮等特色活动设备；(53)流动文化车
		13	体育健身器材	(54)室外健身器材；(55)公共(可借出)球类设施
		14	室外休闲设备	(56)休闲座椅；(57)亭台廊架
服务活动类		15	文化下乡	(58)免费电影放映；(59)送戏曲下乡；(60)图书科普知识下乡；(61)文艺团体演出下乡
		16	文艺展演	(62)群众文艺汇演；(63)文艺讲座；(64)专题展览；(65)营利性文艺演出；(66)培训课程(非遗、手工等)
		17	民俗活动	(67)节庆文化节；(68)民俗文化街；(69)创意市集；(70)旅游文化节庆；(71)民俗民风表演
制度政策类		18	文艺团队	(72)各类群众文艺团队(舞蹈队、合唱队、足球队等)
		19	人员编制	(73)文化专兼职人员；(74)公益性文化组织
		20	文化传承	(75)能人回乡与技艺传授；(76)非遗传承人与技艺传授；(77)新乡贤；(78)文化道德典范(个人与家庭)

2.3　本章小结

　　本章通过归纳和梳理国内外乡村文化服务设施体系建设经验，总结和梳理出武汉乡村文化服务设施分类表，构建了完整的乡村文化服务设施体系，为后续现状研究与文化服务设施配置表的研究提供了研究基础。

　　本章通过重新梳理归纳《湖北省基本公共文化服务实施标准》《城市居住区规划设计标准（GB 50180—2018）》《城市公共服务设施规划标准（征求意见稿）》《乡镇综合文化站建设标准（建标 160—2012）》《镇（乡）村文化中心建筑设计规范（JGJ 156—2008）》等国家与地方标准和行业标准文件中关于乡村文化服务设施相关内容，借鉴台湾地区地方文化馆与韩国"新村运动"相关经验，对照《乡村振兴战略规划（2018—2022 年）》相关要求，结合国内乡村文化建设先进经验，总结出了分为 3 大类、5 中类、20 小类、78 个具体项目内容的《武汉乡村文化服务设施分类表》，构筑了完善的乡村文化服务设施体系，以指导后续研究。

3 武汉乡村文化服务设施配置标准研究

　　构筑完善、合理的乡村文化服务设施体系，与乡村文化振兴的本质要求高度契合，是乡村物质文明和精神文明建设的重要环节，是培育文明乡风、良好家风、淳朴民风的物质基础与实践途径，对于提高乡村社会文明程度有着不可或缺的重要意义。

　　本专题深入解析乡村振兴视角下乡村文化服务设施建设的重要方向，归纳和梳理国内外乡村文化设施建设体系，结合武汉乡村实际情况，制定了《武汉乡村文化服务设施问卷调查表》与《武汉乡村文化服务设施建设与利用记录表》。选取武汉市21个具有代表性的村庄(社区)作为调研场地，进行了大量的半结构式访谈、实地考察与问卷调研。在对相关问卷数据进行归纳和整理的基础之上，运用SPSS软件对相关数据进行科学合理的分析与处理，从而获得乡村居民迫切需要和一般需要的文化服务设施类别，并以此为依据形成武汉乡村文化服务设施指标体系。

　　该体系从区—乡镇(街道)—村庄(社区)三个级别出发，构建分级文化服务设施配置标准。其中，区级标准为统一一贯标准，各区应采用一致指标进行文化服务设施建设；乡镇(街道)级按照新城中心、新市镇中心、一般镇等三个级别进行文化服务设施配置研究；村庄(社区)层面按照集聚提升类村庄、城郊融合类村庄、特色保护类村庄、搬迁撤并类村庄四大类别进行研究。

　　该体系将乡村文化服务设施分为应建设设施、宜建设设施与不需建设设施三类。

　　应建设设施是指与居民文化生活密切相关、满足居民基本文化生活需求、各级别均需建设的普及型设施。在以下各配置表中，用"●"表示区级应建设设施，用"◆"表示乡镇(街道)级应建设设施，用"▲"表示村庄(社区)级应建设设施。

　　宜建设设施是指在满足居民基本文化生活需要的同时，满足不同人群多样化、高质量文化生活需求的设施，不同级别区域需求程度不一，应根据各级别区域的特点及自身经济社会条件，因地制宜地进行适当适时适地适量的建设。在以下各配置表中，用"○"表示区级宜建设设施，用"◇"表示乡镇(街道)级宜建设设施，用"△"表示村庄(社区)级宜建设设施。

　　不需建设设施是指根据不同乡镇(街道)与村庄(社区)的类别，在文化服务设施体系中无需建设的设施，在以下各配置表中用"—"表示。

3.1   场馆和用房配置标准

3.1.1   总体原则

场馆和用房配置应遵循以下总体原则:

(1)文化场馆和用房的建设属于社会公益性文化设施,其建设应纳入政府投资计划;

(2)应坚持以人为本的原则,服务于居民各类文化活动的需要,做到规模合理、功能适用、活动丰富;

(3)为给居民提供一个舒适安全的文化活动空间,文化场馆和用房应满足朝向、日照、风向、安全、消防、环保等建设条件的要求,并符合现行国家标准《绿色建筑评价标准》(GB/T 50378)、《建筑设计防火防灾规范》(GB50016)、《建筑抗震设计规范》(GB50011)等有关规定;

(4)文化场馆和用房空间塑造及设计应该体现当代文化特色;

(5)文化场馆和用房的选址应符合人口集中、交通易达的原则,同时满足疏散等要求;

(6)结合当地经济发展水平,考虑居民人口密度和日常生活中使用该类场馆和用房的频率,从而确定其合理的规模和服务半径;

(7)各类文化场馆和用房的规格应符合相关规范要求。

3.1.2   场馆和用房配置

按照各区、乡镇(街道)、村庄(社区)的不同级别,文化场馆和用房配置见表3-3-1。

表 3-3-1 　　　　　　　　　　　　文化场馆和用房配置表

编码	名称	区级	乡镇(街道)级			村庄(社区)级			
			新城中心	新市镇中心	一般镇	集聚提升类	城郊融合类	特色保护类	搬迁撤并类
A	区级文化馆、乡镇(街道)综合文化站(中心)、村(社区)综合文化服务中心	●	◆	◆	◆	▲	▲	▲	▲

续表

编码	名称	区级	乡镇(街道)级			村庄(社区)级			
			新城中心	新市镇中心	一般镇	集聚提升类	城郊融合类	特色保护类	搬迁撤并类
B	图书馆(室)、农家书屋、少年儿童图书(馆)阅览室	●	◆	◆	◆	▲	▲	▲	▲
C	电子阅览室、公共阅报(屏)	●	◆	◆	◆	▲	▲	▲	▲
D	流动图书站、文化信息共享工程基层服务点	●	◆	◆	◆	▲	▲	▲	△
E	纪念馆、博物馆、村(乡镇)史馆、展览馆(室)	●	◆	◆	◇	△	△	▲	—
F	剧场、舞蹈、戏剧馆(室)，美术、书法馆(室)，音乐、器乐馆(室)	●	◆	◆	◆	▲	▲	▲	△
G	非遗传承展示馆、名人(乡贤)纪念馆、文化礼堂	●	◆	◆	◇	△	▲	▲	—
H	青少年空间、四点半课堂、老年大学(课堂)	●	◆	◆	◆	▲	▲	▲	△
I	艺术(工艺)教室、科普教育室	●	◆	◆	◇	△	△	△	—
J	市民学校、家长学校、人口学校	●	◆	◆	◇	▲	▲	▲	△
K	老年人活动中心(室)	●	◆	◆	◆	▲	▲	▲	▲
L	妇女活动中心(室)、妇女之家	●	◆	◆	◆	▲	▲	▲	△
M	儿童活动中心(室)	●	◆	◆	◆	▲	▲	▲	△
N	文化团体活动中心(室)	●	◆	◆	◆	▲	▲	▲	△
O	棋牌室、茶室、游戏室	●	◆	◆	◆	▲	▲	▲	△

续表

编码	名称	区级	乡镇(街道)级			村庄(社区)级			
			新城中心	新市镇中心	一般镇	集聚提升类	城郊融合类	特色保护类	搬迁撤并类
P	数字影院、电影(戏剧)放映室、视听室	●	◆	◆	◆	▲	▲	▲	△
Q	体育馆、体育公园、全民健身活动中心(室)、舞蹈室、健身房、球类活动室(台球、乒乓球等)	●	◆	◆	◆	▲	▲	▲	△

3.1.3 具体指标

1)综合文化中心(站)

区级综合文化馆建设指标:

(1)区级综合文化馆根据其服务人口数量,兼顾区经济社会发展水平、社会需求、功能设计以及未来人口预测,综合确定其建筑面积不小于4000m²;室外活动场地面积为900~1500m²,建筑密度控制在25%~40%。具体指标见表3-3-2。

表 3-3-2　　　　　　　　　　文化馆建设相关指标控制表

类型	服务人口(万人)	建筑面积(m²)	室外活动面积(m²)	建筑密度(%)
大型馆	50~250	6000~8000	1200—2000	25~40
中型馆	20~50	4000~6000	900~1500	25~40
	≥30			
小型馆	5~20	2000~4000	600~1000	25~40
	5~30			

(2)大中型文化馆建筑独立建设,小型文化馆可与其他文化设施联合建设。

(3)文化馆房屋建筑包括群众活动用房、业务用房、管理用房和辅助用房。其中,群众活动用房包括演艺活动、交流展示、辅导培训、图书阅览、游艺娱乐等的用房,用房面积不小于77%;各类用房规模根据场馆规模和使用要求、使用频率等进行合理安排。

(4)文化馆的大型排演厅、观演厅、展览厅、多功能厅等人流量大、聚散集中的用房宜设在建筑首层，并应设置直接对外的安全出口或合理组织应急疏散通道。

(5)区级文化馆全年开放，法定节假日、双休日开放时间应适当延长；寒暑假期间应增设适合学生特点的文化活动；设施因维修等原因需要暂停开放的，应当提前7天向公众公示。

(6)年开展文化艺术知识普及和培训不少于30次；年举办展览展示不少于7次；年组织群众文艺活动不少于50次；年组织开展不少于2次针对残疾人、未成年人、老年人和农民工等特殊群体的文化活动。

乡镇(街道)级综合文化中心(站)建设标准：

(1)以服务人口数量为主要依据划分为大、中、小型三类文化中心(站)，具体建筑面积指标见表3-3-3。

表3-3-3　　　　　　　乡镇综合文化中心(站)建筑面积指标表

类型	服务人口(万人)	建筑面积(m^2)
大型站	5~10	800~1500
中型站	3~5	500~800
小型站	1~3	300~500
	1以下	300

(2)乡镇(街道)综合文化中心(站)按照"三室一厅一场"标准建设，包括图书阅览室、教育培训室、管理和辅助用室、多功能活动厅、文化广场。其中，图书阅览室和教育培训用房使用面积均应不小于12%，文化广场不小于600m^2，并配建不小于15m^2的宣传橱窗。

(3)应选择乡、镇中心或交通便利、人口集中、便于群众参与活动的地域，且易于疏散。

(4)举办各类展览、讲座，普及科学文化知识，传递经济信息，为群众求知致富、促进当地经济建设服务，每年不少于10次；根据当地群众的需求和设施条件，组织开展丰富多彩的、群众喜闻乐见的文体活动和广播、电影放映活动，每年不少于12次；指导村级文化中心(站)和村民自办文化组织建设，辅导和培训群众文艺骨干。

(5)协助区级文化馆、图书馆等文化单位配送公共文化资源，开展流动文化服务；建成全国文化信息资源共享工程基层服务点，开展数字文化信息服务。

(6)协助区级文化行政部门开展文物和非遗的宣传保护工作。

(7)协助区级文化行政部门做好乡村文化市场管理及监督工作。

村(社区)级综合文化中心(站)建设标准:

(1)村(社区)级综合文化中心(站)建筑面积不小于 150m²。

(2)村(社区)级文化中心(站)应达到"五个一"标准,即包括 1 间多功能文体活动室、1 间阅览室(整合农家书屋和文化资源信息共享工程基层服务点统筹建设)、1 个文体广场(不少于 500m²,有条件的可搭建戏台、舞台)、1 套群众体育活动器材、1 套简易灯光音响设备。

(3)村(社区)级综合文化中心(站)向公众开放用于公共文化服务的面积应当不少于使用面积的 90%,文化活动室向公众开放用于公共文化服务的面积应当不少于使用面积的 95%。

(4)村(社区)级综合文化中心(站)应当为居民提供文艺演出、书报阅读、上网服务、体育健身、学习培训、科学普及、法制宣传、国防教育、非物质文化遗产传承、心理辅导等各类公益性服务,并为社区开展其他公益性活动提供服务和支持;通过征询居民意见等形式,了解公众对服务内容的需求,开展具有社区特色的形式多样的公共文化活动及服务,每年不少于 1 次。

(5)村(社区)乡村文化服务设施应当根据老年人、儿童和残疾人等群体的特殊需求,提供有针对性的公共文化服务。

(6)村(社区)综合文化中心(站)应当实现光纤接入和无线局域网覆盖,同时运用新媒体、新技术为公众提供公共文化服务。

(7)村(社区)综合文化中心(站)应当每天向公众开放,开放时间与居民的工作、学习时间适当错开,法定节假日和学校寒暑假期间应当适当延长开放时间,并增设相应的文化服务项目;社区文化活动中心每周累计开放时间不少于 56 小时。

2)图书阅览设施

选址要求:

宜选在人口集中、交通便利、环境相对安静、符合安全和卫生及环保标准的区域。小型图书馆、少年儿童图书室、农家书屋、阅览室可与其他文化馆、综合文化中心合建。合建时,必须满足其使用功能和环境要求,并自成一区,单独设置出入口。

建设内容要求:

(1)乡镇(街道)图书馆面积不小于 100m²,阅读座位不少于 30 席;行政村(社区)图书室,阅读座位不少于 10 席。

(2)乡镇(街道)图书馆藏书量不少于 3 万册,村(社区)综合文化服务中心(含农家书屋)提供借阅的图书不少于 1200 种、1500 册,报刊不少于 10 种,年新增图书不少于 60 种。

(3)区级图书馆每周开放时间不少于63小时，乡镇(街道)图书馆每周开放时间不少于56小时，儿童图书馆(室)每周开放时间不少于36小时，农家书屋每周开放时间不少于5天，每天不少于4小时。

(4)公共图书馆、乡镇(街道)综合文化中心(站)、村(社区)综合文化服务中心应当建有公共电子阅览室，免费提供上网服务。

(5)建立区—(乡镇)街道—村(社区)三级公共图书馆总分馆制，实现公共图书馆、文化站图书馆、农家书屋的图书资源公建共享和一体化服务，公共图书馆年开展流动图书服务不少于12次。

3)展览表演设施

选址要求：

博物馆、纪念馆、村史馆、展览馆、文化礼堂等展览场地应该选择交通便利的区域，并远离工业污染和噪声源等，宜结合村办公场所、祠堂、广场、公园绿地等公共空间统筹布置，也可利用既有建筑改建，还可与其他公共设施合建或独立新建；舞蹈室、戏曲室、美术室、音乐室、舞蹈室等表演场地用房可与乡镇(街道)、村(社区)综合文化中心合建。

建设内容要求：

(1)区级博物馆占地面积不小于2000m²，单独建设的建筑面积不小于3000m²，与文体中心合建的建筑面积不小于1500 m²；展厅面积不小于400 m²，建筑密度小于40%；区级非遗传承展示馆占地面积控制在2500~4000m²，建筑面积控制在1000~2000m²，建筑密度小于40%。

(2)乡镇(街道)、村(社区)根据其自身历史文化资源丰富度考虑是否设置名人纪念馆、村史馆；根据自身经济发展水平、设施面积和居民实际需要合理设置剧场、舞蹈室、音乐室、书法室等。

(3)根据服务人口数量设置不同规模的文化礼堂，具体见表3-3-4。

表3-3-4　　　　　　　　　文化礼堂建设指标表

类型	服务人口(人)	用地面积(m²)	建筑面积(m²)	室外活动场地面积(m²)
一类	≥2000	≥2000	≥1000	≥1500
二类	≥1000，<2000	≥1000，<2000	≥500，<1000	≥750，<1500
三类	<1000	≥400，<1000	≥200，<500	≥300，<750

(4)文化礼堂各类用房的项目设置根据所在村的经济发展水平、社会需求和地域、文化特色等因素综合确定，大体包括礼堂、讲堂、展示展览设施、文体活动用

房、辅助用房，其面积配比指标见表3-3-5。

表3-3-5　　　　　　　　　　文化礼堂建筑面积配比表　　　　　　（单位：%）

序号	分项内容	一类	二类	三类
1	礼堂	30~40	40~50	60~80
2	讲堂	10	15	0~15
3	展示展览用房	15	15	0~10
4	文体活动用房	20~30	10~20	10~15
5	辅助用房	15	10	10

（5）文化礼堂的功能空间宜按动静分区组织，并且儿童、老年人、残疾人活动场所布置在首层。

（6）青少年空间、四点半课堂、老年大学应该以体现人文关怀为原则，根据儿童、青少年的性格特征进行空间设计，营造丰富有趣、积极有活力的青少年空间；在课堂内容设置上考虑儿童的兴趣，并给予儿童正确的价值引导。

（7）老年大学、市民学校、家长学校等应该以科学普及、思想道德教育、技能培训等为主，为居民创造更加丰富精彩的生活。

4）群体活动设施

建设选址要求：

老年活动中心（室）、妇女活动中心、儿童活动中心以及团体活动室可与综合文化中心（站）合建，在选址上应当交通便捷可达，方便社区老年人、妇女、儿童以及居民使用，宜结合或靠近绿地设置，结合10分钟社区生活圈，服务半径不宜大于1000m。

建设内容要求：

（1）老年活动中心的服务功能应该满足老年人多样化的活动需求，包括为老年人提供休闲娱乐活动用房，配建内容有棋牌室、多功能厅（室）、茶室、影音室等；针对老年人身体机能退化的特点，设置康体建设用房，配建内容有医疗保健室、康复训练室、健身房等；学习教育用房以阅览室、教室、书画室等较为安静的功能空间为主；还要设置保障老年活动中心正常运行的管理与辅助用房。

（2）儿童活动中心（室）空间设计以人性化的设计为理念指导，根据不同年龄段的留守儿童心理体验感知为设计基础，进行功能细化分区；对安全细节进行考量，避免隐藏的隐患可能对孩子身心造成意想不到的危害；运用设计手法将室外自然环境与室内空间环境相融合；选用环保、无污染的装修材料；组织开展一系列亲子游戏，积极营造一种温馨有趣的空间环境氛围。

（3）妇女活动中心（室）应当结合女性的心理特征进行空间设计，组织适合女性的各类活动。

（4）文体团体活动中心应当坚持以人为本的原则，以社区居民的诉求为导向，结合当地特色文化，创新团体文化活动形式，实现社区文化发展的与时俱进和持续创新；在团体文体活动中，推动社区活动开展多元主体参与，提高居民的凝聚力。

5）娱乐休闲设施

数字影院、电影、戏剧放映室建设指标：

（1）依托公共文化机构为全市城乡居民每年提供总量不少于 1 万场的公益性数字电影放映服务。

（2）为每个行政村每月提供不少于 1 场的公益性数字电影放映服务，其中每年国产新片（院线上映不超过 2 年）比例不少于 1/3。

（3）为中小学生每学期提供 2 部爱国主义教育影片。

（4）每年春节、五一、十一等法定节假日期间为外来务工人员提供不少于 2000 场的公益性数字电影放映服务。

（5）每年提供不少于 1000 场的无障碍电影放映服务。

棋牌室、茶室、视听室建设要求：

（1）棋牌室、茶室、视听室的建设要符合乡村居民日常生活需要，要根据服务半径合理设置其服务范围，保证功能上的完整性和使用上的便利性。

（2）社区、行政村应配备基本的棋牌室、茶室、视听室等必要的和具辅助性的配套设备。

（3）应配备国家所规定的网络设备、桌椅等必要的配套设备以及基本视频音频播录制作系统等配套工具。

（4）无违法经营的游戏厅、网吧、歌舞娱乐厅，无低俗、媚俗、庸俗文艺演出，无反动、黄色、迷信等文化音像制品流传。

6）体育活动设施

公共体育设施建设规模：

（1）面积规模：

a. 区县级体育中心：区县级体育中心是服务本区域范围的功能相对综合的体育场所，占地面积应达到 15 万~20 万 m²；各区县根据实际情况进行调整，可集中建设，也可分散布局，按照规划的核定建设指标组织实施。

b. 街道、乡镇全民健身活动中心：分为室内和室内外相结合两种类型。

城区街道室内体育活动中心，使用面积应不小于 2000m²；室内外相结合的体育活动中心，其室内使用面积应不小于1500m²，室外群众性健身场地设施面积不小于1000m²。

有条件的乡镇，建设室内体育活动中心，使用面积不小于2000m²；建设室内外相结合的体育活动中心，其室内使用面积不小于1000m²，室外群众性健身场地设施面积不小于2000m²。

（2）规划设计建设：

a. 区域性体育中心布局规划设计应坚持相对集中的原则，结合区域面积及人口分布特点可安排适当分散的体育设施布局。

b. 街道、乡镇全民健身活动中心场地建设应相对集中，活动项目设置应符合本地区群众健身活动特点。

基本配置：

（1）区县级区域性体育中心：

a. 体育场：观众席位不少于8000个，至少有8条400m标准竞赛跑道，内设开展符合足球项目竞赛使用的标准场地。

b. 体育馆：观众席位不少于3000个，按照国家级单项竞赛规则要求建设室内使用场地，中心场地规格不低于45m（长）×24m（宽）×7m（高）。

c. 游泳馆场：观众席位不少于500个，室外游泳场应建有不少于8条50m长标准泳道的竞赛池及不少于6条25m长标准泳道热身池各1个，并有夜间使用的照明设备；室内游泳池规格应建有不少于8条50m长标准泳道的竞赛池。

d. 网球场地：建设不少于2片带灯光的标准网球项目竞赛场地，有条件的区县还可以建设室内场地。

e. 室外篮（排）球场：建设2片以上带灯光的标准篮（排）球项目竞赛场地。

f. 室外乒乓球台：建有不少于10张用于乒乓球项目活动的场地。

g. 室外全民健身标准场地：建有占地规模符合全民健身标准工程的场地1个。

h. 建有适合本地区群众健身运动特点的专项场地。

i. 有必要的附属服务管理设施空间。

（2）街道、乡镇体育活动中心：

a. 室内健身设施：

①健身房不小于500m²；②乒乓球活动室不小于200m²；③体测、医务区50m²；④培训教室200m²；⑤有条件的地方可设室内25m标准泳道的游泳池1个。

b. 室外健身设施：

①标准篮球场2个；②室外乒乓球台不少于10张；③笼式足球场（或根据当地人群年龄结构建设门球场）；④全民健身设施。

c. 有必要的附属服务管理设施空间。

3.2　室外活动场地配置标准

3.2.1　总体原则

（1）为了塑造安全、和谐、优美的乡村室外活动空间，乡村室外活动场地的建设应同时考量设施的安全性、实用性、适用性、美观性、易达性；

（2）室外活动场地在选材及空间塑造时，可考虑体现武汉地方特色，体现荆楚风貌；

（3）室外活动场地的建设应与所在区、乡镇(街道)、村庄(社区)的自然气候条件、经济发展水平、居民人口结构等紧密结合，以提高设施的建设效用与利用效率；

（4）室外活动场地的设计应具有人性化的尺度，针对不同的使用群体，采用不同的尺度模数进行设计与建设，构造人性化、个性化的室外活动空间；

（5）室外活动场地在建设时应考虑不同年龄段人群，如儿童与老年人的使用需求，有针对性地设计他们的室外活动场地；

（6）各类运动场地的规格应符合相关规范要求。

3.2.2　室外活动场地配置

按照各区、乡镇(街道)、村庄(社区)的不同级别归纳室外活动场地配置，见表3-3-6。

表3-3-6　　　　　　　　　　室外活动场地配置表

编码	名称	区级	乡镇(街道)级			村庄(社区)级			
			新城中心	新市镇中心	一般镇	集聚提升类	城郊融合类	特色保护类	搬迁撤并类
A	文体(文化)广场、戏台舞台	●	◆	◆	◆	▲	▲	▲	▲
B	健身路径、球类活动场、室外健身场	●	◆	◆	◆	▲	▲	▲	▲
C	儿童室外活动(游戏)场地	●	◆	◆	◇	▲	▲	△	△
D	老年人室外活动(健身)场地	●	◆	◆	◇	▲	▲	△	△

(注：表中图例的使用全书相同)

3.2.3 具体指标

1) 文体(文化)广场、戏台舞台

区级文体(文化)广场建设标准：

(1)区级文体(文化)广场面积不宜小于 2000m²；

(2)文化广场活动展演区、观众区、绿化区、景观区(含水面)、休憩区等功能分区划分科学合理，便于群众开展各种文体娱乐活动，其中绿化区面积不低于广场面积的 25%；

(3)配建有健身娱乐器材、电子屏幕、阅报栏(牌)、公共卫生间、垃圾收集箱等设施；

(4)有足够的灯光照明、可免费接驳插座(24 小时供电)等设施；

(5)有条件的可增设喷泉、雕塑小品等文化设施；

(6)应设置简易舞台、看台，有 3 种以上群众文化活动形式，年使用不少于 180 天(次)。

乡镇(街道)级文体(文化)广场建设标准：

(1)乡镇(街道)级广场面积不宜小于 1000m²；

(2)文化广场包括广场(舞台)区、观众区、绿化区等功能分区，其中绿化区面积不低于广场面积的 15%；

(3)有健身娱乐器材、阅报栏(牌)、公共卫生间、垃圾收集箱等设施；

(4)有灯光照明、可免费接驳插座(24 小时供电)等设施；

(5)有 2 种以上群众文化活动形式，年使用不少于 120 天(次)。

村庄(社区)级文体(文化)广场建设标准：

(1)村庄(社区)级文体(文化)广场面积不宜小于 500m²；

(2)文化广场包括广场(舞台)区、观众区等功能分区；

(3)有健身娱乐器材、垃圾收集箱等设施；

(4)有灯光照明，有电源插座；

(5)有不少于一种群众文化活动形式，年使用不少于 60 天(次)。

2) 健身路径、球类活动场、室外健身场

健身路径建设标准：

(1)健身路径的建设，按照安全、实用、科学、美观的要求，在符合规划的条件下，由区体育行政主管部门根据群众需求统筹安排。

(2)健身路径的建设选址应与城市、街道、社区、公园广场及居民小区等建设规划相配套，与周围环境相协调，符合人口集中、交通便利的原则，方便群众健身和锻炼，不得影响居民的正常生活。

（3）健身路径的建设宜与 15 分钟健身圈的建设要求相结合；健身路径在进行场地铺设时，6 件健身器材的场地面积不小于 $50m^2$，13 件健身器材的场地面积不小于 $200m^2$。可铺设花砖或进行水泥硬化，也可使用人造草坪或缓冲地垫等形式。

球类活动场建设标准：

足球场、网球场、篮球场、排球场、羽毛球场等球类活动场地建设标准见表3-3-7。

表 3-3-7　　　　　　　　　各类球类活动场建设标准

球场类型	长（m）	宽（m）	面积（m^2）
5 人制足球场	40	20	800
7 人制足球场	65	45	2925
11 人制足球场	105	68	7140
网球场	23.77	10.97	260.76
篮球场	28	15	420
排球场	18	9	162
羽毛球场	21.4	14.1	301.74
曲棍球场	91.4	55	5027
手球场	40	20	800
门球场	20	15	300

3）儿童室外活动（游戏）场地

儿童室外活动（游戏）场地选址要求：

儿童室外活动（游戏）场地宜设置在通风好、采光好的区域，远离污染嘈杂的环境；尽量选择冬季光照时间长、风量小，夏季光照时间短、通风顺畅的场地。儿童室外活动（游戏）场地应选择在场地位置适中、可达性好的地方，服务半径应满足各区位儿童需求，不宜设置在偏僻角落。

全龄儿童室外活动（游戏）场地建设标准：

（1）幼儿期（1~3 岁）儿童室外活动（游戏）场地：

低龄儿童因为安全意识较弱，必须要成年人的随时看护，因此在低龄儿童活动场地的边上要设置可供成人看护婴幼儿晒太阳的休息平台。为促进幼儿感官和智力发展，可设置彩色的学步道、摇摇车、沙坑等。沙坑位置应设置在远离风口且日照充足的区域。

(2)童年期(3~6岁)儿童室外活动(游戏)场地：

童年期儿童是智力发展最为迅速、对外界事物特别敏感的阶段。他们活动量较大，喜欢智力型、冒险型活动设施，如攀登设施、跳床、迷宫等。这一时期的儿童，会对自然界新奇的植物、奇妙的声音、可爱的生物感到兴奋不已，因此在条件许可的情况下，可结合绿化在地块中增加一些具有主题特色的自然生态场地，如百草园、昆虫园等。这些主题园既能满足儿童的游乐趣味，又具有积极的教育意义。

(3)学龄期(6~12岁)儿童室外活动(游戏)场地：

针对学龄期儿童，场地中宜设置一组大型综合攀爬设施，便于提高儿童肢体协调方面的成长需求。该区域的游乐项目可加入一些文化性的内容，如在一定范围内设置具有解说性的植物标识牌，或是设置一些互动探险类游戏器械，还可以增加一些自然科普设施，以激发少年儿童对科学知识的兴趣。

4)老年人室外活动(健身)场地

老年人室外活动(健身)场地选址要求：

(1)老年人室外活动(健身)场地应选择在地形平坦、自然环境较好、阳光充足、通风良好的地段进行建设；

(2)老年人室外活动(健身)场地应选择在交通便捷、方便可达的地段布置，但应避开对外公路、快速路及交通量大的交叉路口等地段；

(3)老年人室外活动(健身)场地应远离污染源、噪声源及危险品的生产储运等用地；

(4)老年人室外活动(健身)场地应做到无障碍设计，尽量采用斜坡，减少台阶的使用，采用靠背式座椅，亭廊要有扶手，适当采用软质地面，并且把地面防滑性放在首位考虑。

老年人室外活动(健身)场地规划指标：

(1)老年人室外活动(健身)场地坡度不应大于3%，场地内步行道路宽度不应小于1.8m，纵坡不宜大于2.5%，同时应符合国家标准的相关规定。在步行道中设置台阶时，应设轮椅坡道及扶手。

(2)新建老年人室外活动(健身)场地绿地率不应低于40%，扩建或改建的不应低于35%。活动场地内的植物配置宜四季常青及乔灌木、草地相结合，不应种植带刺、有毒及根茎易露出地面的植物。

老年人室外活动(健身)场地设施布置指标：

(1)老年人室外活动(健身)场地应包括活动场地及游憩空间，可结合乡镇(街道)居住区、村庄(社区)中心绿地设置，也可与相关设施合建，布局宜动静分区。

(2)老年人室外活动(健身)场地应选择在向阳避风处,并宜设置花廊、亭、榭、桌椅等设施。老年人活动场地应有1/2的活动面积在标准的建筑日照阴影线以外,并应设置一定数量的适合老年人活动使用的设施。

(3)老年人室外活动(健身)场地的座椅等设施宜采用木材与混凝土等材料,座椅尺寸应充分考虑到老年人的特点,高度应保证在30~45cm之间,宽度在40~60cm之间。同时,在某些区域应考虑座椅与桌子有较好的匹配,满足老年人打牌、下棋等活动的需要。

(4)有些老年人出于心理或习惯的原因,喜欢同趣味相投的三五个老年人一起活动,这就需要小群体活动场地。小群体活动场地宜安排在地势平坦的地方,以羽毛球场地大小为宜,也可容纳拳术等一些动态的健身活动。活动场所的四周至少有一边有遮阴坐息处,以供老年人观赏与休息。

(5)室外临水活动场地、踏步及坡道,应设护栏、扶手。

(6)集中活动场地附近应设置便于老年人使用的公共卫生间。

3.3　设备和器材配置标准

3.3.1　总体原则

(1)有利于提高乡村居民生活的便利性,提高乡村常住人口之间的交流与沟通,并为此营造良好的活动氛围;

(2)满足不同年龄段的乡村居民的需求设置不同类型的设备器材;

(3)坚持以人为本的原则,方便乡村居民日常生活的需要;

(4)既要保障设施独立发挥效用的能力,又要保证设施之间的联系性,要使之形成相互密切关联的整体体系。

3.3.2　设备和器材配置

按照各区、乡镇(街道)、村庄(社区)的不同级别归纳设备器材配置,见表3-3-8。

3.3.3　具体指标

1)新闻广电设备

广播电视直播设施标准:

(1)区级及以上设立广播电视播出机构和广播电视发射台,同时建立覆盖县级的广播电视统一监测监管平台,实现互联互通,按照广播电视工程建设标准等进行建设,并为全民提供突发事件应急广播服务。

表 3-3-8   设备器材配置表

编码	名称	区级	乡镇(街道)级			村庄(社区)级			
			新城中心	新市镇中心	一般镇	集聚提升类	城郊融合类	特色保护类	搬迁撤并类
A	新闻广电设备	●	◆	◆	◆	▲	▲	▲	▲
B	文化展演设备	●	◆	◆	◆	▲	▲	▲	▲
C	体育健身器材	●	◆	◆	◆	▲	▲	△	△
D	室外休闲设备	●	◆	◆	◇	▲	▲	△	△

(注：表中图例的使用全书相同)

(2)通过直播卫星提供不少于 17 套广播节目，通过无线模拟提供不少于 6 套广播节目，通过数字音频提供不少于 15 套广播节目。通过直播卫星提供 25 套电视节目，通过地面数字电视提供不少于 15 套电视节目，未完成无线数字化转换的地区，提供不少于 5 套电视节目(中央 1、7、13 套，省 1 套和地市 1 套电视节目)。

(3)城乡人流密集地点公共阅报栏(屏)全覆盖。

电影下乡参考标准：

(1)为农村群众提供数字电影放映服务，每一行政村每年不少于 12 场，其中每年国产新片(院线上映不超过 2 年)比例不少于 1/3。

(2)为中小学生每学期提供 2 部爱国主义教育影片。

戏剧下乡参考标准：

(1)县(市、区)要在行政区域内重点扶持不少于 1 个文艺院团。

(2)根据群众实际需求，采取政府采购方式，每个乡镇(街道)每年有 5 场以上戏剧戏曲等文艺演出。价格按照省级不低于 10000 元/场、市级不低于 5000 元/场、县级不低于 3000 元/场进行采购。

2)文化展演设备

社区、行政村文化展演设备建设标准：

(1)社区、行政村文化展演应配备基本的演奏乐器、服装、道具、便携式录放机、棋牌及桌椅等必要性配套设备；

(2)配备文化信息共享工程规定的网络设备，图书报刊及其书架、桌椅等必要性配套设备，以及基本视频音频播录制作系统等文化设备；

(3)配备建筑设施必备的冷暖、安全保障系统等其他设备。

街道(乡镇)级文化展演设备建设标准：

(1)街乡级文化展演除具备社区、行政村文化设施需配设备外，还应具有一定数量的适合户外演出需求的专业灯光、音响等演出设备；

(2)随着时代发展，结合居民实际需求，基本的必要性文化设备应根据相关规定更新调换；

(3)各文化服务机构可以按照相关规定，接受社会组织和个人的捐赠和资助。

3)体育健身器材

体育健身场地及器材建设标准：

(1)区级及以上设立公共体育场，建有周长 400m 标准田径跑道、105m×68m 标准足球场以及单侧看台(或设置不超过 2000 个固定座席)。

(2)区级及以上设立全民健身活动中心，建有综合运动场地、体能训练场地、附属用房和设施。

(3)区级以上设立公共体育场；乡镇(街道)、村(社区)配置群众体育活动器材，或纳入基层综合文化设施整合设置。

体育健身器材建设标准：

(1)乡镇(街道)综合文化站室外活动场地配置一个标准篮球场(含篮球架)、乒乓球台、羽毛球柱和 1 套全民健身体育器材，有灯光照明设施。

(2)村(社区)综合文化服务中心室外活动场地配置篮球架、乒乓球台和 1 套全民健身体育器材。

4)室外休闲设备

室外休闲设备位置要求：

(1) 应在文化设施外明显处悬挂文化服务机构牌匾和标志。

(2)在设施周边以及设施服务半径不及处，应有引导性指示标识，以引导居民参与。户外有条件的，可设置自行车或机动车停车处。

室外休闲设备布置以及维护要求：

(1) 文化设施室内外环境布置，既要突出功能需求，又要兼顾地域特色和民族特色。在功能布局上，要动静相宜、合理安排、减少互扰。

(2)各活动区域或服务空间要张贴服务信息，信息内容要根据实际工作变化及时更换。

(3)在设备器材上或就近处悬挂张贴使用说明以及指导使用的联系电话。要定期对各类设备进行检修。

3.4 文化服务活动配置标准

3.4.1 总体原则

(1)文化服务类活动应提高创新性,注重选题、选材新颖度,以便更好地调动群众参与的积极性,传播积极向上的正能量。

(2)文化服务类活动应定时收集群众反馈意见,并进行总结分析,调整服务方式,提高服务满意度。

(3)文化服务类活动应全面考虑所有群体,并为老年人、残障人、农民工、农村留守妇女和儿童等弱势群体提供有针对性的文化服务活动。

(4)文化服务类活动应结合各所在区、乡镇(街道)、村庄(社区)的历史与传统,保护、传承与发扬武汉乡村各地的特色文化。

(5)文化服务类活动要以村为单位,征求不同文化服务需求,实现精准供给。

(6)文化服务类活动举办频次与内容应符合相关规范要求。

3.4.2 文化服务活动标准

按照各区、乡镇(街道)、村庄(社区)的不同级别,归纳文化服务类活动的配置,见表3-3-9。

表 3-3-9　　　　　　　　　　室外活动场地配置表

编码	名称	区级	乡镇(街道)级			村庄(社区)级			
			新城中心	新市镇中心	一般镇	集聚提升类	城郊融合类	特色保护类	搬迁撤并类
A	免费电影放映、送戏下乡	●	◆	◆	◆	▲	▲	▲	▲
B	图书科普知识下乡	●	◆	◆	◆	▲	▲	▲	▲
C	文艺团体演出下乡	●	◆	◆	◆	▲	▲	▲	▲
D	群众文艺汇演	●	◆	◆	◆	▲	▲	▲	▲
E	文艺讲座、展览	●	◆	◆	◆	▲	▲	▲	▲
F	营利性文艺演出	●	◆	◆	◇	△	△	△	△
G	培训课程(非遗、手工等)	●	◆	◆	◆	△	▲	▲	—
H	传统节庆、民俗文化节、创意市集、旅游文化节、民俗民风表演	●	◆	◆	◆	△	▲	▲	△

(注:表中图例的使用全书相同)

3.4.3　具体指标

1)文化下乡

免费电影放映、送戏下乡标准:

(1)免费放电影的频次每个村庄不少于一月一场;送戏下乡每个乡镇不少于每年五场,每村不少于每年一场。有条件的地区应尽量增加频次。

(2)宜提供高质量的电影,可参考豆瓣评分等电影评价标准,其中每年国产新片(院线上映不超过两年,已进入中影新农村电影数字节目库)比例不少于1/3,以更好地调动群众参与的积极性。

(3)电影题材宜多样化,兼顾各类群体,尤其是老年人、残障人、农民工、农村留守妇女和儿童等弱势群体。戏曲应以传统地方戏为主,促进戏曲艺术的传承与发扬。

(4)加大电影播放、戏曲演出前的通知力度,注重在电影播放、戏曲演出后的群众反馈意见收集,通过总结与分析,及时调整播放形式与内容等。

(5)免费电影下乡、送戏下乡活动可将宣扬爱国主义、党的十九大精神、武汉精神等与电影、戏曲题材、内容相结合,以多样的形式与农村思想教育相结合。

图书科普知识下乡:

(1)图书类型应丰富多样,涵盖科普、"三农"、生活、文化等方面,应结合各所在村的具体情况分发不同的书籍,满足不同群体的需求。

(2)有条件的村庄应订阅农业类杂志、报纸分发到户,指导农民生产活动。

(3)应加大图书科普下乡宣传力度,让群众了解到在村庄可获得的书目,并做好图书借阅与登记服务,收集群众反馈意见,进行书目调整。

(4)增加宣传各区、乡镇(街道)、村庄(社区)特色文化的刊物,如宣传蔡甸区的知音文化、黄陂区的木兰文化、新洲区的书院文化等的刊物。

文艺团体演出下乡:

(1)文艺团体下乡演出频次应不少于每年一次,有条件的村庄应尽量增加演出频次。

(2)演出节目要新颖,有吸引力,传达积极向上的精神,且加大演出前的宣传力度,鼓励群众观看演出。

(3)文艺团体下乡演出可与宣扬爱国主义、党的十九大精神、武汉精神等相结合,以容易接受、多样有趣的形式与农村思想教育相结合。

2)文艺展览

群众文艺汇演：

（1）群众文艺汇演频次应不少于一年一次，有条件的村庄应尽可能多地组织群众文艺汇演活动。

（2）各区、乡镇（街道）、村庄（社区）可组织编排一些针对各所在地特色文化的文艺节目，传承和发扬各地区传统文化。

（3）在中华传统节庆，如端午节、中秋节等，或各地传统节日，如旧街花朝节等，举行针对传统节日的群众文艺汇演。

文艺讲座、展览：

（1）公共图书馆举办讲座，市级馆不少于每年12次，县级馆不少于每年6次，各村庄举办文艺讲座不应少于每年5次。公共美术馆常年设有不少于1项基本陈列，市级馆举办专题展览不少于每年4次，县级馆不少于2次。有条件的村庄建议举行展览活动，包括当地非物质文化遗产相关展览、村史展览以及多样的其他专题展览。

（2）文艺讲座内容宜丰富，拓展群众对于文艺的知识面，培养群众积极健康的文艺爱好。

（3）兼顾不同群体的需求，可开展不同专题的文艺讲座，如针对未成年人、农村留守妇女、儿童、老人、残疾人等的讲座。

（4）文艺讲座和展览应突出当地特色，以利于促进当地非物质文化遗产等的保护、传承与发扬。

（5）文艺讲座前应积极进行宣传，鼓励群众参与到讲座中来，并做好讲座后的意见收集，及时调整讲座内容与形式。

营利性文艺演出：

（1）营利性文艺演出的频次在乡镇级中的一般镇以及村庄级没有强行要求，有条件的地区可组织营利性演出。在区级不少于一年2次，在新城中心的乡镇以及新市镇中心不少于每年1次。

（2）营利性文艺演出的内容应该健康向上，内容丰富多彩。

培训课程（非遗、手工等）：

（1）公共美术馆年开展培训市级不少于6次、县级不少于4次，乡镇（街道）综合文化站（中心）年开展培训不少于5次。

（2）总结各区、乡镇（街道）、村庄（社区）的非物质文化遗产、手工名录，提供相应的培训，培养更多传承人，给予传承人认证，进行宣传。

（3）有条件的村庄宜开展针对农村留守妇女、残疾人的相关就业培训，更好地关爱各类弱势群体。

3)民俗活动

民俗活动包括传统节庆、民俗文化节、创意市集、旅游文化节、民俗民风表演等形式。开展民俗活动应注意以下方面：

（1）深度挖掘各区、乡镇（街道）、村庄（社区）的民俗活动，将民俗活动与乡村文化旅游节相结合，通过活动吸引游客，增加群众收入，打造各地独具特色的文化产业功能板块。

（2）民俗活动宜与各类文化节目表演、文化活动互动等相结合，通过艺术创作将一个地区一段时间内村民自娱自乐的各种民俗表演方式整合起来，将乡村民俗"活化"成能参与、可体验的旅游产品，让游客充分感受当地特色文化。

（3）众人拾柴火焰高，民俗活动宜打通村庄与村庄之间的联系通道，增强村民与村民之间的凝聚力，共享文化发展，增加群众的获得感。

（4）民俗活动应传达积极向上的正能量，破除陈规陋习，弘扬新风尚。

3.5 本章小结

本章将 3 个大类、5 个中类、20 个小类与 77 种具体乡村文化服务设施配置汇总，形成《武汉乡村文化服务设施配置表》，详见表 3-3-10。

表 3-3-10　　　　　　　　武汉乡村文化服务设施配置表

编码	名称	区级	乡镇（街道）级			村庄（社区）级			
			新城中心	新市镇中心	一般镇	集聚提升类	城郊融合类	特色保护类	搬迁撤并类
场馆和用房	区级文化馆、乡镇（街道）综合文化站（中心）、村（社区）综合文化服务中心	●	◆	◆	◆	▲	▲	▲	▲
	图书馆（室）、农家书屋、少年儿童图书馆（阅览室）	●	◆	◆	◆	▲	▲	▲	▲
	电子阅览室、公共阅报屏	●	◆	◆	◆	▲	▲	▲	▲
	流动图书站、文化信息共享工程基层服务点	●	◆	◆	◆	▲	▲	▲	△

编码	名称	区级	乡镇(街道)级			村庄(社区)级			
			新城中心	新市镇中心	一般镇	集聚提升类	城郊融合类	特色保护类	搬迁撤并类
场馆和用房	纪念馆、博物馆、村(乡镇)史馆、展览馆(室)	●	◆	◆	◇	△	△	▲	—
	剧场、舞蹈、戏剧馆(室),美术、书法馆(室),音乐、器乐馆(室)	●	◆	◆	◆	▲	▲	▲	△
	非遗传承展示馆、名人(乡贤)纪念馆、文化礼堂	●	◆	◆	◇	△	▲	▲	—
	青少年空间、四点半课堂、老年大学(课堂)	●	◆	◆	◆	▲	▲	▲	△
	艺术(工艺)教室、科普教育室	●	◆	◆	◇	△	△	▲	—
	市民学校、家长学校、人口学校	●	◆	◆	◇	▲	▲	▲	△
	老年人活动中心(室)	●	◆	◆	◆	▲	▲	▲	▲
	妇女活动中心(室)、妇女之家	●	◆	◆	◆	▲	▲	▲	△
	儿童活动中心(室)	●	◆	◆	◆	▲	▲	▲	△
	文化团体活动中心(室)	●	◆	◆	◆	▲	▲	▲	△
	棋牌室、茶室、游戏室	●	◆	◆	◆	▲	▲	▲	△
	数字影院、电影(戏剧)放映室、视听室	●	◆	◆	◆	▲	▲	▲	△
	体育馆、体育公园、全民健身活动中心(室)、舞蹈室、健身房、球类(台球、乒乓球等)活动室	●	◆	◆	◆	▲	▲	▲	△

续表

编码	名称	区级	乡镇(街道)级			村庄(社区)级			
			新城中心	新市镇中心	一般镇	集聚提升类	城郊融合类	特色保护类	搬迁撤并类
室外活动场地	文体(文化)广场、戏台、舞台	●	◆	◆	◆	▲	▲	▲	▲
	健身路径、球类活动场、室外健身场	●	◆	◆	◆	▲	▲	▲	▲
	儿童室外活动(游戏)场地	●	◆	◆	◇	▲	▲	△	△
	老年人室外活动(健身)场地	●	◆	◆	◇	▲	▲	△	△
设备和器材	新闻广电设备	●	◆	◆	◆	▲	▲	▲	▲
	文化展演设备	●	◆	◆	◆	▲	▲	▲	▲
	体育健身器材	●	◆	◆	◆	▲	▲	△	△
	室外休闲设备	●	◆	◆	◇	▲	▲	△	△
服务活动类	免费电影放映、送戏下乡	●	◆	◆	◆	▲	▲	▲	▲
	图书科普知识下乡	●	◆	◆	◆	▲	▲	▲	▲
	文艺团体演出下乡	●	◆	◆	◆	▲	▲	▲	▲
	群众文艺汇演	●	◆	◆	◆	▲	▲	▲	▲
	文艺讲座、展览	●	◆	◆	◆	▲	▲	▲	▲
	营利性文艺演出	●	◆	◆	◇	△	△	△	△
	培训课程(非遗、手工等)	●	◆	◆	◆	△	▲	▲	—
	传统节庆、民俗文化节、创意市集、旅游文化节、民俗民风表演	●	◆	◆	◆	△	▲	▲	△

注：表中，"●"表示区级应建设设施，"◆"表示乡镇(街道)级应建设设施，"▲"表示村庄(社区)级应建设设施；"○"表示区级宜建设设施，"◇"表示乡镇(街道)级宜建设设施，"△"表示村庄(社区)级宜建设设施；无须建设的设施用"—"表示。全书相同。

4 研究结论与展望

4.1 研究结论

本专题在乡村振兴战略指引下，结合武汉乡村具体情况，分析了乡村文化建设发展动力机制，构建了乡村文化服务设施分类表与配置表，提出了分区、分级、分类的乡村文化服务设施规划配置策略，对乡村振兴视角下武汉乡村文明建设的路径与方法进行了深入探讨。现将本专题主要结论总结如下：

1）武汉乡村文化服务设施分类表的制定

本专题在大量基础工作的前提下，紧扣国家和地方乡村振兴相关战略中关于乡村文化建设的要求与内容，参照国内外乡村文化设施建设案例与国家及地方乡村文化服务设施分类标准，制定武汉乡村文化服务设施分类表。

研究对照《乡村振兴战略规划（2018—2022 年）》中提出的健全公共文化服务体系、增加公共文化产品和服务供给、广泛开展群众文化活动等相关要求，依据文化服务设施建设的不同形式与侧重点，将乡村文化服务设施分为物质环境类、服务活动类、制度政策类等三大类（其中物质环境类设施可依据建设类型进一步细分为场馆和用房、室外活动场地、设备器材三个中类），共包含 20 个小类与 77 种具体乡村文化服务设施。

2）武汉乡村文化服务设施配置标准研究

本专题从"区—乡镇（街道）—村庄（社区）"三个级别出发，构建分级文化服务设施配置标准。其中，区级标准为统一一贯标准，各区应采用一致指标进行文化服务设施建设；乡镇（街道）级按照新城中心、新市镇中心、一般镇等三个级别进行文化服务设施配置研究；村庄（社区）层面按照集聚提升类村庄、城郊融合类村庄、特色保护类村庄、搬迁撤并类村庄四大类别进行相关研究。该体系将乡村文化服务设施分为应建设设施、宜建设设施与不需建设设施三类，按照区、街道（乡镇）、村庄（社区）三级进行规划配置。

4.2　研究展望

（1）乡村文化是一个庞大而复杂的体系，涵盖了乡村自然环境、人工建成环境、人文历史、城乡关系等方方面面，拥有广泛的内涵与复杂的关系。本专题在乡村振兴相关战略指引下，重点选取了乡村文化服务设施进行探讨与研究。受限于作者自身的专业背景，加上对乡村问题、乡村发展历程的认识有限，本专题尚未对乡村文化这一庞大体系的支脉进行探索，在后续的研究中，可进一步结合定量分析与大数据手段，深挖乡村文化问题根源、探究乡村文化发展脉络，进一步深化、体系化相关研究。

（2）本次研究对象为武汉乡村，研究选取的调研地点也为武汉市域范围内较有代表性的街道与村庄。随着武汉都市区与都市圈的建设，武汉市周边近郊乡村出现了加速都市化的趋势，居民的生活、生产方式以及文化生活与城市关系日趋密切，因而在文化设施建设、文化需求层面可能带来突出的"都市近郊型"特征。在后续的研究中可结合相关因素，进一步分析、归纳都市近郊型乡村文化建设的侧重方向。

专题四　治理体系篇

1　研究思路

乡村振兴战略规划中明确提出要加强农村基层基础工作，构建乡村治理新体系。乡村振兴，治理有效是基础。必须把夯实基层基础作为固本之策，建立健全党委领导、政府负责、社会协同、公众参与、法治保障的现代乡村社会治理体制，坚持自治、法治、德治相结合，确保乡村社会充满活力、和谐有序。

1.1　研究对象界定

本专题研究对象是武汉乡村治理体系。党的十九大报告提出："加强农村基层基础工作，健全自治、法治、德治相结合的乡村治理体系。"而《乡村振兴战略规划（2018—2022 年）》再次提出健全现代乡村治理体系需从以下三方面落实：加强农村基层党组织对乡村振兴的全面领导；促进自治法治德治有机结合；夯实基层政权。

1.2　研究目的与意义

本专题尝试从新的研究视角和思路对武汉乡村治理体系进行系统化研究，探讨武汉乡村治理体系实施模式。研究中综合运用城乡规划学、社会学、政治学、人类学的定性研究方法与经济学、生态学、地理学等各学科的定量研究方法，借助地理信息技术、遥感技术、统计学技术等，创新武汉乡村治理体系的具体实施方法体系，并将研究成果细化至空间层面，做到研究成果切实可操作、可实施。最后对武汉乡村治理体系相关理论进行新的理论补充。基于十九大提出的乡村振兴战略，对乡村"三治合一"的理论逻辑、科学内涵和实现路径进行分析，对乡村建设理论进行新的有益补充，据此系统地提出针对武汉乡村治理体系的具体实施路径，并为其他地区乡村建设提供可借鉴的参考范例。

1.3　研究内容

本专题为武汉乡村振兴战略实施路径与方法研究之治理体系篇，主要分为三个部分。一是对现代乡村治理现有体系进行研究分析，以及对乡村治理体系优秀案例进行借鉴学习；二是对武汉现状乡村治理体系进行实证研究，主要针对武汉六个远城区的乡村治理现状进行分析并总结问题；三是根据调研以及案例研究从而对武汉现代乡村治理体系构建从自治、法治、德治三个方面提出构建策略。

具体研究内容如下：

(1)加强农村基层党组织建设。扎实推进抓党建促乡村振兴，突出政治功能，提升组织力，抓乡促村，把农村基层党组织建成坚强战斗堡垒。强化农村基层党组织领导核心地位，创新组织设置和活动方式，持续整顿软弱涣散村党组织，稳妥有序开展不合格党员处置工作，着力引导农村党员发挥先锋模范作用。建立选派第一书记工作长效机制，全面向贫困村、软弱涣散村和集体经济薄弱村党组织派出第一书记。实施农村带头人队伍整体优化提升行动，注重吸引高校毕业生、农民工、机关企事业单位优秀党员干部到村任职，选优配强村党组织书记。健全从优秀村党组织书记中选拔乡镇领导干部、考录乡镇机关公务员、招聘乡镇事业编制人员制度。加大在优秀青年农民中发展党员力度。建立农村党员定期培训制度。全面落实村级组织运转经费保障政策。推行村级小微权力清单制度，加大基层小微权力腐败惩处力度。严厉整治惠农补贴、集体资产管理、土地征收等领域侵害农民利益的不正之风和腐败问题。

(2)深化村民自治实践。坚持以自治为基础，加强农村群众性自治组织建设，健全和创新村党组织领导的充满活力的村民自治机制。推动村党组织书记通过选举担任村委会主任。发挥自治章程、村规民约的积极作用。全面建立健全村务监督委员会，推行村级事务阳光工程。依托村民会议、村民代表会议、村民议事会、村民理事会、村民监事会等，形成民事民议、民事民办、民事民管的多层次基层协商格局。积极发挥新乡贤作用。推动乡村治理重心下移，尽可能把资源、服务、管理下放到基层。继续开展以村民小组或自然村为基本单元的村民自治试点工作。加强农村社区治理创新。创新基层管理体制机制，整合优化公共服务和行政审批职责，打造"一门式办理""一站式服务"的综合服务平台。在村庄普遍建立网上服务站点，逐步形成完善的乡村便民服务体系。大力培育服务性、公益性、互助性农村社会组织，积极发展农村社会工作和志愿服务。集中清理上级对村级组织考核评比多、创建达标多、检查督查多等突出问题。维护村民委员会、农村集体经济组织、农村合作经济组织的特别法人地位和权利。

(3)建设法治乡村。坚持法治为本，树立依法治理理念，强化法律在维护农民权益、规范市场运行、农业支持保护、生态环境治理、化解农村社会矛盾等方面的权威地位。增强基层干部法治观念、法治为民意识，将政府涉农各项工作纳入法治化轨道。深入推进综合行政执法改革向基层延伸，创新监管方式，推动执法队伍整合、执法力量下沉，提高执法能力和水平。建立健全乡村调解、县市仲裁、司法保障的农村土地承包经营纠纷调处机制。加大农村普法力度，提高农民法治素养，引导广大农民增强遵法学法守法用法意识。健全农村公共法律服务体系，加强对农民的法律援助和司法救助。

(4)提升乡村德治水平。深入挖掘乡村熟人社会蕴含的道德规范，结合时代要求进行创新，强化道德教化作用，引导农民向上向善、孝老爱亲、重义守信、勤俭持家。建立道德激励约束机制，引导农民自我管理、自我教育、自我服务、自我提高，实现家庭和睦、邻里和谐、干群融洽。广泛开展好媳妇、好儿女、好公婆等评选表彰活动，开展寻找最美乡村教师、医生、村官、家庭等活动。深入宣传道德模范、身边好人的典型事迹，弘扬真善美，传播正能量。

(5)建设平安乡村。健全和落实社会治安综合治理领导责任制，大力推进农村社会治安防控体系建设，推动社会治安防控力量下沉。深入开展扫黑除恶专项斗争，严厉打击农村黑恶势力、宗族恶势力，严厉打击黄赌毒盗拐骗等违法犯罪。依法加大对农村非法宗教活动和境外渗透活动打击力度，依法制止利用宗教干预农村公共事务，继续整治农村乱建庙宇、滥塑宗教造像。完善县、乡、村三级综治中心功能和运行机制。健全农村公共安全体系，持续开展农村安全隐患治理。加强农村警务、消防、安全生产工作，坚决遏制重特大安全事故。

2 现代乡村治理体系研究

2.1 乡村治理体系框架构建

乡村治理是国家治理体系的重要组成部分，武汉市响应党的十八大、十九大以来的乡村战略布局，加大乡村治理政策支持力度，研究制定推进试点工作的配套措施，完善经费保障机制，加大财政投入，统筹安排试点工作所需经费，确保试点工作稳妥有序推进。

为进一步推进基层治理体系和治理能力现代化，武汉市 2018 年 6 月在全国率先出台《武汉市社区党组织领导社区治理若干规定(试行)》，将基层党组织领导"三治一服务"的创新实践规范化、制度化，为基层治理提供工作遵循。

"1314"治理体系，"1"是建强一个基层党组织；"3"是做实党领导下的社区自治、法治、德治的有效路径；第二个"1"，是构建全面、精准、精细的信息化社区服务体系；"4"是建立工作力量全进入、群众需求全收集、分类分级全解决、服务过程全评价的"四全"服务机制。

《武汉市社区党组织领导社区治理若干规定(试行)》提出了一些具体的指标要求，见表4-2-1。

表 4-2-1　　　　　　　　　　武汉市社区党组织关系表

基层党组织建设	党组织为核心的组织体系	构建以社区党委为统领，社区党组织、驻社区单位党组织为主体，网格党支部为支撑，居民楼栋党小组、党员中心户为基础的组织架构；明确社区党委书记、专职委员、兼职委员、社区党组织书记和居民委员会主任、网格党支部书记等人数范围以及担任人员。
	基层党组织带头人队伍建设	完善党员设岗定责、公开承诺、志愿服务、结对帮扶、评星定级等制度，引导党员创先争优。评先评优、选拔任用干部时听取其居住地、工作地和对口联系的社区党组织的意见。

基层党组织建设	农村党员队伍建设	每月开展1次党支部主题党日活动,社区党组织应当每季度或者每半年召开1次组织生活会,并明确社区党组织应当公开的内容。
	基层党组织建设责任与保障	成立基层作风巡查组,持续开展作风巡查的整顿。
自治法治德治有机结合	自治	健全社区党组织领导的居民委员会、业主委员会和物业服务企业"三方联动"机制;社区党组织牵头,采取小区协商、业主协商、决策听证、民主评议等形式,以民情恳谈日、社区警务室开放日、居民论坛、妇女之家等为平台,组织居民群众开展灵活多样的协商活动。
	法治	组织开展法律进社区活动,创新法治宣传教育方式,将党组织活动、群众文化活动与法治宣传教育有序衔接、同步开展。建立矛盾纠纷日常排查工作机制,引导民警、法官、检察官、律师、公证员、人民调解员等,在法律咨询、纠纷调解和信访化解等领域发挥积极作用。培育和发展各类专业社会调解组织,推进基层社会矛盾纠纷多元化解。
	德治	组织居民群众开展文明家庭创建活动,推进社区志愿服务常态化、制度化,运用孵化培育、人才培养、项目资助、示范引领、平台搭建等多种方式,引导社区志愿服务组织和群众志愿服务团队提升能力、发挥作用。
	平安乡村	依托社区综治中心,拓展网格化、信息化管理服务,加强社区治安防控网建设,提高社区社会治安综合治理水平,防范黑恶势力扰乱社区治理,实现社区无赌博活动、无吸毒人员、无邪教人员、无刑事发案、无越级上访的目标。
务实基层政权	基层政权建设	强化街道党工委把关作用,选优配强社区党组织领导班子成员和居民委员会成员。面向社会公开选聘社区公共服务干事,实行全市统一政策、各区统一招聘、街道统一管理、社区统筹使用。将物业服务人员、志愿服务团队成员、社区社会组织工作人员和职能部门派驻社区工作人员纳入街道社区统一管理、培训、考核,使其成为党组织联系和服务群众的重要力量。

续表

务实基层政权	基层管理体制机制	社区党建工作经费、党员教育经费应当纳入市、区财政预算，并建立正常增长机制。统筹整合社区惠民资金，提高资金使用效率。按照权随责走、费随事转的原则，落实支持社区的政策、项目、资金。鼓励通过慈善捐赠、设立公益创投基金等方式，引导社会资金投向社区治理领域。
	基层服务体系	(1)政务服务。党员群众服务中心实行首问负责、一窗受理、全程代办、服务承诺等制度，推行"马上办、网上办、一次办"，为有需要的居民群众提供政务代办服务。 (2)法律服务。组织民警、法官、检察官、律师等法律工作者，开展法律知识普及、法律咨询、法律援助等服务，实现社区法律服务全覆盖，以法律服务解民困，以法治文化润民心，让居民群众享受到便捷高效的法律服务。 (3)生活服务。推进"红色物业"全覆盖，引导公益性物业服务企业为老旧小区提供基本物业服务，督促市场化物业服务企业提升服务质量，协调解决居民群众反映的物业管理问题。整合辖区内购物、家政、餐饮、快递、维修等便民服务资源，协调供电、供水、通信等与民生有关的服务企业进社区。 (4)文体服务。因地制宜设置政策理论、革命传统、科普知识等文化长廊，定期举办民俗节庆、革命纪念活动。发动热情高、有特长的党员和群众骨干，广泛开展各类文体活动。加强社区图书室建设，推进全民阅读进社区。 (5)关爱服务。组织和发动党员与志愿者，建立关爱、帮扶机制，为困难居民、弱势群体、特殊人群提供人文关怀、心理慰藉、情感陪护等服务。 (6)党员服务。定期开展党员组织关系排查，做好党员组织关系转接。组织党员参与党内关爱帮扶基金建设，开展党内探访活动，帮助和扶持困难党员。

2.2 乡村治理体系优秀案例借鉴

2.2.1 加强农村基层党组织对乡村振兴的全面领导

(1)山东省烟台市多措并举健全和完善乡村治理机制，充分发挥基层党组织作用，以扎实过硬的基层力量助推脱贫攻坚工作向前迈进。规范村级工作运行机制。围绕提升基层治理水平，加强"一清单六规范"建设，指导县市区制定和完善村干部小微权力清单，加强村级事务决策、"三资"管理、党内政治生活、发展党员、"三务"公开、村规民约"六个规范化"建设，从制度层面明确村级规范化建设的标准、内容和流程，建立权责明晰、公开透明、操作规范、监督有力的村级事务运行机制。加强软弱涣散村综合整治。指导县市区按照集体经济空壳村、评星定级二星级以下等 10 种情形，倒排确定 104 个软弱涣散村，其中市级扶贫工作重点村 45 个，逐一分析原因、细化措施、建立台账，安排 122 名县乡领导联系包帮，目前已全部转化。

(2)湖北省秭归县坚持党的领导，实施三级运行，建立村民委员会、村落理事会、农户三级运行模式。在村落内建立党员组织，实现村落党小组全覆盖，将党的领导前移，从而加强农村基层党组织对乡村的领导。

(3)江苏省盐城市建湖县冈西镇党委利用"三会一课"等形式，组织广大党员学习习近平新时代中国特色社会主义思想和新党章，号召广大党员带头参加改革开放和社会主义现代化建设，带动群众为经济发展和社会进步贡献自己的力量，在实施乡村振兴战略中起先锋模范作用。各村居党支部将党员在实施乡村振兴工作中的表现作为"评定升"的主要依据。全镇各村党支部还为每名党员建立表现档案，一事一记载，一月一通报，在支部大会或党员活动日中请先进典型现身说法。

2.2.2 促进自治、法治、德治有机结合

(1)浙江省桐乡市的"三治"经验，以德治为基扬正气，以法治为要强保障，以自治为本添活力，强化政府、社会组织、基层自治组织、企业、群众个体等多元主体的互动和参与，增强道德在规范社会行为、调解利益关系、解决社会问题、协调社会关系中的约束力，树立社会主义法治理念，发挥其在社会治理中的核心作用，善于运用法治理念、法治思维和法治方式去解决改革发展稳定中遇到的各类问题，进一步提高政府依法行政、公民依法行事、社会依法运行的意识和能力，通过引导基层组织和公民个人进行自我管理、自我教育、自我监督、自我服务，有效释放了社会各方主体的活力，进一步增强社会协同能力，为全国提供了一个鲜活的基层实践样本。

德治——注重运用社会主义核心价值观引领平安建设，为推进社会治理体系和治理能力现代化提供坚实的道德支撑。

一是以评立德。从公民"个体"、家庭"群体"、社会"整体"以及党员干部四个方面，致力打造"五有市民""四好家庭""四型社会"和"好干部"，推动民风、家风、社风、党风和政风的进一步好转。建立市、镇、村三级道德评议组织，成立道德法庭、道德基金，健全和完善道德模范先进典型的评选表彰、学习宣传机制，以

道德评议和社会舆论的力量，革除陋习、促进民风。通过道德模范、文明家庭等评选活动，桐乡市涌现出了一大批群众身边的道德模范和先进人物。

二是以文养德。利用道德讲堂、德孝主题公园、文化礼堂，广泛开展社会主义核心价值观宣传教育、德孝主题文化活动和社会诚信体系建设，引导人们讲道德、遵道德、守道德。大力实施文化惠民工程，繁荣群众精神文化生活，从精神层面筑牢守护平安的意识。

三是以规促德。系统梳理和修改完善有关规章制度、行为准则，特别是结合"五水共治"和"三改一拆"，指导修订村规民约、居民公约、行业守则、职业规范，使倡导的道德理念和价值追求成为人们日常工作生活的基本遵循。

法治——坚持法治桐乡、法治政府、法治社会一体建设，注重运用法治思维和法治方式谋划、推动平安建设。

一是强化依法行政。将12个镇（街道）、33个行政执法部门的依法行政行为具化为45个计分指标，在全省率先创立"依法行政指数"评估和发布。完善规范性文件、重大决策合法性审查机制，做到重大决策社会稳定风险"应评尽评"。深化政务公开，加强执法检查，健全重大事项通报等制度，推进"一把手"权力阳光行动。实施"期望办理"服务机制，深化行政审批制度改革。

二是强化公正司法。加强政法队伍建设，实施阳光司法行动。健全社会矛盾纠纷化解平台，扎实推进"警调、检调、诉调、访调"对接机制全覆盖，引导各级干部运用法治思维和法治方式服务群众、化解矛盾。全面开展"百名政法干警联网格送服务"活动，并整合法学专家、律师、政法干警及其他法律工作者，在全市建立100个覆盖市、镇、村三级的法律服务团，形成覆盖城乡的基本公共法律服务体系。

三是强化全民守法。组建"法治驿站""李瑾法律服务岗""义工法律诊所""板凳法庭"等社区组织，探索社会力量参与普法教育机制，壮大普法队伍，创新普法形式，深入推进"六五"普法工作，增强全民法治观念，引导群众自觉把法律作为基本行为准则，依靠法律手段解决纷争。

自治——强调多元主体参与，注重激活和调动社会各方面的积极性，尊重人民群众在平安建设中的主体地位。

一是以基层自治组织职能归位为重点推进社区自治。公布36项基层群众自治组织依法履行职责事项和40项协助政府工作事项，厘清村（居）职责清单。开展清理牌子、精简评比、去除考核台账等基层组织"去机关化"行动，健全完善"三委联动"等社区服务群众工作机制，实施"七彩夕阳"等一大批服务项目，切实提升村（居）自治效能。此外，搭建百姓参政团、阳光议事厅、村民议事会、坊间论坛、村民论坛等不同形式的群众参政议政平台，推进基层协商民主。

二是以网格化管理、组团式服务为重点推进网格"微自治"。按照"一格多员"

"多格一员"和"网格四员"等模式,推动百事服务团、法律顾问、政法干警、安全生产监督员、交通安全管理员、市场监管员等进网格,深入推进"网格化管理、组团式服务"工作,切实提升网格自治水平。

三是以培育发展社会组织为重点推进社会协同治理。注重运用法治方式,更好发挥"彩虹家庭""民生三伯伯""和事佬"等社会组织、社会力量在公共服务和社会治理中的作用,并建立社会组织发展扶持基金和孵化中心,大力培育和发展社会(团)组织,推动政府向社会力量购买服务,探索建立"社区+社工+社团"良性互动的"三社"联动新模式,注重发展壮大志愿服务队伍,设立"掌上志愿"服务平台,推动志愿服务经常化、专业化、品牌化。

(2)陕西省安康市针对"攀比奢侈风""失信不孝风""自私缠闹风""迷信恶搞风"等社会问题,从政府单方"治理"向全民共治转变,以开展"群众说、乡贤论、榜上亮"道德评议为主要抓手,探索出法治、德治、自治"三治融合"的基层社会治理新模式。"三治融合"依法治理是保障、以德治理是基础、村民自治是根本。在党委和政府的组织领导下,以村(社区)为单位,由群众推选老党员、老干部、道德模范、人大代表、政协委员等乡贤精英组成道德评议委员会,主持道德评议工作,动员群众说事论理,通过"好坏大家评""落后大家帮",引导广大群众摒弃陈规陋习,自觉崇德向善,实现群众自我教育、自我管理、自我服务、自我监督:

一是群众说事,广开言路定议题。在每季度一次的道德评议前,评议委员会成员深入院落、农户走访了解、座谈会商,提出辖区内在移风易俗、助人为乐、孝老爱亲、诚实守信等方面涌现出的好人好事;摆出本村本组不友善、不诚信、无孝道等不道德的突出问题;指出需要解决的不良人情、盲目攀比、低俗恶搞、打牌赌博等歪风邪气;梳理出在推进脱贫攻坚等中心工作中需要集中评议的具体问题,形成评议主题。

二是乡贤论理,激浊扬清辨是非。评议委员会主持召开道德评议大会,广泛吸纳群众参与。评议会由被评议对象先行陈述,谈认识、说想法,然后反馈村民对其行为的看法和意见,对正面典型,主要评论其先进事迹和所体现的道德品质;对后进典型和突出问题,通过论理释法、说教劝导,重点分析其危害性和滋生问题的根源,引导群众深刻认识、自觉反省。在集中论理基础上,对问题处理意见进行表决,形成决议。

三是榜上亮德,见贤思齐树典型。对评议出的群众公认、可学可鉴的先进典型,通过"善行义举榜"发榜公布,列入"身边好人""中国好人"等推荐范围;开办"道德讲堂",让身边人讲身边事,以身边事教育身边人;利用网站、电视、手机电视客户端等媒介宣传,发挥示范效应。对评议出的不文明、不道德的人和事,在保护个人隐私、保障个人合法权益、不违反法律法规的前提下,载明后进事实、予以曝光,接受群众监督和评判;地方电视台开办"讲理说法"栏目,剖析典型案例,警醒教育群众。

四是劝教帮教，精准施策促整改。对评议出来的后进典型采取"一人一案、一事一策"办法，制订帮教方案，落实责任人，立足人文关怀和真帮实扶，通过思想疏导、解决困难等方式，帮助树立正确的做人做事准则。对于积极纠错、改掉恶习的，停止曝光；对纠错改正态度端正、效果明显的，给予肯定和表扬，增强其上进心和荣誉感，巩固和提升转化成果。

实施"三治融合"治理模式以来，安康市开展道德评议 1228 场次，评议出先进典型 1646 人次、后进典型 1237 人(件)次，设立"善行义举榜"和"曝光台"316 处，帮助转化后进群众 1124 人，强化了群众教育，扭转了社会风气，优化了发展环境，提升了治理能力，信访数量明显下降，得到了广大群众的拥护支持。

2.2.3 夯实基层政权

(1)湖北省秭归县坚持发扬民主，选优村落骨干。在村"两委"的主持下，分村落召开村落群众会，由群众选出心中"两长八员"。坚持以民为本，积极履职尽责。"两长八员"以义务为主、适当补贴的方式开展工作。结合村落自身实际，细化工作细则，从而夯实基层。

(2)浙江省杭州市临安区清凉峰镇通过纪委专职监督、职能科室工作监督、村监委全程监督、党员代表日常监督，建构起四方有机统一的监督体系，并在每个村建立起由党员代表、村民代表组成的小微权力监督队，在村级工程项目及村级集体资产管理等过程中实行监督及相关信息公开，提高了村民知晓率和满意度，使村级事务"阳光运行"，确保村级小微权力规范运行，从而保证基层政权的公开透明。

(3)安康市通过乡镇纪委作指导使村务监督扎实落地，而非名存实亡。推行乡镇纪委加强指导村务监督委员会业务工作，此措施较好地解决了原有的"业务没指导、工作没方向，村务监督成'稻草人'"的难题。村务监督委员会能够放开手脚监督村"两委"，及时将重要情况报给镇纪委，做到了严格履职不跑题，得益于乡镇纪委对业务监督委员会的业务指导和全面支持。具体措施体现在抓阵地建设，做到监督委员会有办公场所、有经费支持；抓制度建设，做到管理有组织、工作有制度、运转有程序；抓业务指导，要求村务监督委员会及时将工作情况记录归档；抓考核奖惩，实行绩效考核，将村务监督委员会主任报酬的 60% 纳入绩效考核发放，对工作突出或不负责任的，分别予以奖惩，确保了基层监督管理落到实处。

2.3 本章小结

社会治理的重心在基层，着力夯实基层基础，创新基层治理，是不断增强人民群众获得感、幸福感、安全感的内在要求。乡村治理是基层治理的重要组成部分，是国家治理的基石。武汉市积极响应国家政策，选取乡村试点，以农村基层党组织建设、"三治"融合和夯实基层政权这三个层面作为侧重点，构建武汉市乡村治理体系。

3 武汉乡村治理现状及调研设计

3.1 武汉乡村治理发展现状

据《武汉统计年鉴—2018》，截至 2017 年年底，武汉市共辖 13 个城区，市域范围内农村基层组织中共有乡政府 3 个、镇政府 1 个、办事处 74 个、村委会 1923 个、村民小组 16735 个；乡村户数共 72.89 万户、乡村人口共 248.2 万人；全年农村常住居民人均可支配收入 20887 元，人均消费支出 15812 元。

本专题在构建武汉市域层面乡村治理体系时，按照"区——乡镇(街道)——村庄(社区)"三个层面进行划分。其中，区级层面主要考虑黄陂、东西湖、蔡甸、汉南(武汉经济技术开发区)、江夏、新洲 6 个远城区，各城区应按照统一标准进行乡村治理体系建设；乡镇(街道)层面按照新城中心、中心镇、一般镇等三个级别进行乡村治理体系建设；村庄(社区)层面按照集聚提升类村庄、城郊融合类村庄、特色保护类村庄、搬迁撤并类村庄四大类别进行乡村治理体系建设。

3.1.1 黄陂区乡村治理现状

黄陂区委党校认真贯彻"加强领导，强化培训，严格管理，注重实效"的方针，充分发挥党校(行政学校)教育培训"主阵地"和"主渠道"作用，加强对党政领导干部、青年后备干部、国家公务员、农村(社区)干部的教育培训工作，努力提高干部的工作能力、理论素养和业务素质。规范党的组织设置，实现了全覆盖。全年新建党总支 2 个、党支部 22 个，换届改选 17 个，调整增补党组织成员 86 人。加强对党支部的管理。坚持、完善和创新"三会一课"(定期召开支部党员大会、支部委员会、党小组会，按时上好党课)制度，督促党员领导干部按规定参加双重组织生活，并定期抽查党支部党内生活制度的落实情况，着力提高党组织生活的实效性。结合"双联"活动，组织市、区党史书籍 1000 余本，送到木兰乡小寨村、经堂村、友爱村和长岭街徐冲村，同时每村各配送 2 个书柜，建起了 4 个党史阅览室。与区楚剧团联合，到蔡店街、木兰乡举办了"红色经典戏曲"演唱会活动。实行党务、村务、财务三公开，村民随时了解各项开支，小到日常工作经费，大到工程项目，采取公开招标，由村民一起参与评定、决策、监督，并参与民政理财工作。党工委对廉政建设非常重视，年初报一年工作计划，年终汇报一年开展情况；党工委对纪工委工作从各方面支持，积极采纳纪工委的建议；纪工委还不定期明察暗访，查作风、工程项目落实、干部履职等方面的情况。朱铺村还以丰富多彩的形式，推进党风廉政建设的落实，"重在教育、防范在先"。坚持主题教育常抓不懈，开展文化宣传，组织党员观看廉政题材纪录片，实行村干部述职评廉制度。黄陂区农村基层党组织关系建设情况见表4-3-1。

表4-3-1　　　　　　　　　　黄陂区农村基层党组织关系建设情况

以党组织为核心的组织体系	发挥党校(行政学校)教育培训"主阵地"和"主渠道"作用
农村基层党组织带头人队伍建设	送党史书籍1000余本；配送2个书柜，建起4个党史阅览室；举办"红色经典戏曲"演唱会活动
农村党员队伍建设	实行党务、村务、财务三公开；纪工委还不定期明察暗访，查作风、工程项目落实、干部履职等方面的情况；组织党员观看廉政题材纪录片，实行村干部述职评廉制度
农村基层党组织建设责任与保障	坚持、完善和创新"三会一课"(定期召开支部党员大会、支部委员会、党小组会，按时上好党课)制度

　　充分发挥人大、政协作为协商民主重要渠道作用，积极推进政治协商、民主监督、参政议政制度化规范化程序化。进一步完善基层民主制度，畅通民主渠道，健全基层选举、议事、公开、述职、问责等机制，推进基层民主自治。认真做好村"两委"换届选举工作。加强基层干部作风建设。充分利用区、街、村矛盾排查化解"三级平台"，发挥人民调解、行政调解、司法调解相互衔接的大调解机制及第三方专业性行业调解优势，及时排查化解各类矛盾纠纷。共青团黄陂区委获"全市共青团工作先进单位""全市大中专学生志愿者暑期'三下乡'社会实践活动优秀组织单位""全区最佳文明单位"等荣誉。三里桥街救命寺村青少年活动室被评为"全省'希望家园'示范点"，王家河街王河社区被评为"全省未成年人'四无'(无犯罪、无闲散、无吸毒、无流浪)社区"，区大学生村官志愿服务队被评为"第三届武汉优秀青年志愿者组织"，区青年典型刘培、刘洋被评为"全国乡村道德好青年"。

　　黄陂区的监控摄像头覆盖率在全市远城区中位居第一，很多村口都设有警务站，民警时不时进村巡逻。民警们有一个不成文的规定：每周至少和深山里的村民见上两次面。在沿途每个村口都设有警灯。留守儿童戴上智能通话手表，智能通话手表可以和手机App配对连接，民警可随时通过GPS定位孩子的位置，孩子遇到危险时也能紧急呼叫智能通话手表上存入的电话号码。

　　黄陂区政务服务中心按照全市"减程序、减时限、减费用"的工作要求，围绕实现"低成本、零障碍、高效率"的工作目标,对入驻中心办理的服务类事项进行了重新清理和规范。黄陂区政务服务中心坚持"高效、规范、廉洁、便民"的服务宗旨,以改进服务、提升效能、营造优良的政务环境为目标,进一步深化行政审批制度改革,大力推进网上审批和电子监察一体化建设,不断提升政务服务水平。全年入驻中心各窗口单位共受理各类行政审批和公共服务事项 16.78 万件,办结率 100%,其中,即办件 6.36 万件,总计税费 4.5 亿元。黄陂区政务服务中心加强便民服务机构建设,把对服务窗口和便民中心工作人员业务指导和培训工作纳入中心年度计划,中心对全区便民服务中心机构建设、运行状况进行研调,详细了解基层便民服务机构在实际运行中的相关情况和存在的困难,努力争取区委、区政府支持,推进服务平台更好地向基层延伸。

3.1.2 江夏区乡村治理现状

江夏区委组织部围绕"生态立区、工业兴区、创新强区"三大发展战略大力实施"红色引擎工程",开展"狮子型"干部大调研,实施"百万大学生留汉创业就业工程"和"百万校友费智网汉工程",全面提升新形势下组织工作水平。为打造武汉经济、城市、民生"三个升级版"示范区,构筑武汉经济增长第三极提供坚强组织保证。中央电视台新闻频道《朝闻天下》详细报道了江夏区"学习贯彻十九大不忘初心跟党走"《翻牌大开奖》文艺宣讲进社区的新闻。先后开展"有限经典,无限阅读""农家书屋飘书香""和留守儿童共读一本书""读书成才,爱岗奉献""读书交流会""经典诵""千名文艺工作者下农村"等活动。推选 42 名最美基层党员、最美基层书记、最美基层干部并在全区大力宣传。加大宣传力度,实现村农户、种养大户、外出务工农户、在外经商农户等群体全覆盖。

聚焦全面从严治党,着力解决观念淡漠、组织涣散、纪律松弛等问题,制定《五届区委 2017—2021 年巡查工作五年计划》以及《江夏区巡查工作手册》。组织参加普法宣传活动,增强宪法宣传日等活动,在 16 个街道开展成立法律援助工作站,实现窗口零投诉。

乡贤文化是乡村文化发展的主要方式,要更加注重引导和培养乡贤,把心系故土的有识之士、道德模范、江夏好人等有助于乡村治理的人纳入乡贤群体中来,使其成为社会稳定的维护者和乡村文化的弘扬者。

从家庭入手,以小变化促大变革,扎实开展星级文明户、文明村等群众性精神文明创建活动,评选表彰好媳妇、好妯娌、好公婆等活动。"从娃娃抓起"守护文化根脉,以"小手牵大手"厚培文明家风,举办家风家训巡讲巡演活动。围绕一副家风联、一面家训墙、一张全家福、一道家风菜、一个传家宝等"五个一"活动载体,持续开展寻找"五美农家"活动,促进家风向好。

所有行政村要实施红白理事会制度,有条件的村要修建白事堂、家宴服务中心,方便农村红白事集中聚餐,遏制大操大办、厚葬薄养、人情攀比等陈规陋习。

补齐农村文化生活的"精神短板",建立文艺结对帮扶工作机制,深入开展文化惠民工程、农村留守儿童关爱保护、志愿服务活动,使文明健康的生活方式成为农民群众的日常行为习惯。

加强法治宣传,在村委会门前广场建立法治文化长廊,通过漫画、小知识问答、政策解读、案例分析等形式重点宣传与农村生产生活息息相关的法律法规和政策;建立一支村法律服务志愿者队伍,邀请高校法律专业学生作为志愿者为村民讲法治课。村律师也会定期对村支两委人员和村民进行培训。建设法治阵地,在小朱湾优美的自然人文环境中,嵌入式地融入法治文化宣传栏、法治文化墙、法治趣味游戏串珠、法治文化碑刻等元素,使游客在游玩的同时能接受法治文化的熏陶。提供法律服务,村里配备法律顾问,在醒目位置粘贴律师的详细信息,确保随时能联系。同时,律师每周四在村委会坐班一天,现场为村民提供法律咨询和法律服务。在以村集体的名义作出涉及村民切身利益的决策或者其他重大决策前,由律师严格把关。加强专项治理,围绕村湾经济发展和社会生活中的突出问题以及村民关心的热点、难点问题,开展经常性的专项整治工作,保障村湾的稳定和健康发展。

3.1.3 新洲区乡村治理现状

新洲区加强乡村基层组织建设,613 个村(社区)"五务合一"(强化党务、规范村(居)务、优化服务、拓展商务、协调事务)实现全覆盖;强化村干部专职化管理,提高村(社区)干部工作报酬,主职报酬 5 年增加约 3.4 倍。推进党建责任常态化,建立党建责任清单、党建问题清单,推行区、镇、村(社区)三级党组织书记和班子成员抓基层党建工作承诺制,每季度对清单和承诺完成情况进行实地考评并进行排名通报。推进"三个需求"(发展需求、生活需求、情感需求)服务精准化,推动区直和街镇机关干部到村兑现村民"微心愿"9000 多个,整顿 63 个软弱涣散村。

新洲区选派 30 名村干部"上挂"跟班学习,跟班学习突出实践性、实效性,重点组织村干部学习村集体经济、合作经济发展的典型经验和特色做法,学习农业种养、家庭农场、共享农庄、乡村旅游、餐饮民宿等方面的经营理念和发展模式,学习农村政策法规、产业发展、农村实用技术、乡村治理等专业知识。跟班学习人员将通过列席重要会议、参与重点工作、研究难点问题、参与急难险重任务,提升实践能力。

新洲区委专门出台《关于规范服务群众"三个需求"助推精准扶贫工作的实施方案》,建立落实群众"三个需求"长效化机制,进一步规范"群众报单、民主议单、组织买单、考核保单"等 4 大服务流程,拓展落实需求的"党员领办、部门协办、社会力量帮办、组织督办"等4条路径，不断提高全区基层服务型党组织建设科学化水平。

2016年，新洲区推动行政体制改革，统筹"一区三街"（阳逻开发区、阳逻街、仓埠街、双柳街）发展，"六个统一"（建立统一衔接的规划体系、推进统一衔接的布局空间、明确统一衔接的基础数据、制定统一衔接的技术标准、建设统一衔接的信息平台、形成统一衔接的管理体制）运行机制深入实施；建成农村"三资"（货金、资产、资源）管理网络监管平台，强化农民知情权和监督权。全区村（社区）已实现纪检委员全覆盖。街（镇）村（社区）科协组织机构健全，村（社区、基地）"一站一员一栏"科普设施进一步完善，建立逐步完善的基层科普示范服务体系。拓展网格化服务管理工作，区14个网格化服务管理中心、652个网格化服务管理工作站，2054个网格、652名网格信息管理员、2054名网格管理员，履行各自的职能，加强治安防控，发现整改隐患，收集社情民意，化解矛盾纠纷，解决民生问题，服务居民群众，保障村（社区）平安。在30个村开展农村社区试点，投入1200万元改建党群活动中心、文体广场、垃圾转运中心，硬化村湾道路、河道护坡，开展政务服务、困难帮扶、文体活动等农村社区服务，村湾环境显著改善，服务意识不断增强。

3.1.4 蔡甸区乡村治理现状

为了加强农村基层党组织对乡村振兴的全面领导，蔡甸区委组织部运用"党组织+"理念推进基层党建工作创新，深化"产业链党建""村党建"工作，星光村党建引领基层治理工作经验在全省农村基层党建工作会以及全市社会管理创新工作会上交流。着力整顿软弱涣散村级组织，调整村"两委"（农村党支部委员会和村民（居民）委员会）干部5人，清理核查"三资"合同470份，推动29个软弱涣散村级组织实现转化提高。深化"三方"（社区居委会、业主委员会、物业管理委员会）联动机制，组建业委会党组织40个。圆满完成社区"两委"换届选举。全面实现书记、主任一肩挑，评选表彰50名优秀"第一书记"代表。选出30名"最美基层干部"，推动基层党员干部形成比学赶超、创先争优的良好氛围。

与此同时，拓展党员群众服务中心功能，规范设置"第一书记"（发展顾问）联络室、技术专家工作室、文体娱乐室、合作社（会）工作室等功能室，服务基层党员群众需求。探索村级集体经济发展途径，推广能人引领型、创新服务型、资源开发型、园区带动型和借力发展型模式。坚持"联述联评联考"制度，推行党员资格年审，采取组织审查鉴定、现实表现评分和民主评议评分，全面落实"书记抓、抓书记"工作责任制，树立大抓基层鲜明导向。狠抓党建工作责任制的落实，推进基层党建工作的科学化、规范化、制度化建设。通过从机关干部中"派"、从本地能人中"聘"、从外出务工经商党员中"引"、从大学生村官中"选"、从异地优秀村干部中"调"等多种方式选好配强基层党组织书记队伍。完善监督制约机制,发挥基层纪检监察组织作用,强化村级"贴身监督",推动党风廉政建设不断向权力末梢延伸。

蔡甸区纪委监委组织各街乡纪(工)委在全区 288 个村和 51 个社区均选聘了纪检委员或监察信息员,其中,65%以上的由村(社区)党组织副书记或副主任等熟悉该村(社区)情况的干部兼任,强化对村(社区)党组织书记管事用权的监督制约。在党员人数较多和发展前沿的村(社区),还聘请大学生村官以及当地居民担任纪检委员或监察信息员,全程参与村(社区)重大事项决策处置,对违规情况及时提醒,收集和传递相关信息,发挥监督"前哨"作用,提升监督效能。

以党的建设贯穿基层治理、保障基层治理、引领基层治理,强化基层自治、法治、德治,为经济社会高质量发展提供强有力的保障。组织部门切实加强自身建设,从严从实改进作风,树立"讲政治、重公道、业务精、作风好"的模范部门形象。带头开展"三严三实"专题教育,研读重点学习篇目,强化思想理论武装。带头严明政治纪律和政治规矩,举办全区组工干部"守纪律、讲规矩"培训班,不断强化组工干部政治理论和业务知识培训。推进农村普法工作,打造农村普法新平台——"村村响",精心打造"村村响"法治广播栏目,使其符合农村实际,大幅度提高农村法治宣传知晓率,真正实现农村普法工作全覆盖。深化农村法治信访建设,建立农村信访件化解长效机制。

在法治方面,启动"千里眼"监控设备的安装工作。这种监控视频可以有效监控各个路口的车流、人流、物流情况,也可以适时与派出所和公安局对接,实现视频联网。目前,"千里眼"视频监控设备已覆盖偏远乡镇。乡镇通过人防、物防、技防相结合的措施,织就严密的社会治安防控网络,努力减少农村盗窃行为的发生,同时,还可为公安机关侦查破案提供证据和提高工作效率,预防和制止违法犯罪行为的发生。

在传递社会主义核心价值观和正能量的过程中,更加注重德治建设。全区积极开展"城管革命"进村、"绿满荆楚"植树、文明单位结对共建美丽乡村等活动,农村环境状况得到进一步改善。索河镇、奓山街星光村被评为全国文明村镇。各街乡镇(园区)积极开展文明新村和星级文明户创建活动,30 个村被评为市级文明新村。288 个农户被评为十星级文明户,文明新村创建比例高于 10%,乡风文明得到进一步弘扬。

3.1.5　汉南区乡村治理现状

治国安邦重在基层,管党治党重在基础。要坚持以强化政治功能、提高组织力为重点,全面推进农村基层党建工作。汉南区乡村治理认真制定了党建责任清单,从统筹谋划、思想建设、组织建设、作风建设、反腐倡廉建设、制度建设、责任落实等7个方面，制定了9项责任目标，并细化为89条项目要求，工委、党委书记是第一责任人，其他分管领导为具体责任人，抓好落实。实行重点整顿和全面摸排相结合，扎实抓好软弱涣散村级组织整顿工作。强化领导体系抓整改，建立了工委（区委）书记和班子成员分别联系一个街道并直接联系一个重点村、各街道党工委采取1对N方式联系所辖村、村党支部书记直接负责本村的"区—街—村"三级领导体系。

汉南区厚植清廉文化根基，提升教育实效，借助区文化馆、街道文体站、村（社区）群众文艺队伍三级文艺队伍力量，大力开展廉政文艺节目的创作和巡演。截至目前，共创作廉政曲艺节目5个，开展廉政文艺巡演共计41场，廉政专题专场文艺演出2场，观众近10万人次。

汉南区举办了"谱写时代芳华·振兴美丽乡村"论坛暨青年文艺汇演活动。300余人参加了活动，他们以高度的历史责任感和使命感，扎根基层、服务基层，在乡村田地里挥洒汗水，在乡村生活中磨炼意志，在乡村建设中奉献青春。区委宣传部、区文明办、区总工会、团区委、区妇联等部门联合开展道德模范评选工作，并设立敬业奉献类、助人为乐类、诚实守信类、见义勇为类等奖项。

汉南区面向部分重点高校选聘优秀应届毕业研究生12名，招录选调生7名。注重优化配置，坚持和完善干部交流制度，组织和推动优秀年轻干部到园区、街道交流任职。注重补充，园区、重大项目、重点工程等急需的干部，采用挂职、交流任职等方式予以补充。

严格"三资"审计，规范财务管理，聘请第三方审计机构，全面完成所有行政村集体"三资"审计工作。

3.1.6　东西湖区乡村治理现状

《长江日报》连续刊发"党员常青"系列报道，引起了强烈的社会反响。常青花园社区党员不忘初心，以党员身份为骄傲和激励，自觉践行"忠诚一辈子、奉献一辈子"的党员要求，积极发挥先锋模范作用，帮助社区消解难题，主动担当常青花园社区治理的榜样。

东西湖区临空港投资集团紧紧围绕党纪党规和监察法宣传教育活动要求，特邀专业律师结合新修订的《宪法》和《监察法》内容进行专题讲座，组织集团全体员工开展《中国共产党纪律处分条例》《监察法》等党纪法规知识测试，做到学习测试全覆盖。组织集团党员干部观看省纪委监委拍摄的《不忘初心 警钟长鸣》廉政教育专题片和区纪委监委联合制作的廉政公益微视频、漫画细说当前突出违纪问题微视频，提高广大党员干部拒腐防变意识。开展廉政提醒谈话，筑牢党员干部廉洁防火墙，共开展提醒谈话16人次，集体约谈35人次。

东西湖区基层政治巡察采取"提级巡察"方式进行，即区委对巡察组授权，区委听取巡察情况汇报,主动履行巡察主体责任。巡察组具体采取"机动式"巡察方式,每个组4~5人的"小队伍",用50天左右时间,共对49个基层党组织进行了一次"短平快"的巡察。巡察组坚持"哪个支部群众反映最多、问题最突出,就重点巡察哪个支部"的原则,切实发挥"游动哨"作用。

东西湖区纪委督促各单位配齐配全基层纪检委员,949人被安排到基层纪检委员的岗位上。还统一制定了基层党组织包括纪检委员监督责任在内的责任清单,分门别类制定基层党组织落实党风廉政建设责任制工作评分细则。

区政府坚持"少而精、专而深、分析透、建议实"的原则,编写《社情民意》17期、《委员建言》15期。常青花园启动"七五"普法规划,以领导干部和青少年普法教育为重点,开展普法教育22场,培训14000人次,推进法治文化阵地建设,积极借助微信等新媒体开展普法宣传活动。深入推进律师进社区,依托社区公共法律服务点,开展法律服务便民活动48场,受益人群600多人次。各街在原有社区学校的基础上,进一步加大投入,改善办学条件,有21所社区教育分校成为创建达标学校,扎实开展社区培训。大力开展综治基层基础建设、立体化治安防控体系建设和突出治安问题排查整治工作。铁路护路工作经验在中央媒体上发表,打击传销经验在全市推广,全市校园周边综合治理工作现场会在东西湖区召开。同时,政法各部门坚持把扫黑除恶放在首位,保持对多发性侵财犯罪、严重暴力犯罪的高压严打态势,实现命案全破,2016年枪案为零。

全区严格落实省市精神,900余个基层支部每月固定时间召开"支部主题党日",集中开展"支部主题党日"8次,防汛期间没有集中组织召开"支部主题党日"的部分支部在汛期结束后完成补课,同时强化督促检查,确保各支部严格落实规定内容,促进学习教育规范化。通过创新学习方式开展小组送学上门,开设"夜间课堂"录制视频资料等活动,大大提升了党员的参与积极性。

3.2　实地调研存在的问题

3.2.1　农村基层党组织建设方面存在的问题

(1)干部工作积极性不高。全市少数的村班子发展规划不科学、不明确,部分村干部受三年一换届的影响,存在着"第一年学、第二年干、第三年看"的现象,导致工作落实中出现三种现象:一是逼着干、工作没有思路;二是跟着干,发展意识不强;三是瞒着干,重点方向不明。

(2)农村党员整体素质偏低。当前农村党员的素质与新形势下农村发展、农村增收、农村进步的高要求还存在着很大差距。主要表现为:一是文化水平不高;二是年龄老化严重;三是发展意识不强。

（3）党员带富能力不强。随着农村改革的深入和市场经济的发展，一些农村干部在工作方式方法和能力等方面，与当前经济社会发展形势不相适应。主要表现为：一是先锋意识不强，热情不高；二是市场意识不浓，能力不强；三是职责定位不清，方法不当。

（4）大多数村集体经济薄弱。有些村底子薄，基础差，村级集体经济发展比较缓慢，导致民生工程难以推进。主要表现为：一是壮大村集体经济后劲不足；二是集体经济发展形势严峻；三是机制不完善且执行不到位。

3.2.2　自治、法治与德治方面存在的问题

1）自治方面存在的问题

参与主体的问题：

从村民自治实行以来，村民作为参与主体，在民主思想、权利思想、参与思想等方面都有所改变，然而还只是在潜意识阶段，没有成形的主体观念。具体表现为：

（1）民主意识不足。中国长久以来的封建专制制度，导致我国农村经济文化难以发展，村民的民主思想、民主观念缺乏，村民的自我管理水平和村委会的工作能力不足；农村封建家族观念的制约，导致很多村民无法自主参与政治活动；很多村民对村民自治了解不够，觉得自治就是想我所想、做我所做，导致村民自治落实得异常艰难。而且，因农村地区的经济状况较差，农民受教育程度普遍不高，使得农民综合素质较低。农民的综合素质难以满足农业经济和基层民主政治的发展需求，对党的指导思想和民主精神难以正确把握。

（2）自治参与的被动性。部分村民对政治权利了解不够，总是不懂得利用自己的政治权利，进行合理的利益表达。如在民主选举期间，他们不了解选举权和投票的实际作用，往往是盲从，别的村民怎么选自己就怎么选，就这样丢掉了自己的选举权和被选举权。一些外界环境也会在一定程度上导致村民对自治缺乏积极性，使得村民无法发挥自主管理作用。

运行环境的问题：

（1）保障体制不健全：

一些村民自治法规体制不健全，村民自治保障体制有空缺。虽然我国出台的一些法律政策为村民自治提供了明确的指导，但是细则还是不够全面。

a. 村民代表会议体制落实不到位或者建立不科学；与促进民主法治建设相关的自治条例都缺乏制定，自治就徒有虚名；村务公开体制时间久远，缺乏优化创新；

b. 缺乏具体的发展经济、减轻农民经济压力、扩展集体经济及精神文明创建

的计划和指导办法;

　　c. 村级财务体制、村民参与民主监督、村委会强化自身建设等制度不明确和规范,或是制度形同虚设。

　　(2)经济实力导致的贿选:

　　在改革开放的大潮中,农村中有些人通过经商、养殖等富裕了起来,具有了一定的经济实力,他们可能通过买选票、送礼等形式贿赂选民来实现自己当选的目标。贿选行为使得村民自治秩序混乱。

2)法治方面存在的问题

　　(1)思想认识不到位。

　　改革开放以来,法治建设虽然取得了很大的成果,但由于种种原因,法治的实效尚不很理想,在一些地方和部门还存在着有法不依、执法不严、违法不究、监督乏力等问题。因此,有不少人对法治的作用表示怀疑,认为法治没有解决中国社会问题的能力,要实现法治的目标实在太遥远了。由于受传统封建法治文化思想的影响,少数基层干部在执法过程中,从官本位出发,大搞官僚作风,以言代法,以权代法,工作方式粗暴简单;而老百姓受此影响,对法治的态度冷漠,学法用法的自觉性不高,甚至还出现暴力抗法。

　　(2)普法教育宣传不到位。

　　从 1985 年以来,我国已制定实施了 6 个五年普法规划,但是对占人口大多数的农村居民的普法教育宣传工作力度仍明显不足。主要表现在:一是农村法治宣传效果不佳。农村的普法教育工作活动少于城镇,尤其是村级自治组织的普法教育活动极少,对农村老年人的普法教育工作几乎成了死角,农民的法律意识、法治观念与市民相比较淡薄得多。二是农村干部群众的法治观念滞后。部分农村干部依法管理村级事务的意识、能力和做法与新形势下农村工作的要求相比还有较大的距离;群众对普法认识存在不少误区,认为法律宣传解决不了实质性的问题,普通群众中信权不信法、信钱不信法、信访不信法的现象依然存在。三是法治宣传教育经费投入偏少,宣传队伍有待强化。贴近群众实际、贴近生活、群众喜闻乐见的法治宣传节目不多,宣传形式上大多也只是"摆个摊,发张单",没有更好的办法、措施和形式,工作成效不明显

　　(3)制度建设不规范。

　　在实地调查中,发现个别村在制度整合、完善和落实上还不到位,各村法治化建设发展不平衡。一是村务、财务公开的内容不规范。大多数村委会能够如实具体地将应公开的内容按规定全部公开,但也有一些村委会只将一些大的方面公开,对有关村财务等一些关键性或比较敏感的内容不公开。二是各项规章制度不够规范。调查中发现有些村各项制度完善,"四民主""两公开"搞得扎实完备,但个别村则

明显滞后，存在较多问题，如因村级财务管理、土地征用、房屋拆迁、宅基地审批等引发的村民集体上访事件等热点、难点问题时有发生，严重影响了社会安定。三是制度落实不到位。当前农村普遍制定有村规民约、自治章程、村民参事议事机制，村级民主决策和议事程序、"三务"公开等民主法制制度，但诸如村规民约等制度存在不够完善、未能村村普及的问题，部分制度在实施过程中存在群众知晓率不高、执行打折扣、落实不到位的情况，有的制度甚至在制定出台后就一直停留在"纸面"上，没有付诸实施，成为一纸空文。

3) 德治方面存在的问题

(1) 优秀传统道德观念作用弱化，新时代农村道德文化尚未真正形成。

乡村传统道德文化崇尚和谐，倡导忠君国、孝父母、敬师长、守本分、尚节俭、谨言行等价值观念。这些道德因素经过现代转化，都能成为新时代文化建设最宝贵的资源。然而，伴随改革开放的不断深入和社会主义市场经济的飞速发展，乡村社会经济得到了前所未有的发展，人们的生活水平日益提高，思想观念、价值追求、生活方式等也随之发生了巨大改变。

价值观的多元化、人口的流动使人们受到各种外来思潮的影响，传统与现代行为规范和价值观念的碰撞导致的矛盾，将农民卷入道德判断标准两难的漩涡之中。部分农民受到"拜金主义""享乐主义""个人主义"等错误观念影响，抛弃了原有的道德文化精华，丢失了良好的社会风俗习惯，出现了是非不分、荣辱不辨、黑白不明的状况，优秀传统道德观念作用日趋弱化。与此同时，符合新时代发展要求的道德观和价值观又未真正形成，这些都影响和阻碍了在乡村治理中德治作用的发挥。

(2) 传统乡规民约局限性凸显。

乡规民约的制定和施行都具有悠久的历史，是国家正式法律规范的有益补充。乡规民约在保障乡村基层民主、管理公共事务、维护社会秩序、培育村民道德、规范村民行为、解决邻里纠纷等方面发挥着不可或缺的作用，是乡村社会治理的重要工具。但是传统乡规民约的局限性却日益凸显，在内容上，部分传统乡规民约受到儒家礼教思想的影响，仍然保留着某些封建宗法纲常的陋习，例如男尊女卑、重男轻女思想根深蒂固，在处理没有明确制定遗嘱的遗产时，主张传男不传女、女儿没有继承权等，这侵犯了公民的合法权利，与国家法律相抵触。在效力范围上，传统乡规民约往往从个别家庭、家族利益出发，注重调解家族内部的矛盾，效力范围仅局限在家族内部，对乡村公共性事务的调解约束较少。在形式上，传统乡规民约往往是以口头形式存在，难以形成规范性的正式文件，对不适应现代社会发展要求的条款，也没有及时进行增补和修订。在约束力上，传统乡规民约主要靠村民内心的自律自省发挥作用，约束力较差，对遵循乡规民约的行为没有规范的表扬激励机制，对违背的行为也没有合理的惩处机制，难以得到村民内心的真正接受和认同。

(3)农村道德评价机制急需完善。

所谓道德评价,是指人们运用已有的道德观念,依据一定的道德准则,对行为的是与非、善与恶、美与丑进行评价或判断的道德实践活动。正确进行道德评价,褒扬正义、贬斥邪恶,有助于提高村民的道德修养、增强道德信念、规范道德行为,从而维护良好的乡村社会道德秩序。新时代以来,全国许多农村都在如火如荼地开展道德评价活动,为助力打赢脱贫攻坚战、树立文明新风尚提供了强大的道德力量和精神滋养。在取得重大成效的同时,我们也应清醒地认识到评价活动中存在的问题。一方面,评价规则不明确、朝令夕改,评价机构不完善、人情因素复杂,评价程序不规范、途径方式单一,评价结果实效性转化困难等问题不容忽视。另一方面,传统道德榜样力量弱化,生活节俭被说成"抠门",奢侈铺张被认为"大方",乐于助人被当作"多管闲事",投机取巧被看作"圆滑",本应褒扬的美德却被讽刺、挖苦,本应贬斥的行为却被当成"普遍真理",村民思想混乱、道德失范现象屡见不鲜。

(4)乡村精英人才大量流失。

所谓乡村精英,既包括村中德高望重的长者、才学出众的文人,也包括返乡的退休干部、老党员,还包括第一书记、大学生村官这些外来的"文化人",他们往往比普通村民更具有权威和影响力,能够调动更多的乡村社会资源。在传统乡村社会里,乡村精英这一群体在协调人际关系、调解邻里纠纷、化解政府与民间的矛盾、维护社会秩序和谐稳定等方面发挥着重要作用。伴随着城市化与市场化飞速发展,农业生产效率和集约化程度不断提高,农村剩余劳动力不断增多,这些剩余劳动力为谋求出路开始向城市大批转移,农村空心化现象越来越突出。国家统计局发布的《2017年农民工监测调查报告》显示:在数量上,农民工总量继续增加,2017年农民工总量达到28652万人,比上年增加481万人,增长1.7%。在受教育水平上,大专及以上学历农民工占比显著提高,占总量的10.3%,比上年提高0.9个百分点。在性别比例上,农民工以男性为主,男性占65.6%,女性占34.4%。在年龄层次上,主要以青壮年为主,1980年及以后出生的新生代农民工占全国农民工总量的50.5%,占比首次过半,逐渐成为农民工主体。调查表明,目前我国农村劳动力流动呈现精英化趋势,外出务工的一般是受教育水平较高、年轻力壮的年轻人,而留在农村继续从事农业生产的多为老弱妇孺。青壮年精英人才的大量流失导致乡村传统意义上的精英群体正逐渐走向消亡,乡村德治建设主体缺失且力量逐步弱化。

3.2.3　基层政权方面存在的问题

1)乡镇责权错位

近年来,随着城市化进程的不断推进,乡镇工作涉及面越来越广,既覆盖政治、经济、文化、社会，又包含收税收费、招商引资、计划生育、社会治安，单涉及"一票否决"的就有七项之多。相对应的，却是乡镇职权越来越少。表面上看，乡镇干部有二三百项权力，实际上，95%以上都是由县级机关派驻乡镇的站所负责，还有一些工作基层没有执法职能，像禁止电鱼等需要县级部门出动执法人员，出了问题，承担具体责任的却是乡镇，结果造成乡镇干部"芝麻大的官，巴掌大的权，无限大的责"，经常面临有责无权、有事难管的窘境。

2）考核体系繁复

乡镇承担着县级以上党委、政府布置的各种工作任务，仅考核项目就有 60 多项，其中一些甚至还要再分成几项具体工作，比如社会保障工作，分成城乡居保、职工养老、医疗、工伤、生育、失业等 6 项考核指标。每年，乡镇考核所需的资料费就要十几万元。乡镇干部承担着很多额外责任，除"一票否决"项目和各种类型的责任状外，还有各种不同类型、不同部门的考核指标；除机关事务局等极少数部门外，各县级部门都有考核指标布置到乡镇一级。一些乡镇干部，每年的主要任务就是应付各种督查、考核，无法集中精力做工作。

3）干部保障缺失

实行"阳光工资"后，不管是部门还是乡镇，干部的待遇实行一个标准，偏远山区的乡镇干部利益得不到保障。一些山区乡镇的办公条件和居住环境较差，书记、乡长共用一辆车，车辆难以周转，干部私车公用，自己出钱贴油费的现象屡见不鲜。同时，乡镇实行夜住勤制度，普遍"白加黑""5+2"，工作量大。这一系列因素，造成当前乡镇出现"新人留不住、中层断了档、老人等退休"和"外面干部不想进、里面干部向外走"等现象，一些山区乡，甚至选不出年轻干部去任职办事处主任。

3.3　本章小结

本章根据《武汉统计年鉴—2018》，对武汉乡村治理现状进行整理，按照"区—乡镇（街道）—村庄（社区）"三个层面进行划分，对武汉市域层面乡村治理体系进行构建。主要对武汉的黄陂、东西湖、蔡甸、汉南（武汉经济技术开发区）、江夏、新洲 6 个远城区进行了治理现状的调研。

根据实地调研，对武汉市的乡村治理现状问题进行了挖掘。总的来说，武汉市的乡村治理问题可以归纳为三个方面。第一，在农村基层党组织的建设上干部工作积极性不高，农村党员整体素质偏低，党员带头能力不强，并且大多数村集体经济薄弱。第二，在自治、法治与德治方面，也存在着一些问题。这些问题总结来看，对于自治，主要表现为参与主体被动和运行环境还需要继续完善。对于法治，思想和普法教育宣传、制度建设等都需要进一步加强与到位。对于德治而言，很多好的传统道德观念作用已经弱化，而新时代的农村道德文化尚未真正形成。第三，在基层政权方面，存在乡镇绩权不对应、考核体系越来越复杂化的问题，与此同时干部的保障也有缺位。

4　武汉现代乡村治理体系构建策略

4.1　自　　治

4.1.1　加强自治组织建设，强化保障体系构建

应做到村党组织班子团结、工作规范，对村级各类组织实现统一领导，党组织战斗堡垒和党员先锋模范作用有效发挥。财政对自治组织的支持应采用项目补贴或者以奖代补方式，不建议将工作人员的待遇补助纳入地方财政统筹；党支部与村委会分工协作，法律法规明确好村委会定位；建立适合村庄条件的治理模式，大力发展经济，加强社会管理(公路建设、饮水安全、医疗卫生等)，吸引农民回村；积极搭建平台吸引乡贤回归，鼓励乡贤参与乡村社会日常管理。

4.1.2　健全民主决策程序，加强村务监督

在民主决策程序层面上，从法律制度上明确村民群众是民主决策主体，维护群众利益。加强村务监督，村务公开规范化，规范公开形式、公开时间、程序，接受监委会全程监督；乡镇纪委指导支持，村里线索及时上报。村民自治制度健全、议事形式丰富，村务监督机构普遍建立并依法参与监督，村规民约为广大村民知晓并认同，能有效调动村民参与自治的积极性。

4.1.3　农村基层治理层面

弘扬乡贤文化，提升本地区的文化自信心和文化软实力，激励社会向上向善；在尊重传统习俗的基础上移歪风、树新风，注重示范引领，做到党员干部带头，积极引导群众破除低俗陋习和不良风气，要加强跟踪村规民约，服务、指导红白理事会等村民自治组织主动作为；农村网格化管理，做好村内网格信息的收集和传递。

4.2 法　治

4.2.1　坚持立法先行，形成完备的乡村治理制度体系

首先，完善乡村治理立法和制度体系。根据农村治理形势的变化，在乡规民约和地方性规范层面进行合法性审查与适当调整。比如，根据位阶的高低，依法审查和清理国家法律与地方性法规、地方规范性文件、乡规民约之间的关系，看相关条文有无抵触，凡是同国家法律有抵触的条文一律修正。可以由基层政府聘请法律顾问指导出台村级管理制度汇编，规范和完善包括会议制度、村务财务公开、集体资产管理、工程招投标、土地承包等制度和章程，为乡村实现法治化治理提供基础框架。

其次，建立乡镇公共决策咨询委员会。广泛吸纳社会精英有序参与决策和监督，完善法制研讨工作机构，协助执行重大决策事项合法性审查，确保党政决策的合法性与合理性。成立社会稳定风险评估工作机构，召集职能部门、法律专家，就重大事项的合法性和科学性开展风险评估，以增强基层干部的法律意识，减少工作的随意性和盲目性，厚植基层政府依法行政理念。比如，武汉市江夏区五里界街童周岭村积极开展专家下基层实践，基层政府聘请法律顾问指导出台村级管理制度汇编，为乡村法治化建设提供了良好的思路。

4.2.2　加强机构建设，夯实依法治理组织基础

首先，加强基层法治机构建设。加大人财物向乡镇人民法庭、检察室、公安派出所、司法所等派出机构倾斜与下沉，建立健全乡镇大法治网络平台。

其次，培育发展基层社会组织。社会组织是社会矛盾的"缓冲器"和"润滑剂"。乡贤威望高且熟悉当地风土人情，善用乡贤，发挥其聪明才智完善乡村治理尤为迫切。推广"乡贤理事会"模式，推进"草根"组织建设，积极培育民间精英人物参与社会治理。随着乡村振兴战略的实施，完善乡村治理格局需要各种社会组织的参与和协调，乡村治理成败的关键在于如何进行顶层设计，去推动农村社会组织的多元化与完善村民自治制度互动的良性治理格局。

再次，完善基层治理方式。在基层治理中，法治要与德治相结合，在处理邻里纠纷和家庭矛盾等问题时，德治、乡俗、情感等方法会更有效。因此，基层干部、律师、乡贤能人在村民发生矛盾纠纷需进行处理时，要充分发掘中国乡土社会的优秀文化。这是因为乡土社会是"熟人社会"，当村民发生矛盾时只有通过"说服""规劝""教育"等软性方式解决，才会起到很好的效果，防止矛盾和纠纷的激化。比如，武汉市江夏区五里界街童周岭村作为农村民主法治建设的先进典型，该村组织

健全有力、法治教育扎实有效、民主制度规范完备、社会和谐稳定，有力推动了基层民主法治建设的整体进步。

4.2.3　提升乡村治理法治化队伍建设

充分整合资源，将县、乡镇、村三级法治工作队伍和事项整合起来，切实发挥合力。建立政府购买公共服务机制，将法律服务产品纳入政府购买清单，建立政府财政保障机制，推动公益性法律服务补偿机制，健全人民调解个案补贴、法律援助案件补贴、律师驻点服务补助等制度，激励法律工作者积极努力工作。发展法律服务志愿者队伍，出台优惠政策吸引法律院校在读学生利用寒暑假到基层进行公共法律服务社会实践，以弥补基层法律人才不足的短板。

4.3　德　　治

4.3.1　坚持以规立德，发挥非正式制度的引导和行为约束作用

首先，制定村规民约，发挥村规民约的引导和行为约束作用。村规民约是乡村中华传统文化的一部分，在传统中国乡村的管理中曾发挥了重要的作用。在新时代，村规民约依然是一种有效的乡村治理规则，也是我国法律认可的行为规范，今后将继续在乡村治理中发挥独特的作用。村规民约是村民根据有关法律法规及政策，结合本村实际制定的涉及社会治安、村风民俗、邻里关系、婚姻家庭及环境卫生等方面的综合性规定，是基层民主法治建设的形式之一。制定村规民约时，要广泛征求每位村民的意见。通过召开村民大会或者其他方式宣传，引导村民主动参与讨论和制定村规民约，让村规民约得到每个村民的认可。制定村规民约时，要根据每个村的具体情况，引导村民摒弃陈规陋习。村规民约，既要体现村民和村委会双方的权利和义务，又要把德治教育融入村规民约中。既要体现社会主义核心价值观中民主、法治、文明、和谐、友善、诚信等内容，又要发扬中华民族优良传统文化，弘扬敬老爱幼、助人为乐、勤俭节约、诚实守信、积极进取等精神。比如江西赣州石城大由村于2018年2月3日由村民代表大会通过的《大由村村规民约》，里面包含了爱国爱家、正道守法、尊老爱幼、诚信厚道、感恩乐善、创业上进、崇文尚武重教、移风易俗、爱护环境、健康生活十个方面的内容。又比如，泉州南安市诗山镇《钱塘村2018年村规民约》提出"外修生态，内修人文"，包含了倡导社会主义核心价值观、倡导爱国守法、倡导保护环境、倡导文明新风、倡导团结邻里、倡导先进文化、倡导诚信经营、倡导孝老爱亲、倡导志愿服务、倡导集体主义等内容。制定村规民约后，要积极引导村民践行村规民约，比如可以在年末时进行评比活动，对恪守村规民约的村民予以一定的奖励，以此提升村民践行村规民约的积极

性。其次，制定村级管理规章制度和行为准则。乡村治理，还要有大量的村级管理规章制度和行为准则，以此强化规范约束，发挥明导向、正民心、树新风的积极作用。没有规矩，难以成方圆。法律不太可能对乡村生活中的琐碎事情进行非常详细的规定，或者说法律难以面面俱到。因此，村民在没有法律制度约束的情况下，在一些活动上就可能会随心所欲。比如在农村红白事的操办上，现在有些地方越来越铺张浪费。为了解决这个问题，有些村在村规民约中有所提到，但是还不够。有的村做得较好，制定了一系列相关的规章制度。比如江西赣州市南康区某村成立了红白理事会，并制定了《红白理事会章程》《红白事办理流程及标准》。又比如在环境卫生方面的工作上，该村成立了村保洁理事会，并制定了《保洁理事会制度》《农村保洁员工作职责》《"清洁家庭"评价标准》等。

4.3.2 积极开展以文化人、以文养德的活动

乡村可以利用现有的文化阵地，积极开展以文化人、以文养德的活动。比如现在大多数村有自己的综合性文化服务中心或文化站，村级的综合性文化服务中心或文化站一般都有老年或少儿活动室、综合活动室、图书阅览室(农家书屋)(里面的藏书都有 1000 册以上)、资源共享工程室或电子阅览室、广播室、培训室、室内或室外演出舞台等。综合性文化服务中心或文化站的设施还有"四个一"，即一套群众文化活动器材、一套广场音响器材、一套广播影视器材、一套体育设施器材。乡村德治建设，以文养德，可以以乡村综合性文化服务中心为依托，组织村民学习国学经典著作，也可以开展国学读后感的征文比赛、国学经典朗诵比赛等活动。利用村级文化广场和大舞台等开展歌舞比赛、戏曲表演或其他的传统节日活动。通过开展这些村民喜爱的活动，激发农村传统文化活力，继承和发扬中华优秀传统文化和传统道德，广泛宣扬社会主义核心价值观。近年来，武汉市新洲区大力实施"以乡风、家风、民风助推乡村振兴战略"行动，文明乡风、良好家风、淳朴民风走进广大农村。汪集村民邵桃荣一家两代 36 年悉心照料下乡残疾知青黄礼和，爱心接力的故事广为传颂，她本人获全国第六届道德模范提名奖，被誉为"新乡贤"。新洲区大力开展"新乡贤——身边好人"推评活动，同时，组织"新乡贤巡回故事会"报告团，让好媳妇、好婆婆、好妯娌、好乡贤的故事传遍十里八乡，充分发挥新乡贤示范引领作用，传承良好家风淳朴民风。

4.3.3 利用有效载体，宣扬优秀传统道德文化

在乡村，有大量的道德文化墙、文化走廊、宣传栏等。这些道德文化墙、文化走廊、宣传栏经过精心构思和设计，以通俗易懂和群众喜闻乐见的图画、文字为主要形式，图文并茂、内涵丰富并各具特色。这些道德文化墙、文化走廊、宣传栏成为宣扬中华优秀传统文化、乡风文明和农村社会正气的有效载体，上面有机渗入了

包含"核心价值观""中华传统美德""孝道文化"等道德元素。村民置身其中，在潜移默化中受到启发和教育，自觉接受中华传统文化的熏陶。通过这些有效的载体，村民的精神面貌和道德修养得到了极大的提升。

4.3.4　培育和弘扬新时代的乡贤文化，发挥新时代乡贤的作用

乡贤文化是一种文化软实力，是中华传统文化在乡村社会中的一种表现方式。在新时代，促进乡村德治建设，要培育和弘扬新时代的乡贤文化，发挥乡贤们在乡村精神文明建设中的价值引领作用。在2014年召开的培育和践行社会主义核心价值观工作经验交流会上，时任中宣部部长刘奇葆说，乡贤文化根植乡土、贴近性强，蕴含着见贤思齐、崇德向善的力量。乡贤文化是乡村道德引领和精神教化的重要推手，能教化村民、引导农村社会风气，也是乡村公序良俗的重要维系力。传统乡村社会，乡贤以德行著称乡里，是凝聚乡村社会力量的文化基因，他们在淳化民风、伦理维系等方面起着重要的作用。乡贤具有较高的道德素养，是乡村的道德楷模。作为乡村德行的代表，其行为、精神都对村民的行为起着示范、匡正的积极作用。乡贤既传承了传统乡村社会中尚贤敬德、奋进向上、造福桑梓的人格品德，也用其嘉言懿行涵育文明乡风、垂范乡里。在新时代的乡村，乡贤们不仅是村民的杰出代表，更是社会主义核心价值观的优秀践行者，在教化村民和涵育乡风文明上，他们有着不可替代的作用。在乡村振兴过程中，要重视乡贤文化，发挥乡贤的道德教化作用，促进乡风文明建设。每个乡村应结合自身的特点，因地制宜，培育乡贤群体，培育和弘扬新时代乡贤文化，促进乡村德治建设。

4.4　本章小结

构建武汉现代乡村治理体系，在自治层面，需加强自治组织建设，强化保障体系构建，健全民主决策程序，加强村务监督，弘扬乡贤文化，激励社会向上向善；在法治层面，要坚持立法先行，形成完备的乡村治理制度体系，加强机构建设，夯实依法治理组织基础，提升乡村治理法治化水平；在德治层面，要坚持以规立德，发挥非正式制度的引导和行为约束作用，积极开展以文化人、以文养德的活动，利用有效载体，宣扬优秀传统道德文化，培育和弘扬新时代的乡贤文化，发挥新时代乡贤的作用。

5　研究结论

　　乡村是我国经济社会发展的重要基础。如期实现第一个百年奋斗目标并向第二个百年奋斗目标迈进，最艰巨最繁重的任务在农村，最广泛最深厚的基础在乡村，最大的潜力和后劲也在乡村。而乡村治理是国家治理体系的重要组成部分。随着新型工业化、城镇化的加快推进以及武汉乡村治理改革的不断深入，武汉的乡村正经历着前所未有的变化。

　　加强乡村治理体系建设，是实现乡村全面振兴、巩固党在农村执政的基础、满足农民群众美好生活需要的必然要求。要全面加强农村基层党组织建设，强化村党组织对村级各类组织的领导，优化农村基层党组织设置，充分发挥战斗堡垒作用。因此，必须完善农村矛盾纠纷排查调处和化解机制，持续推进平安乡村、法治乡村建设，着力维护农村社会稳定。与此同时，更要深入推进农村移风易俗，充分发挥社会主义核心价值观的引领作用，加强村规民约建设，加强正面典型激励和引导。

专题五　民生保障篇

1　研究思路

解决乡村民生问题一直是党和政府关注的焦点、热点与难点问题。2018 年 9 月中共中央、国务院发布《乡村振兴战略规划(2018—2022 年)》，其中第九篇具体提出要"保障和改善农村民生"。

乡村民生问题的破解已经成为推进乡村振兴的必然要求，需要从不同视角去探索与创新。因此，迫切需要探索出一套乡村民生保障和改善的路径与方法，从而发现其中的问题并找到解决的策略。

1.1　研究概念界定

1.1.1　乡村民生

随着社会的变革和发展，如今的乡村民生是指广大农民群众在获取基本生存条件的状态下，对自身基本生活状态、基本发展能力和基本权益保护层面获得公平性和普遍性满足的一种质态，包含了生存层面的民生、发展层面的民生、保障层面的民生和享受层面的民生。生存层面的民生主要指民众获取吃、穿、住、行等基本生活资料的客观需求；发展层面的民生主要指广大农民群众在社会生活中能够获取实现自身发展的机会和权利；保障层面的民生不仅包括获取食品、衣着、住宅、医疗和其他社会基本服务，还包括民众因自然和社会原因导致经济和社会窘困时，获取基本社会保障、社会救助、社会安抚的权益；享受层面的民生是全方位、高层次的民生。享受是指在心理或生活上得到满足，要求和愿望得到实现，既包括物质上的也包括精神上的。①

1.1.2　乡村基础设施的保障与改善

乡村基础设施是为发展乡村生产和保证农民生活而提供的公共服务设施的总

---

① 高满良，李向春. 新常态下保障和改善农村大民生的思路和对策[J]. 曲靖师范学院学报，2015，34(5)：115-119.

称。包括交通邮电、农田水利、供水供电、商业服务、园林绿化、教育、文化、卫生事业等生产和生活服务设施。它们是乡村各项事业发展的基础，也是乡村经济系统的一个重要组成部分，应该与乡村经济的发展相互协调。

参照中国新农村建设的相关法规文件，乡村基础设施包括：农业生产性基础设施、农村生活性基础设施、生态环境建设、农村社会发展基础设施四个大类。

1.1.3　乡村劳动力就业的保障与改善

就业是民生之本，也是构建和谐社会的基础。没有乡村劳动力的充分就业，和谐新乡村也就是"空中楼阁"。统筹城乡就业和完善乡村社会保障体系，是解决"三农"问题的重要途径，是统筹城乡发展、推进城乡一体化的重要手段。[1]

保障与改善乡村劳动力就业，需要以"三个代表"重要思想和科学发展观为指导，按照统筹城乡经济社会发展要求，加快城市化进程，打破城乡二元就业格局，统筹城乡就业，完善乡村社会保障体系，增加农民收入，促进经济持续、快速、健康发展和社会全面进步。

需要逐步建立统一、开放、竞争、有序、城乡一体的劳动力市场体系。充分开发和优化劳动力资源配置，不断提高乡村劳动力的整体素质；完善乡村社会保障制度，建立与全市经济社会发展水平相适应的乡村社会保障体系。

1.1.4　乡村公共服务供给的保障与改善

目前，在教育、医疗、养老、住房、食品药品安全等方面，人民群众特别是广大农村居民还有很多不满意的地方，获得感、幸福感还有待提高。对此，要坚持农业农村优先发展总方针，加快补齐农村公共服务短板，提高广大农民获得感、幸福感，在公共教育、医疗卫生和社会保障等三个方面重点发力。具体方向包括：优质公共教育资源向农村倾斜、社会保障向农村全覆盖、公共医疗卫生资源向农村扩散。

1.2　研究目的与意义

随着中国特色社会主义民生建设历经开创和不断推进发展，关于乡村民生建设的理论水平也不断得到提高和完善。但我们也必须清醒地认识到，由于我们对

---

① 何庆兰，等. 农村劳动力就业问题研究——以沪郊为例[M]. 上海：上海人民出版社，2010.

乡村民生问题认识的局限性，再加上民生问题本身的复杂性和长期性，关于乡村民生建设的很多具体理论还有待进一步完善和发展。通过对武汉市乡村民生建设的研究，不仅可以提高我们对乡村民生问题的认识水平，还可以进一步助推乡村社会的现代化建设，助推乡村"五位一体"的协调创新发展，助推城乡一体化与更好统筹发展。

本专题的研究目的就是要从武汉市入手，从武汉经济社会发展实际出发，力图构建出一套完整的研究方法，为切实有效地解决当前日益凸显的民生问题，为进一步推进中国特色社会主义民生建设提供有益的思路和理论指导。

1.3　研究内容

本专题首先研究武汉乡村民生保障与改善的主要内容，构建出武汉乡村民生保障与改善工作的运行体系，并以此为依据建立对应的评价体系。

随后依次研究以下问题：(1)目前，武汉市乡村民生保障与改善的状况如何？(2)我国从中央到武汉市地方对于各项乡村民生工作都出台了相关政策，这些政策以及指导文件下的保障与改善工作能否满足村民的需求？(3)各项政策标准下的乡村民生保障与改善效果评价与村民满意度差距在哪？产生差距的原因有哪些？

最终，基于发现的问题与原因给出武汉乡村民生保障与改善的优化策略。

1.4　技术路线

本专题采用文本分析方法，对 2018 年中央一号文件中乡村基础设施、乡村劳动力就业以及乡村公共服务供给三个方面的民生政策进行分析和解读。首先，从政策文本综合分析的角度，通过发展阶段、年度分布和涉及领域三方面来解构武汉乡村民生政策的演进方向和演进特征；其次，将政策工具分析方法与社会学、人类学的调研访谈方法结合，从强制式政策工具、契约式政策工具和互动式政策工具三方面对武汉乡村民生政策进行多维度的分析和解读，对武汉乡村民生建设保障与完善方面进行自下而上式的各村调研记录，并利用综合评分法和访谈法，对调研结果和策略的提出进行进一步修正，以求进一步厘清武汉乡村民生建设的发展现状及存在问题；最后，基于政策与建设现状的内在逻辑展望新时代乡村民生发展策略的优化方向，构建民生保障与改善体系。如图 5-1-1 所示。

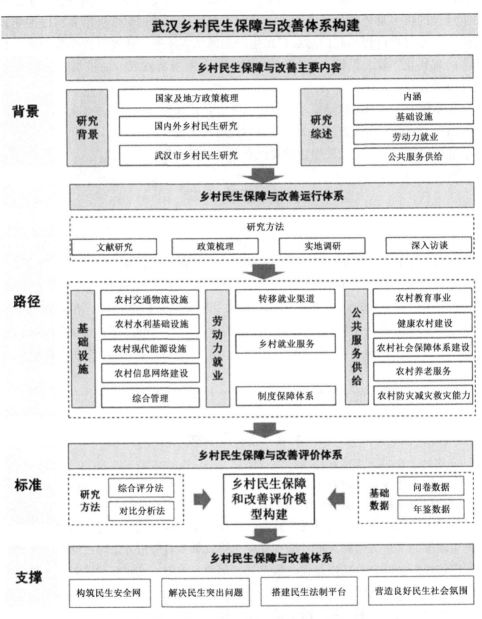

图 5-1-1 武汉乡村民生保障和改善路径与方法研究框架图

2 乡村民生保障和改善体系研究

2.1 国内外乡村民生保障与改善体系研究现状

2.1.1 国内乡村民生建设概况

1) 乡村基础设施建设

在基础设施建设层面，近年来，我国乡村基础设施建设取得了相当大的进展。全国大部分乡村道路得到改善，大部分省市完成了100%行政村通水泥公路，实现了"村村通"目标，自然村道路硬化率超过50%；乡村生活用电基本得到保障；全国乡村无线电话网络和广播电视网络发展迅速，实现了中央广播电视节目全覆盖；全国乡村文化站、中小学校舍、公共卫生医疗服务机构等设施在逐步增加完善中，目前，发达省市全面实行了乡村九年义务教育，小学和初中适龄人口入学率达到了99%以上；实现了乡乡有文化站的目标①。但我国乡村基础建设仍相当落后，城乡基础设施条件差异显著，其主要表现在：农田水利基础设施建设相对滞后②，乡村道路、电网等设施仍不够完善，乡村文教体卫等基础设施还有待改善，生态环境不断恶化。从资金上看，乡村基础设施建设投入虽然在不断增加，但仍然不足；从组织管理上看，乡村基础设施产权主体不明确，缺乏专门的管理机构，导致管理不科学；从制度保障上看，尚未制定有关乡村基础设施建设的政策、规划、法规；从主观上看，"重城轻农"的现象仍十分普遍，思想认识有待进一步提高。

2) 乡村劳动力就业

目前，我国乡村劳动力就业存在的问题主要有：①乡村劳动力总量巨大，由于

---

① 魏跃军. 我国农村基础设施建设现状与对策[J]. 北京林业大学学报(社会科学版)，2011，10(2)：45-49.

② 孙开，田雷. 农村基础设施建设与财政投入研究[J]. 经济研究参考，2005(18)：11-18.

乡村劳动力就业的结构性问题突出，大量乡村劳动力滞留于农村。又由于经济发展和城市建设的需要，耕地面积逐年减少，人多地少的矛盾日趋突出，农业内部就业劳动力过剩现象严重①。②乡村劳动力就业空间日益狭小，乡村劳动力转移产业层次较低。由于自身文化素质和技能水平的限制，乡村劳动力转移就业的层次较低，大多数都干着城里人不愿干的粗、重、脏、累、差的工作。在外出农民工中，从事制造业的农民工所占比重最大。此外，乡村劳动力转移就业的稳定性比较差，乡村劳动力回流现象比较严重。③乡村劳动力就业的环境较差。就业环境指影响劳动力就业的各种条件，乡村劳动力就业条件无论在城市还是在乡村都很差。在城市，农民工干了最重、最苦、最累、最脏、最险的劳动，付出了血和汗的代价，但他们没有得到应有的报酬，至今仍受到社会歧视。

3) 乡村公共服务供给

目前，我国政府职能转变滞后，即经济建设型政府没有转变为公共服务型政府，公共服务供给总量不足，公共服务资源有限，而且分配又很不均衡，把有限的资源主要投向了城市，投向乡村少。这造成当前我国乡村公共服务水平低，公共服务落后。同时，城乡户籍制度分割，地方政府对乡村公共服务重视不够，这些都直接导致乡村公共服务水平低。② 我国在乡村公共服务上，目前还存在以下问题：①教育资源短缺：乡村学校数量少、办学条件差、教师少；②医疗资源短缺；③社会保障滞后，医疗保障不健全，养老保障水平低。

2.1.2 国外乡村民生建设概况

从世界发达国家乡村发展历程看，各国推动乡村发展均采取了有力的政策措施，形成了既有共性又各具特色的乡村发展模式。无论是政府自上而下主导推动的，还是政府与农民上下协同驱动的，在特定历史时期和发展阶段，对促进乡村经济较快发展和提升乡村文明均发挥了重要作用。尤其是英美乡村发展的新动向及政策经验对新时代中国乡村振兴的战略选择和政策设计更具借鉴价值。英美两国基于国情制定增强计划来构建乡村可持续发展体系，注重完善乡村基础设施和提升现代乡村公共服务保障水平。在欧美、日本等发达国家，对乡村民生建设的重视程度明显优于国内③。

---

① 张磊. 新农村建设中农村劳动力就业问题研究[D]. 秦皇岛：燕山大学，2012.

② 张亨明. 农村社会保障制度现状、存在问题及其对策[J]. 安徽农学通报，2008(1)：40-42.

③ 龙晓柏，龚建文. 英美乡村演变特征、政策及对我国乡村振兴的启示[J]. 江西社会科学，2018，38(4)：216-224.

(1)英国乡村居民收入增长稳定。在与城市的互动中,英国乡村地区抓住自身的禀赋和潜力,积极参与城乡产业价值链分工并扩增乡村居民的收入渠道。英国乡村居民年总毛收入近年来增长稳定,乡村就业比率高于全英平均水平。由于英国政府长期实施支持乡村发展的优惠政策,吸引了各类投资主体投向乡村实业,带动了乡村庞大的劳动力市场,使城乡就业二元性差距得以缩小。20世纪80年代后,在英国"逆城市化"影响下,城市的很多发展功能逐步向乡村转移,英国乡村的就业行业分布逐渐与城市接近,呈现了更多的多样性。进入21世纪,虽然受全球金融危机影响,乡村适龄工作人口的就业率由2008年的76.3%持续下滑到2011年的74.5%,但2006—2016年英国乡村适龄工作人口的就业率一直高于同期城市和全英格兰的平均水平。

(2)美国乡村就业及居民收入较为稳定,就业增长结构具有多样性。第一,美国乡村就业呈现复苏的增长局面,尤其金融危机以后乡村就业有了一定的改观,乡村就业变化率由2007—2010年的-2.0%扭转为2010—2015年的0.8%。第二,美国乡村就业不仅局限在农业、采掘业等传统乡村产业部门,而且乡村制造业、服务业、贸易也占据相当比重。2015年农业、采掘业等传统产业部门提供约5%的乡村薪资性岗位,乡村制造业提供的薪资性岗位数占比为15%,而服务业的薪资性岗位数增长较快,尤其是教育与医疗业(占25%),贸易、交通运输与公共服务业(占20%)以及乡村休闲业(占11%)等领域。第三,美国乡村居民近年来收入保持温和的增长,2015年人均收入和工作岗位平均收入比2014年分别增长了2.5%和0.3%。

美国政府注重乡村公共性服务的供给水平和质量效果,在乡村公共基础设施服务方面,建立了三大领域支持投资计划,即面向乡村电力计划、乡村通信和宽带计划、水资源和环境支持计划。这些计划较好地促进了乡村公共基础设施的多元化投资、乡村居民生活质量的提升以及乡村生态环境的保障等。2009—2016财政年度美国财政资助乡村发展的各类项目达138.94万个,资助金额为2534.34亿美元。在具体的行业领域方面,如2016财政年度美国在乡村可再生能源领域资助了1900个项目,资助额达3.09亿美元;在乡村电力系统升级改造领域资助额达39亿美元,受益农户547万家。农业生产方面的公益服务包括农业科研、农业推广咨询服务、动植物疫病防治、农产品检验与质量控制等。

2.2　乡村民生保障与改善案例启示

2.2.1　乡村基础设施建设方面

1)以保障激励为目标,发挥村集体和农民推进乡村振兴的主体作用

在市场经济条件下,国家政策最重要的目标是帮扶、引导和激励,绝不能大包

大揽。在具体的乡村公共供给服务模式方面,建议推广以政府和社会资本合作的运作模式(PPP 模式)促进乡村公共基础设施的供给效率。政府应致力于乡村经济社会各领域的行为规范、制度建设,为各类市场主体提供良好的市场环境和制度依据。通过财政转移支付、收入二次分配等宏观调控手段,适当调节城乡居民收入差距。各级政府应把基础设施建设的重点放在乡村地区,加快乡村公路、供水、环保、电网、物流、信息等基础设施的规划和建设,推进城乡基础设施互联互通。加大乡村公共事业领域等纯公益性领域的投入,鼓励农民以市场化方式参与本地区或所在村集体的基础设施建设。完善统一的城乡居民基本医疗制度和大病保险制度。按照城乡居民养老标准一体化原则,建立健全城乡居民基本养老保险待遇确定和基础养老金正常调整机制①。

2)统筹乡村公共性基础设施的布局与建设

乡村振兴要始终把公共服务基础设施建设作为重中之重,应优先将学校、医院、图书馆、广场等公共基础服务设施纳入乡村规划建设,不断改善乡村交通、通信设施及能源供给设施;加大公共财政面向乡村基础设施建设的覆盖力度,推进城市公共服务建设和社区建设向乡村延伸,在乡村振兴战略框架下创新构建"城市与乡村命运共同体"②。实施乡村振兴规划和建设必须要有长效管理,应通过完善乡村社会保障体系举措,解决乡村农民发展中遇到的问题,为乡村可持续发展提供保障。要适应信息化和智能化发展形势,不断完善乡村互联网,全面普及乡村数字化建设,在有条件的地区构建一批智慧型乡村示范典型。

2.2.2　乡村劳动力就业方面

1)改革城乡分割的劳动就业制度

一是要形成全国统一的劳动力市场,实现城乡劳动力在就业方面的公平、公开、公正;二是发挥政府以及公共就业机构的服务职能,加快劳动力市场信息系统的建设,准确及时地为乡村劳动力提供各地区的就业信息,畅通就业渠道;三是加强对劳动力市场的监管,提高农民工劳动合同的签订率,杜绝不法企业对农民工的欺诈行为。

---

① 中国农业银行"三农"政策与业务创新部课题组,李润平.发达国家推动乡村发展的经验借鉴[J].宏观经济管理,2018(9):69-77.

② 王亚华,苏毅清.乡村振兴——中国农村发展新战略[J].中央社会主义学院学报,2017(6).

2）深化农地制度改革，完善乡村土地流转制度

完善乡村土地流转制度必须加强土地承包经营权流转管理和服务，建立健全土地承包经营权流转市场，按照依法、自愿、有偿原则，允许农民以转包、出租、互换、转让、股份合作等形式流转土地承包经营权。这一方面有利于激活乡村剩余劳动力的转移，为农业规模化、集约化、高效化经营提供广阔空间。另一方面也有利于增加转出经营权的农民的收入，有利于土地资源的合理利用。

3）加大政府对农业就业的扶持力度、切实增加农民收入

由于我国目前缺乏保护农业、支持农业发展的必要的法规和章程，在涉及农地被侵占、征用时，农民正当利益经常得不到保障。因此应尽快制定基本的、系统的关于农业的法律，使农民利益得到维护，农业发展有章可循、有法可依。同时，政府必须大幅增加对农业的物资技术投入。除对大型农业基础设施如水利、道路等由中央、省及地方投资建设外，要增加对农业科研、农业技术推广的投入，尽量减少农户的科技服务费用。对农户应用高新农业技术成果，应给予投资补贴和贷款支持①。政府应通过税收优惠、保护性补贴、基础设施建设补贴、信贷支持、人员培训等手段，来促进农民合作经济组织的发展②。

4）加强对进城农民工的职业技能培训

由于农民工受经济条件的限制，依靠自己的力量通常无法进行职业技能培训，这就需要政府专门成立农民工免费技能培训的相关机构，并出台相关文件督促企业对录用农民工进行职业技能培训，工会在这方面要充分发挥作用，切实保护好农民工的合法权益。只有这样，才能加快乡村剩余劳动力的转移，提高农业劳动生产率。加强对农业就业劳动力的职业技能培训。现阶段应注重对农业就业劳动力进行政策法规、创业理念、创业技巧、农产品品牌创建、农产品质量安全、市场营销、种植养殖技术等方面的实用技术培训。此外，我国还应尽快建立和完善农业就业劳动力培训的法规保障体系和培训运行机制，提高农业就业劳动力培训的实际效能，为新乡村建设以及农业的持续发展提供强有力的人才支持。

5）加强农业就业方面的宣传教育，转变就业观念

随着乡村剩余劳动力的转移，教育事业的发展，新生代观念的改变，愿意或将来能够选择农业就业的劳动力数量将会大幅度下降，目前农业就业劳动力以中老年

---

① 徐元明. 韩国农业考察与启示[J]. 世界经济与政治论坛，2000(6)：71-72.
② 王莹. 日本农民问题的解决对策及其启示[J]. 农业经济，2010(12)：40-41.

为主也充分说明了这一点。因此，政府应加强对新乡村建设及农业就业方面的宣传力度，转变乡村劳动力中广泛流行的"唯有进城工作才能过上好日子"的就业观念，为农业的可持续发展提供后备力量①。

2.2.3　乡村公共服务供给方面

1)科学划分各级政府对于乡村公共服务提供的责任

国际经验表明，各级政府之间需要各司其职、各负其责、相互合作、协同一致。就我国而言，也必须根据受益范围和外部效应的大小明确划分各级政府的职责，对乡村公共服务的投资和补贴到底由谁承担，即各级财政的支出范围是什么，或承担多大比重，需要做一个明确的制度安排。一般来说，按照国外的经验，中央与地方对乡村公共服务提供的责任，可以根据政府支出划分的一般原则来划分。按照受益原则，应该将受益范围遍及全体国民或相当部分国民的支出列为中央的财政支出；将受益范围仅为某一相对狭小区域的国民支出列为地方的财政支出。按照技术原则，应该将外部效益高、投资规模大、技术要求高的支出划分为中央的财政支出；将外部效益低、投资规模小、技术要求低的支出划分为地方财政支出。在划分中央与地方责任的前提下，还要将各级政府对乡村公共服务投入行为及其界限一并纳入法律范围，同时要完善中央财政对地方财政、上级财政对下级财政的转移支付制度。

2)加大财政对公共服务提供的力度，优化投资结构

任何时期乡村都是国家财政支持的重点，在发展市场经济过程中，各国都十分重视以财政投资于乡村基层公共服务，发达资本主义国家也不例外。美国等发达国家，政府对乡村公共服务的财政支持相当于 GDP 的 10%，日本等国甚至更高（15%~17%），即使在印度这样的发展中国家，国家财政投资于乡村基层公共服务占 GDP 的比重也达到了 11%。针对我国乡村公共服务薄弱等特点，我国政府更应把加强乡村公共物品投资作为重点，借鉴国外先进经验，继续抓好水利工程、乡村能源、电力、生态环境改善等建设，同时还要加强乡村教育、通信、信息、市场和城镇化建设，从而构建乡村发展的良好平台。

3)不同发展阶段确定不同的乡村公共服务提供重点

各国政府在乡村公共服务投资上并不是无所不做、大包大揽，而是根据不同时

---

① 　陈美、张福明、孙鹏飞. 劳动力有限供给条件下我国农村劳动力就业问题研究——基于刘易斯模型的分析[J]. 农业现代化研究，2012，33(5)：580-584.

期的发展目标，明确规定鼓励、限制、支持的方向和重点，这对调整乡村公共服务规模和结构，加强乡村公共服务提供，促进乡村发展都起到了重要作用。如 20 世纪 30 年代以前，美国大力增加乡村公共服务投入，尤其是道路、水利的建设；而 20 世纪 30 年代以后，美国政府对公共服务投资的重点则逐步转向了医疗服务和生态环境保护。英国对乡村公共服务投入的初期，主要体现在基础项目改造方面，凡修建农场的道路、堤坝、供电系统，国家承担费用的 2/3，而后来则更加注重老年人公共服务的建设。

4）建立高效的政府协同机构

市场经济国家的实践证明，在市场经济高度发展的情况下，政府对乡村公共服务投融资活动的宏观调控非但没有减弱，而且不断得到加强，并且在管理中职责分明。美国是当今世界上最发达的市场经济国家，农业在国际市场上的竞争力很强，这与其农业经济管理体制的设置有着密切的关系。美国农业部是农业行政管理体制设置的典型，就是既大又全还深。我国部委中管理乡村公共服务的部门非常分散，涉及农业、发展改革、财政、银行、科技、住建、教育、水利、林业、国土资源、环保等多个部门，有些工作相互扯皮，严重影响了宏观调控的质量和效率；部门内部按行业和综合划分，层次增加，也产生了重复工作、效率低下等问题。因此，应进一步深化体制改革，理顺关系，提高效率，从而建立一个高效和强有力的公共服务管理机构。

5）加强乡村公共物品投资法制化

高度法制化是乡村公共物品投资规范化的前提，如美国和日本就把农业公共服务投资纳入了法制化管理轨道，美国有《农村公共服务调整法》，日本有《农林中央金库法》，以法律手段来明确规范和保证乡村公共服务投资政策。政府依法行政，农民依法获得补助，按照标准生产，使得整个乡村公共服务发展运行有序，非常值得借鉴。

6）健全监督机制

监督主要集中于公共服务提供投资决策、资金使用以及对主要决策者的监督等方面。监督方式表现为法律监督、专门监督机构监督、体制外监督（公民、新闻媒体和舆论监督）等。如日本制定的财政投融资计划要经过国会审查并批准，而且对具体建设项目的组织形式、建设方针、资金来源甚至建成之后的经营管理都要进行充分论证，还要交国会审查。因此，应加强乡村公共服务法规和标准体系建设，同时，还要尽快修改和完善我国关于乡村公共服务等各项法规，尽快建立乡村公共物品投资的标准化体系，从而保证我国乡村公共服务的有效供给。

3 武汉乡村民生保障和改善实证与策略研究

3.1 武汉乡村民生总体概述

3.1.1 武汉乡村基础设施建设概述

2016 年 12 月 31 日,武汉市第三次全国农业普查共登记了 79 个乡级单位(6 个乡镇,73 个涉农街道办事处)和 17 个具有乡镇政府职能的管理机构,1970 个村级单位(1836 个行政村和 134 个涉农居民委员会)和 151 个具有村级管理职能的管理机构,登记了 56.10 万户农户,0.53 万个农业经营单位。武汉市现代农业建设成就辉煌,乡村面貌和环境明显改善,农民生活质量显著提高,为实施乡村振兴战略奠定了坚实基础。

武汉市乡村基础设施建设主要成果有以下几点:

1)村级道路交通状况明显改善

2016 年末,武汉市 100% 的村通公交,73.4% 的村内主要道路有路灯,比 2006 年末提高 66.1 个百分点。其中,按进村公路路面类型分,水泥路面为 89.6%,柏油路面为 10.2%,砂石路面为 0.2%。按村内主要道路路面类型分,水泥路面为 96.6%,柏油路面为 2.3%,砂石路面为 1.0%。

2)农民住房条件继续改善

2016 年末,武汉市 56.10 万农户中,99.7% 的农户拥有自己的住房,拥有商品房的有 9.07 万户,占 16.2%。其中,按拥有住房数量分,拥有 1 处住房的有 42.93 万户,占 76.5%,比 2006 年末下降 14.4 个百分点;拥有 2 处住房的有 11.93 万户,占 21.3%,比 2006 年末提高 13.2 个百分点;拥有 3 处及以上住房的有 1.09 万户,占 1.9%,比 2006 年末提高 1.4 个百分点。按住房结构分,2016 年末,住房为砖混结构的有 43.46 万户,占 77.5%,比 2006 年末提高 13.2 个百分点;住房为砖(石)木结构的为 7.66 万户,占 13.7%,比 2006 年末下降 19.0 个百分点;住房为钢筋混凝土结构的为 4.67 万户,占 8.3%,比 2006 年末提高 6.1 个百分点；住房为竹草土坯结构的为 0.09 万户，占 0.1%，比 2006 年末下降 0.6 个百分点；其他结构的为 0.21 万户，占 0.4%，比 2006 年末提高 0.2 个百分点。

3）村级单位卫生条件显著改善

2016 年末，武汉市 100% 的乡级单位集中或部分集中供水，100% 的乡级单位生活垃圾集中处理或者部分集中处理。其中，98.2% 的村实施垃圾集中处理，比 2006 年末提高 86.5 个百分点；77.6% 的村完成改厕，比 2006 年末提高 52.7 个百分点。按家庭卫生设施类型划分的住户构成，2016 年末，武汉市农户使用水冲式厕所的占 64.1%，比 2006 年末提高 46.0 个百分点；使用旱厕的占 32.0%，比 2006 年末下降 3.9 个百分点；简易厕所或无厕所占 3.9%，比 2006 年末下降 42.1 个百分点。

3.1.2　武汉乡村劳动力就业概述

根据《2018 年湖北省农村统计年鉴》，目前武汉市外出务工的乡村劳动力人口达 69.4 万人。2018 年武汉统计局为进一步了解武汉市外出务工农民工的就业、去向等情况，按照省统计局的工作部署，组织江夏区、新洲区统计局对农民工外出务工人数较多的共计 10 个村开展了统计调查。

总结归纳调研的村庄中存在的主要问题有：

（1）农民工外出务工存在盲目性和无序性。由于政府对乡村劳动力就业工作管理和引导不够，加之劳动力中介组织运营不规范，乡村外出务工人员对劳动力职业介绍所的功能和流程也都不了解，导致乡村外出务工人员就业的盲目性和无序性仍很大，乡村外出务工人员自发外出就业占比居高不下。

（2）务工者技术含量低，工资收入增长放缓。根据 10 个村的调研得知，由于文化程度较低，缺乏必要劳动技能，从事建筑业的人员主要从事泥瓦工、帮小工等工作，从事第三产业的人员主要从事餐饮、零售等行业，从事的工种技术含量不高，且存在找活难的现象，限制了农民工外出务工的工资水平。

（3）农民工的合法权益得不到有效保障。目前外出务工农民参加社保的比例很低，绝大多数企业为了降低成本，不愿意为农民工参保。同时，许多用人单位用工不规范，存在用工不签合同，随意解除、终止与农民工劳动关系，拖欠克扣农民工工资等问题，外出务工农民的合法权益得不到有效保障。

（4）从事第一产业人数减少，乡村劳动力年龄老化。调研的 10 个村前三季度在本乡镇内从业人员共计 3067 人，比上半年减少 43 人，占实际从业人员的38.1%，占比下降 0.7 个百分点，其中从事一产业的人员有 1810 人，比上半年减少 70 人。由于乡村青壮劳动力大量外出务工，留守务农的多以老年人为主，而在本乡镇从事第一产业的人员又进一步减少，对武汉市农业生产造成了负面影响。

3.1.3 武汉乡村公共服务供给概述

根据武汉市第三次农业普查数据，乡村公共服务水平进步明显：2016 年末，98.7%的乡级单位有幼儿园、托儿所，98.7%的乡级单位有小学，97.5%的乡级单位有图书馆、文化站，41.8%的乡级单位有剧场、影剧院，27.8%的乡级单位有体育场馆，86.1%的乡级单位有公园及休闲健身广场。其中，16.8%的村有幼儿园、托儿所，比 2006 年末提高 0.3 个百分点；85.0%的村有体育健身场所，比 2006 年末提高 75.2 个百分点；68.2%的村有农民业余文化组织，比 2006 年末提高 59.0 个百分点。同时，"十二五"以来，在市委、市政府的正确领导和社会各界的关心支持下，武汉市教育事业继续保持健康协调发展势头，教育改革和发展的各项工作顺利推进，事业发展主要指标完成情况良好。根据《武汉市教育事业发展"十三五"规划》，"十二五"以来武汉市改善乡村中小学食堂和厕所条件，建成标准化食堂 365 个，改造厕所 244 所，建设农村留守儿童关爱服务站 33 个。乡村教师居住条件初步改善，维修、新建周转宿舍 2389 套。入学招生更加规范。坚持义务教育政府通知入学制度，严格实行"划片对口、免试就近"入学，向社会公开义务教育入学范围，不断完善中考招生分配生政策，示范高中分配生比例提高到 50%。师资配置更加合理。坚持公开招聘主渠道补充和优化教师队伍，"十二五"期间共补充乡村教师 1100 余人，占全市新进教师总数的 34%。

社会福利保障体系日趋完善。2016 年末，100%的乡级单位有医疗卫生机构，比 2006 年末提高 3.1 个百分点，100%的乡级单位有执业(助理)医师。81.0%的乡级单位有社会福利收养性单位，比 2006 年末提高 20.0 个百分点。其中，86.1%的村有卫生室，比 2006 年末提高 6.0 个百分点；72.9%的村有执业(助理)医师，比 2006 年末下降 7.9 个百分点。

武汉市民政局 2018 年上半年工作总结及下半年重点工作安排如下：

(1)养老服务体系。出台"互联网+居家养老"服务设施建设标准、养老服务对象评估办法、养老护理员补贴发放工作通知、农村老年人互助照料服务点建设的通知等配套文件。探索与精准扶贫相结合的乡村养老新机制，164 个农村老年人互助照料服务中心(站)已在建设中，136 个照料点位实现选址落地。

(2)基层社会治理。加强社区治理创新政策创制，探索开展社区信息化工作标准化试点，通过"社工+志愿者""社区+学校""社区+企业"以及购买社会组织服务等方式，试点建设 50 家社区学生托管服务中心，社区服务水平不断提升。加强调研，摸底建档，广泛宣传，居(村)换届筹备工作有序推进。启动"社区治理创新助力计划"，187 个品牌社区治理创新项目得到重点扶持。重点创建 173 个村务公开民主管理示范村，拨付 1000 万元，农村社区试点建设工作稳步推进。

(3)社会保障。从 2018 年 4 月起乡村低保标准由 500 元提高至 580 元，低保标准综合增幅16%。持续提高特困人员供养标准，农村特困人员、农村散居孤儿供养标准由每人每月985元提高至1100元。加大医疗救助一站式结算覆盖面，实现医疗救助结算系统与城乡居民医疗保险结算系统对接，即时结算服务更加便捷。开展农村低保专项治理活动，建立核对系统与商业银行信息对接平台，社会救助规范治理深入推进。未成年人社会保护试点以及农村留守儿童关爱保护工作有序推进。开展社会救助专项整治，全面排查农村低保政策执行情况。

3）防灾减灾救灾

持续开展综合减灾示范社区创建工作，武汉已建成市级以上"综合减灾示范社区"605个。成功举办"5.12防灾减灾日集中宣传教育活动"。救灾物资筹备、预案完善、队伍培训得到进一步巩固和提升，防灾减灾能力不断增强。

3.2　武汉乡村民生保障与改善调研设计

3.2.1　基本思路

《乡村振兴战略规划（2018—2022年）》提出，要从加强乡村基础设施建设、加快提升乡村劳动力就业质量、增加乡村公共服务有效供给三方面进一步保障和改善乡村民生，而乡村民生的保障和改善需要基于建设效果以及受益者的感受出发。

从建设效果的评定上看，乡村民生历来是国家重点关注的对象，从中央到地方政府都出台了相关的硬性标准以及建议，自2018年1月2日《中共中央国务院关于实施乡村振兴战略的意见》发布以后，针对乡村民生的保障与改善层面，各级政府又对过去的相关指标以及规划指引做了修改与补充。通过梳理民生各类建设最新的建设标准，结合实地调研，可以较为客观地评价出当前武汉乡村民生保障与改善的建设状况。

从受益者的角度出发，农民是乡村民生服务的最终受益者，农民对各项民生服务满意度也是检验政府民生建设效应的最真实的指示器。因此，在构建乡村民生服务体系时，必须尊重农民的意愿，以农民的感受为导向。只有这样，政府公共资源的投入和使用才能与实际需求相一致，才能充分体现农民的意愿和需求，才能切实为改善乡村的生产和生活条件做出贡献，使稀缺的财政资源发挥出最大的作用与效能。

基于这一目的，本次调研对武汉市6个远城区、12个乡镇（街道）、21个村庄（社区）进行了入户访谈和问卷调查，将农户对各项民生服务供给的满意度对比在现有制度标准下评定出的各类服务的实际建设效果，以此方法较为全面充分地了解武汉各类乡村民生保障与改善的情况以及各区民生建设保障与改善的特征。

3.2.2　具体方法

1）满意度调查表设计

鉴于课题研究的急切性，要求在较短的时间内了解武汉乡村民生设施配置情况和村民对其的感受和意见要求，并保证村民的反馈信息能够得到及时有效地收集和整理，同时考虑到统计的方便，下面根据 2018 年中共中央国务院印发的《乡村振兴战略规划(2018—2022 年)》设计"武汉乡村民生设施配置问卷调查表"。

问卷调查表的设计分为两个部分。第一部分是被调查人的基本信息，包括其性别、年龄段。第二部分则要求被调查人对其所在村庄的各类民生项目建设与配置的满意程度作出选择。为便于与后文建设效果评价统一，满意程度分四类，即"满意""一般""不满意""缺乏"。为便于 SPSS 的数据分析，对所有有效问卷的满意及需求程度进行编码设计(表 5-3-1)。

表 5-3-1　　　　　　　　　　　　满意度的编码设计表

	满意程度			
	满意	一般	不满意	缺乏
编码	1	2	3	4

此外，被调查人基本信息的编码如下：

年龄 25 岁以下，编码为"1"；26~45 岁，编码为"2"；46~64 岁，编码为"3"；65 岁以上，编码为"4"。

2）建设效果调查表设计

实况调查表的表头设计包括对村庄类型规模、各类项目建设质量等问题进行作答，由于民生项目涉及种类较多，同时为保障对各类设施建设效果评价的客观性，表中标注各类建设项目参考标准方便调研人员实地调研时查阅相关标准对比，引用目标获取模型，将政策目标作为评估时所持的唯一标准，对建设效果进行评价。凡是注日期的引用文件，仅注日期的版本适用于本次调研。凡是不注日期的引用文件，其最新版本(包括所有的修改单)适用于本次调研。同时，为方便后期统计分析，将各类设施建设效果和建设数量分级，并以 1、2、3、4 进行编码(表 5-3-2)。

表 5-3-2 实况调查表的表头及编码设计

民生建设小类	具体内容	编号	标准	建设效果			
项目名称	具体建设项目与工程	B-A	国家级、省级以及市级相关文件名称	好	一般	差	缺乏
				1	2	3	4

3)分析方法

随后的分析是按照《乡村振兴战略规划(2018—2022 年)》的顺序对三大类民生建设工作逐次进行分析和评价。具体的工作步骤如下:

(1)对各类民生工作的小类进行编码设计,以便于数据的录入和 SPSS 分析;

(2)各类民生建设的建设效果分析;

(3)通过实况调查表的数据,补充第 2 点所形成的结论。

在数据分析的过程中,需要说明以下几点:

(1)鉴于个别项目设施因为村庄具体情况没有建设,需要单独提出特别分析说明;

(2)鉴于调研中村民对设施的满意程度较为模糊,本次研究中确定使用"基本满意度"这一概念,即将村民对某设施的满意程度为"满意"和"一般"的两项合并,其占总有效样本数的百分比视为基本满意度;

(3)选取平均值作为百分比的辅助指标,平均值越低,表示满意度或需求度越高。

3.3 武汉乡村基础设施分析与策略

3.3.1 满意度分析

乡村基础设施在民生建设中的编号为 A,分为乡村交通物流设施、乡村水利基础设施、乡村信息网络建设、综合管理四小类,具体内容分为 23 项,见表 5-3-3。

根据实地调研发现乡村水利基础设施建设与乡村农田使用状况关系紧密,此次调研无法采集大量有效样本进行分析,在此单独说明。

此次调研发现乡村农田水利设施状况主要出现以下三种分化:

(1)基本没有水利设施。如,蔡甸区中法武汉生态示范城红光村,作为搬迁撤并类村庄,因为正在进行新城建设,仅保有少量基本农田,没有相关水利设施信息。

表 5-3-3　　　　　　　　　　　　乡村基础设施分类编码表

民生建设大类	民生建设小类	具体内容	编码
A 乡村基础设施	乡村交通物流设施	路桥建设与维护	A-A
		城乡公交	A-B
		乡村物流	A-C
	乡村水利基础设施	小型农田水利	A-D
		高效节水灌溉	A-E
		大型灌区	A-F
		机电排灌	A-G
		塘堰整治	A-H
		防灾基础设施	A-I
		基层水利服务机构	A-J
	乡村现代能源设施	电网	A-K
		供气	A-L
		清洁能源开发利用	A-M
		燃料清洁化工程	A-N
		绿色节能建筑和农用节能技术、产品	A-O
		智慧能源	A-P
	乡村信息网络建设	广电	A-Q
		通信	A-R
		第四代移动通信网络	A-S
		乡村统计信息系统	A-T
		网络安全	A-U
	综合管理	设施运行管理维护	A-V
		管护人员比例	A-W

（2）基本普及小型农田水利，开展了各项塘堰整治活动。如，江夏区五里界街道童周村有大量农田，但缺乏高效节水灌溉设施建设，主要以引、提水灌溉为主，关于防旱涝等防灾基础设施的建设有待加强。

（3）已实现高效节水灌溉、大型灌区的建设。如，蔡甸经济开发区奓山街道星光村实行"农业产业化"战略，较好地实现了由城郊型农业向都市型农业的转变，农田由专业团队企业集中管理。

乡村信息网络建设乡村统计信息系统与网络安全同样无法采集足够的有效数据，采访的大量村民对智慧能源了解较少，后期无法进行分析比较。其余建设项目有效样本量充足，数据具有较高的可信度，通过 SPSS 软件对问卷样本进行各项设施的总体评价，得到乡村基础设施的满意度状况(图 5-3-1)。

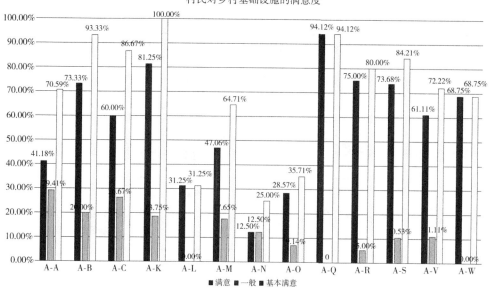

图 5-3-1　村民对乡村基础设施的满意度分析图

据图 5-3-1，发现住区里电网、广播电视等基础设施已经成为村庄建设的重要组成部分，村民对该项设施的配置持有很高的认可度。目前大部分乡村在乡村交通物流与乡村信息网络中注重了城乡公交线路以及 4G 网络的建设，为村民的出行以及上网提供便利，为增进村庄与城市联系提供平台，该类设施在日后的建设中仍需继续加强。

村民对 A-A(路桥建设与维护)、A-C(乡村物流)、A-O(绿色节能建筑和农用节能技术、产品)、A-V(设施运行管理维护)、A-R(通信)、A-W(管护人员比例)六项的满意度处于中等水平。在武汉乡村基础设施建设中，如涉及这六类设施，应注重其便捷性和周期性，以提高其满意度。

在目前武汉乡村现代能源设施上，受地方自然资源限制，可开发新能源较少，一般开发太阳能和风能，大部分村庄没有通天然气，使用的是煤气。可以说，推动供气设施向乡村延伸，加快推进生物质热电联产、生物质供热、规模化生物质天然气和规模化大型沼气等燃料清洁化工程迫在眉睫。只有这样，才能从根本上提高村民对该类设施的满意度。

从平均值的分析来看，同样反映了以上特点。

3.3.2　建设效果分析

乡村基础设施建设效果各类标准整理如下（表5-3-4）：

表5-3-4　　　　　　　　　　　乡村基础设施建设效果标准表

民生建设小类	具体内容	标准
乡村交通物流设施	路桥建设与维护	GB/T 37072—2018 GB 5768.1—2009 GB 5768.2—2009 《湖北省农村公路条例》 《武汉市农村公路管理办法》
	城乡公交	《农村振兴战略规划(2018—2022年)》 《湖北省人民政府关于加快农村客运发展的若干意见》 《湖北省综合交通运输"十三五"发展规划纲要》
	乡村物流	《交通运输部办公厅关于推进乡镇运输服务站建设加快完善农村物流网络节点体系的意见》 《湖北省综合交通运输"十三五"发展规划纲要》
乡村水利基础设施	小型农田水利	GB 37072—2018 《武汉市农田水利建设总体规划》(2009—2020) 《小型农田水利工程维修养护定额(试行)》 湖北省《关于健全和完善基层水利管理服务体系的意见》(正式印发文件)
	高效节水灌溉	GB 37072—2018 《武汉市农田水利建设总体规划》(2009—2020) 《小型农田水利工程维修养护定额(试行)》 湖北省《关于健全和完善基层水利管理服务体系的意见》(正式印发文件)
	大型灌区	
	机电排灌	
	塘堰整治	
	防灾基础设施	
	基层水利服务机构	

民生建设小类	具体内容	标准
乡村现代能源设施	电网	GB 37072—2018
	供气	《湖北省农村电网改造升级行动计划（2015—2020年）》
	清洁能源开发利用	GB 37072—2018
	燃料清洁化工程	《湖北省农村能源发展"十三五"规划》
	绿色节能建筑和农用节能技术、产品	《湖北省能源发展"十三五"规划》
	智慧能源	《湖北省能源发展"十三五"规划》
乡村信息网络建设	广电	
	通信	《湖北"国家农村信息化示范省"建设实施方案》
	第四代移动通信网络	《湖北省农业信息化发展"十三五"规划》
	乡村统计信息系统	《网络安全审查办法（征求意见稿）》
	网络安全	
综合管理	设施运行管理维护	GB 37072—2018
	管护人员比例	GB 37072—2018

总样本村庄数为 21 个，对各项建设效果进行统计，结果见表 5-3-5，表中有效样本下数字代表的是达到相关建设效果的村庄数。乡村水利设施情况特殊，将单独进行分析表述。

通过平均值计算，发现乡村信息网络建设类建设效果最好，所有村庄都实现了广电、通信、网络等全覆盖，公共通信信号通畅，全部实现网格化管理。

表 5-3-5　　　　　　　　　乡村基础设施建设效果调查表

民生建设小类	具体内容	编号	有效样本				平均值
			好	一般	差	缺乏	
乡村交通物流设施	路桥建设与维护	A-A	10	8	3	0	1.84
	城乡公交	A-B	14	7	0	0	1.47
	乡村物流	A-C	10	8	3	0	1.84

续表

民生建设小类	具体内容	编号	有效样本				平均值
			好	一般	差	缺乏	
乡村现代能源设施	电网	A-K	12	9	0	0	1.58
	供气	A-L	5	16	0	0	1.95
	清洁能源开发利用	A-M	3	13	5	0	2.32
	燃料清洁化工程	A-N	—	—	—	—	—
	绿色节能建筑和农用节能技术、产品	A-O	2	6	13	0	2.79
	智慧能源	A-P	—	—	—	—	—
乡村信息网络建设	广电	A-Q	21	—	—	—	1
	通信	A-R	21	—	—	—	1
	第四代移动通信网络	A-S	21	—	—	—	1
	乡村统计信息系统	A-T	21	—	—	—	1
	网络安全	A-U	5				
综合管理	设施运行管理维护	A-V	5	12	4	0	2.16
	管护人员比例	A-W	—	—	—	—	—

　　乡村交通物流设施层面上，建制村全部通客车，个别城郊融合类村庄是公交到镇或街道。全部实现村庄主干道道路硬化，基本实现了中心村主干路红线宽度5～8m，支路3～5m，进户小路不小于2m，交通安全设施齐全。各村公路道路通畅，且路基保持完整。但依旧存在一定数量的村庄路面排水不畅通，有开裂、沉陷、路容不够整洁的现象。尤其是城郊融合类村庄和搬迁撤并类村庄，因为城市和村庄建设需求，大量重型货运车辆的通行，导致村庄主要路桥耗损严重，后期需要注意路桥路面维护。乡村物流方面，调研村庄基本实现中国邮政全覆盖，部分村庄建有"邮乐购"快递网点。不同快递到村网点情况也不同，例如有村庄实现与京东、顺丰等个别快递合作，这些合作物流能够实现快递直投到村，而其他快递仍然需要村民到镇或中心村网点自取。也有个别村庄能实现村干部或专人上街道或镇上帮村民代取快递。后期应加强和完善乡村物流基础设施末端网络，鼓励有条件的地区建设面向乡村地区的共同配送中心，实现村村建站、直投到村、转投到户。加快推进快递向下发展，基本实现乡乡有网点、村村通快递。

　　乡村现代能源设施层面上，供电保证率较高，能满足基本生产生活需要，但屋外电线、电缆搭建需要进一步规范，协调好村庄整体美观。各村都能实现煤气供应，星光村、花园村等少数村庄实现了天然气供应。清洁能源开发利用、燃料清洁化工程、绿色节能建筑和农用节能技术、产品、智慧能源这些方面发展比较滞后。由于自然资源限制，各村在清洁能源的开发利用上基本局限在太阳能上，有7个村庄建有太阳能路灯或风光互补路灯，实现了太阳能热水器的布置安装。仅在两个村庄中，明确核实存在具有透水性能的地面铺装材料。没有获取到有关"互联网+"智慧能源模式的相关建设信息。依据2018年《湖北省农村统计年鉴》，整理出武汉清洁能源推广指标数据(表5-3-6)《美丽乡村建设评价》(GB/T 37072—2018)提出使用清洁能源的农户数比的参考比例为70%≤I<75%的农业乡村生态环境目标。《武汉市农业和乡村经济发展暨国家现代农业示范区建设"十三五"规划》提出，"十三五"期间乡村清洁能源入户率达80%以上。但整个武汉比例最高的汉南区也仅为66.47%，武汉后期应优化乡村能源供给结构，扩大天然气等清洁能源的应用。

表5-3-6　　　　　　　　　　**武汉清洁能源推广指标数据**　　　　　（单位：户）

地区	2016年底乡村新型清洁能源用户累计数	2017年净增户数	2017年底累计数	乡村新型清洁能源用户比重(%)
武汉市	134855	4747	139602	20.69
洪山区	6468	15	6483	12.87
汉南区	11498	135	11633	66.47
蔡甸区	22211	972	23183	26.69
江夏区	31535	1640	33175	34.71
黄陂区	31295	770	32065	14.26
新洲区	31848	1215	33063	19.21

乡村网络安全建设方面，村干部对此方面了解较少，同时全国此方面处在建设阶段，2019年5月国家互联网信息办公室发布关于《网络安全审查办法(征求意见稿)》公开征求意见的通知。做好网络安全保障工作，切实抓好网络安全法及网络安全工作责任制贯彻落实，把关键信息基础设施作为网络安全防护的重中之重，切实加强数据安全保护，着力提升数据防攻击、防泄露、防窃取能力，是未来乡村网络安全建设的重点。

综合管理层面上，调研涉及村庄都有相关维护制度，管护人员总体出现以下三种组成形式：(1)通过党员干部组织起来的专门管护队伍或聘请物业公司，日常维护村庄道路设施等，管护人员比大约为1.2%。(2)村庄村民各自负责自家门前路段设施清洁和管护，各项设施出现损坏等情况时，外请维修团队。(3)上级政府定期派专人检查验收。管护人员可根据村庄具体情况灵活设置，例如社区化管理的村庄可通过物业实现村庄基础设施日常管护。

乡村水利设施上，《武汉市水务发展"十三五"规划(2016—2020年)》中提到：武汉市境内绝大部分地区主要靠提水和蓄水工程进行灌溉。

根据《武汉市农田水利建设总体规划》以及"十二五"期间各区农田水利建设及运行中显现的问题，"十三五"期间主要解决蔡甸、黄陂、新洲局部水源性缺水的区域问题，完成蔡甸庙五河灌区水源配置、黄陂陈门潭闸改造等8处重点水源工程建设。武汉将实施举水、梅院泥两处大型灌区及夏家寺、倒东两处重点中型灌区续建配套与节水改造工程；完成黄陂、新洲、江夏、蔡甸中央、省级小农水重点县建设，改善灌溉面积45万亩；完成新洲倒水橡胶坝、汉南新沟补源泵站等14处重点农田水利工程；完成1.46万口当家塘清淤整治工程，新增蓄水容积5500万 m^3；完成2469km规模以上排灌港渠及4433km规模以下排灌港渠整治工程；全面完成27万亩重点易旱地区水利综合治理任务。全市灌溉保证率达80%，灌溉水利用系数达0.58。全市节水灌溉率为20%，微喷灌率仅为2%，均低于全国平均水平。文件指出，武汉需要对农田水利排灌体系进一步完善，长效管护机制进一步健全，抗旱排涝减灾能力进一步提升，灌溉保证率达85%以上，农田灌溉水有效利用系数提高到0.60以上；重点区域水土流失得到有效治理。

对比六个区各村乡村基础设施的建设发展情况，发现六区建设的主要差异还是在乡村水利基础设施和乡村现代能源设施两个方面，并呈现出武汉南部区域在乡村水利基础设施和乡村现代能源设施建设上优于北部乡村的现象，这与武汉南北部产业结构、经济水平、城镇化速度、自然资源条件差异有一定联系。

其他民生建设工作的差异性主要还是体现在村庄类别上。集聚提升类村庄总体上优于其他三类村庄。新城中心的乡村基础设施发展优于新市镇中心和一般镇下的乡村，这一规律符合当前《武汉市总体规划(2010—2020年)》中的规划路线。

3.3.3　问题

1)基础设施后期管控维护不到位

"村村通公路"的实现，使武汉广大乡村形成了密集的公路网，对发展乡村经济起到了支柱作用。但乡村公路质量欠佳，有的年久失修，通行能力差，路面排水不畅通，有开裂、沉陷、路容不够整洁的现象。尤其是城郊融合类村庄和搬迁撤并类村庄，因为城市和村庄建设需求，大量重型货运车辆的通行，导致村庄主要路桥耗损严重，极易出现安全问题。武汉市乡村存在着"重建设、轻养护"的倾向，有限的财政资金主要被投入建设领域，养护资金存在巨大缺口。路、桥、水、电、通信、农业生产设施运行管理维护制度以及责任主体、实施主体不明确，管护资金来源不稳定。

2）现代能源和现代水利设施建设滞后

现代能源上，一是社会各界对清洁能源认识不够充分，乡村能源综合建设的管理不完善，很多能源没能列入综合管理范畴，一些小微能源项目没能全面发挥作用。同时，基层乡村的能源综合建设投入不足，导致能源综合建设项目缓慢，不能满足乡村发展的能源需要。二是农林生物质原料难以实现大规模收集，畜禽粪便收集缺乏专用设备，能源化无害化处理难度较大。三是技术水平有待提高。生物天然气和生物质成型燃料仍处于发展初期，受限于乡村市场，专业化程度不高，大型企业主体较少，市场体系不完善。另外还包括标准体系不健全、政策不完善等。

现代水利设施建设上，武汉市乡村农田水利基础设施节水潜力有待提升。部分地区灌排标准偏低、灌溉用水效率不高、水利基础设施规模偏低，末级渠系"最后一公里"问题尚未完全解决，水利现代化建设滞后，不能满足都市现代化农业发展要求；农田水利设施管理维护投入不足；农田水利设施长效管护机制还有待完善。

3.3.4 对策

1）多措并举，分级负责，强化基础设施管护

以乡村公路管养为例，建立市有路政员、乡有监管员、村有护路员的路产路权保护队伍，采取市级统一执法、乡村协助执法的工作方式，加大查处超限超载运输及其他各类破坏、损坏乡村公路设施行为。每天强化路面监督管理，重点查路面堆放、边坡种植、填埋边沟等违规行为，对路面坑槽、坑洞及时记录并上报，立即进行养护。巡查过程中如遇到垃圾占路情况及时清理，并对乡村公路上出现的安全隐患进行排查和治理，确保群众出行安全畅通。建立乡村公路管理公示牌，明确市、乡、村三级管理责任人，对乡村公路实行挂牌管理，健全和完善"政府主导、行业主抓、共同参与"的乡村公路发展长效机制。联合执法，严格公路巡查。制定源头治理超限运输方案，联合公安、安监、煤炭稽查等部门开展超限运输源头管控，有效维护路产路权。养护作业专业化，养护人员专职化。采取"政府购买服务、群众承包养护"的模式，将乡村公路养护权委托给农民合作社，每6~7千米安排1名贫困户开展公路养护保洁，按就近原则安排贫困户参与乡村公路小修保养，提高贫困户收入。同时加强宣传教育，注重群众参与。通过新闻媒体加大道路养护的宣传教育力度，让群众认识养护乡村公路是惠及自身的民生工程，认清自己的"主体"地位，取得群众的支持并发动群众主动加入养路队，真正做到路为民所用、路为民所有、路为民所爱。

2）因地制宜建设清洁能源和乡村水利工程

清洁能源上，以乡村沼气、太阳能等可再生能源开发利用为重点，扎实推进清洁能源入户工程，推广太阳能热水器，安装太阳能路灯。厘清各区乡村资源条件，例如农作物秸秆资源，养殖、果蔬废弃物资源，太阳能资源，风能资源，地热资源等。通过对资源条件的梳理，了解各区各类资源的潜力，坚持以科学发展观为指导，根据国家推进生态文明建设、促进农业可持续发展和可再生能源创新发展、防治农业和大气污染总体要求，紧紧围绕"强能力、调结构、惠民生"发展目标，坚持"因地制宜、多元投入、建管并重、创新举措"基本原则，以科技创新为支撑，以市场效益为向导，以服务民生为宗旨，以转型升级为重点，积极转变乡村能源发展方式，着力推进乡村能源结构调整，深化乡村能源服务体制机制创新，加快构建"清洁高效、多元互补、城乡协调、统筹发展"的现代乡村能源体系，促进乡村能源健康持续发展。

乡村水利上要加大投入，狠抓落实，完善资金保障政策措施。继续深入贯彻落实中央、省、市加快水利改革发展的决定和中央水利工作会议精神，建立以政府为主导的农田水利投入稳定增长机制。切实维护土地出让收支管理政策的严肃性，确保农田水利建设资金足额计提和划转，确保资金安全，充分发挥效益。依托规划，突出重点，加快推进农田水利现代化进程，精心策划一批农田水利建设重点项目，着力解决涉及农业增产、农民增收等群众最关心的水利热点难点问题。依托全市农田水利建设总体规划，制定总体实施方案和分年度实施方案，对规划内农田水利建设内容进行全面梳理，明确各项工程建设进度安排、资金渠道，按照轻重缓急合理安排工序、工期，逐步推进实施。以重大项目为核心，归并性质相近、受益区域相近的农田水利建设项目，集中建设，成片推进。同时，为保证统筹协调机制落到实处，建议成立由分管市长任组长，发改、财政、规划、水务、农业、林业等部门负责人为成员的农田水利建设领导小组，全面组织推进武汉市全市农田水利建设。小型农田水利重点县建设向高效节水灌溉工程倾斜，全面提高田间节水灌溉面积。

3.4　武汉乡村劳动力就业建设分析与策略

3.4.1　武汉乡村劳动力就业现状建设分析

乡村劳动力就业建设在民生建设中的编号为 B，分为转移就业渠道、乡村就业服务、制度保障体系三小类，具体内容分为 6 项，见表5-3-7。

表 5-3-7   乡村劳动力就业效果标准表

民生建设大类	民生建设小类	具体内容	编码
B 乡村劳动力就业	转移就业渠道	劳动就业服务	B-A
		就业岗位	B-B
	乡村就业服务	技能培训	B-C
		信息化建设	B-D
	制度保障体系	保障政策	B-E
		就业扶持	B-F

根据实地调研，发现多数乡村老龄化严重，青壮年外出务工，调研对象 80% 以上为 60 岁以上老人，此类工作建设，无法通过调研采集大量有效样本进行分析。

依据 2018 年《湖北省农村统计年鉴》，得到武汉乡村劳动力外出培训情况、武汉乡村劳动力外出渠道和从业时间，借此对武汉乡村劳动力就业建设现状进行整理。为更直观地了解武汉市各区乡村劳动力就业建设情况，对 2017 年武汉市乡村培训情况(图 5-3-2)、2017 年武汉市农民受政府培训情况(图 5-3-3)的相关数据分别转化为图表。

图 5-3-2　2017 年武汉市农村外出从业人员参加过职业技能培训数量情况图

根据 2018 年《湖北省农村统计年鉴》可知，武汉全市外出从业的乡村劳动力达 69.4 万人，外出从业人员中接受过职业技能培训的为 45.34 万人。国家统计局发布《2017 年农民工监测调查报告》显示：2017 年接受过农业或非农职业技能培训的

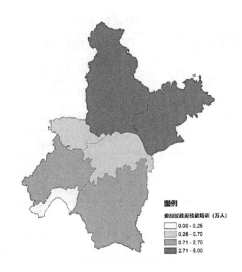

图例
参加过政府技能培训（万人）
0.00 - 0.25
0.26 - 0.70
0.71 - 2.70
2.71 - 6.00

图 5-3-3　2017 年武汉市农村外出从业人员参加过政府技能培训数量情况图

农民工占 32.9%。武汉新洲区接受培训比例最高，达 40.38%；汉南区、蔡甸区低于国家平均水平，分别为 29.31%、23.10%。

武汉乡村劳动力外出从业人员接受培训情况如图 5-3-4 所示，黄陂和新洲两区乡村劳动力接受培训情况最好，其他各区接受培训人数均低于 8 万人。通过图表可以看到在参加过职业技能培训的村民中，参加过政府举办的技能培训人数较少，计算后者在前者中的所占比例，发现仅蔡甸和新洲区参加过政府举办的技能培训的村民占比超过 50%。

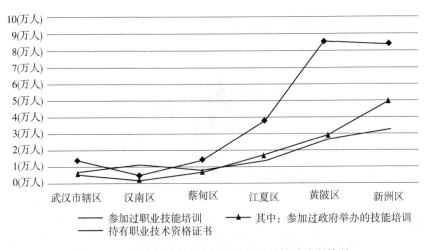

图 5-3-4　武汉乡村劳动力外出从业人员接受培训情况

目前武汉全市农民外出从业的渠道主要为自发、政府有关部门组织、中介组织介绍以及企业招收四种方式。将武汉乡村劳动力外出渠道情况进行对比,得到图5-3-5。目前武汉市乡村劳动力外出就业主要还是自发进行,政府有关部门组织、中介组织介绍以及企业招收这三种形式人数基本相当。就武汉市整体而言,政府有关部门牵头就业农民工占比为10.52%;新洲区和江夏区的政府培训比例最高,分别达11.15%和11.42%;汉南区和蔡甸区低于武汉市平均水平,分别为7.47%和3.48%。由此可见,政府在乡村劳动力外出的就业规划、组织管理和信息服务等方面发挥的作用还远远不能满足市场的需要。

2017年武汉市农村劳动力政府组织外出人数情况图

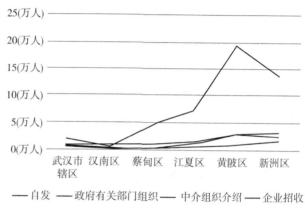

图 5-3-5　武汉乡村劳动力外出就业渠道统计

3.4.2　建设效果分析

乡村劳动力就业建设效果各类标准整理见表 5-3-8。

表 5-3-8　　　　　　　　乡村劳动力就业建设效果标准表

民生建设小类	具体内容	标准
转移就业渠道	劳动就业服务	《美丽乡村建设评价》GB/T 37072—2018 《乡村振兴战略规划(2018—2022 年)》
	就业岗位	《乡村振兴战略规划(2018—2022 年)》
乡村就业服务	技能培训	《2019 年武汉市新型职业农民培育项目实施方案》
	信息化建设	《武汉市支持农民工等人员返乡创业三年行动计划(2016—2018 年)》

续表

民生建设小类	具体内容	标准
制度保障体系	保障政策	《财政部国家税务总局关于小型微利企业所得税优惠政策的通知》(财税〔2015〕34号)
	就业扶持	《武汉市农民工返乡创业政策》

在实地调研走访时，村民反映由于大部分时间外出务工，不了解本村基层组织开展的技能培育以及就业扶持工作，忙于务农，没有时间去参加村上组织的活动。而各村基层组织也存在缺乏全面、统一、正确、及时的农民工整体信息整理，缺乏城市企业用工需求信息的收集、整理和发布等现象。

乡村劳动力就业建设效果两极分化严重。一类是以星光村石榴红村为代表的村庄，多元产业，实现工业园区化、农业产业化、居住城镇化、服务一体化，村庄拥有足够的经济实力开展各项技术培训，招商引资为村民工作牵线搭桥，农民享受村庄发展的成果，留村创业工作生活。另一类是以搬迁撤并类村庄为代表的村庄，经济建设一般，农民大多外出务工，有村干部也反映到本村开展的技能培育以及就业扶持工作很难组织到大量村民，各类就业扶持也只是按国家标准执行，信息化建设薄弱，劳动力就业建设效果一般。

针对这一情况，对武汉乡村劳动力外出从业时间进行梳理，如图5-3-6所示。武汉市外出务工的乡村劳动力有66.7%的人外出从业时间超过6个月，其中汉南区作为武汉经济技术开发区，外出从业时间超过6个月的乡村劳动力占全区外出从业

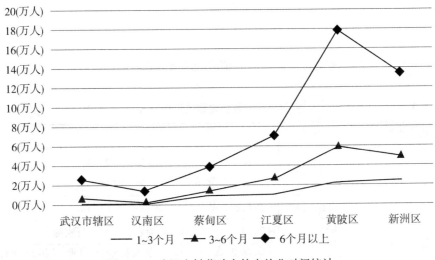

图5-3-6　武汉乡村劳动力外出从业时间统计

劳动力人口的比例最高，达到了 80.5%。乡村劳动力的外出，成为各村实地开展技术宣传与培训的一大阻碍。

将六个区的情况进行对比，发现新洲区在乡村劳动力就业的建设上表现较好，蔡甸区、汉南区的表现相对较弱。

新洲区是乡村劳动力转移大区，区委、区政府领导一直高度重视农民工工作，区直各相关部门认真履职，从鼓励创业、就业、社保、维权等方面积极做好农民工服务工作。2012 年新洲区被评为"全省劳动力转移就业示范区"。现在的新洲区以田园综合体创建为重点，整合政策，聚焦项目，发展绿色产业，支持各街镇突出特色建设生态田园，重塑美丽乡村，打造乡村振兴新洲样板。提升"三乡工程"发展品质，加大对外宣传和政策支持力度，吸引更多人、财、物下乡兴农，让更多农民能留在乡村、发展乡村。

武汉经济技术开发区（汉南区）是国家级经济技术开发区，汽车、电子电器等是其支柱产业；蔡甸经济开发区是省级开发区，是 2011 年武汉市确定的工业倍增发展区之一。这两个区的乡村主要面临的情况就是城乡融合和乡村人口流失，所以近几年汉南区和蔡甸区存在相对较多的搬迁撤并类村和城郊融合类村庄。这些村庄离城市建成区较近，土地条件虽然不算特别好，但土地、耕地还是有用，因此这类村庄的生产功能可以保留，土地可以进一步集中，发展现代农业，它们的人口也可以往集聚提升类村庄集中。

汉南区在《武汉经济技术开发区（汉南区）发展"十三五"规划》中提出："着力推进新型乡村社区建设。坚持旧城改造与新城建设相结合，以提升湘口、东荆、邓南等特色街镇的承载能力为重点，加快推进基础设施建设，打造一批特色新型小城镇。以双塔、南康等新型乡村中心社区为基础单元，完善基础设施与公共服务，促进乡村居民向中心社区适度集中，推动乡村社区化。到 2020 年，全区城镇化率达 90% 以上，80% 的中心村完成新型社区的建设任务。"蔡甸区在《2018 年武汉市蔡甸区政府工作报告》中提出："进一步做好美丽乡村规划，推动全区美丽乡村串点、连线、成带发展，建设都市田园综合体，打造嵩阳大道沿线美丽村湾 6 个。"

蔡甸区和汉南区应该坚持村庄搬迁撤并与新型城镇化、农业现代化相结合，依托适宜区域进行安置，重点解决好易地搬迁群众的就业问题，避免新建孤立的村落式移民社区。而搬迁撤并后的村庄原址，因地制宜复垦或还绿，增加乡村生产生态空间。

3.4.3 问题

1) 农民培训机制薄弱

政府带头扶助、多元社会力量办学的农民培训机制薄弱。政府主持的技能培训在乡村劳动力外出培训中所占比例较低，一方面因为存在农民工压根不知道有政府免费培训的事或者不相信政府的免费培训，报名接受政府免费培养的农民工不多；另一方面由于没有建立起管理、培训、指导、服务等功能协调的组织管理体系，相关部门之间缺乏沟通与配合，结果导致输出地对农民工的培训政出多头、一盘散沙。

2）乡村劳动力外出渠道发展不均衡

根据图5-3-5，当前武汉乡村劳动力就业大部分仍以单打独斗为主，自发找工作的农民工占总乡村外出劳动力人数的68%，外出就业的乡村劳动力绝大部分还是依靠亲友或同乡等个人关系传递的就业信息进城务工，传统的血缘、地缘和个人关系赋予其较高的信任感和安全感。农民工进城时，强大的就业信息需求、政府的弱势以及中介机构管理的不到位，使得他们不得不依靠关系网络渠道，求职渠道单一。

3）农民务工时间长——乡村劳动力就业建设信息化建设弱

村民外出务工时间长，在本村所生活的时间较少，各村难以实地开展技术宣传与培训。要提高培训的效率，就需要采取灵活多样的培训方式，农民教育培训信息化就是其中重要的方式。然而在国家加强乡村信息化建设的背景下，武汉一部分地区乡村的农民所接收信息的能力却不是很强，农民和部分基层组织自身的信息化意识也比较薄弱，对于信息的需求也并不是很强烈，这些都限制了这些地区的农民利用信息化技术接受知识，也限制了农民对于信息化的理解，这也就无法利用信息技术解决乡村的实际问题。信息化的推广与农民教育培训、农民工外出就业的结合不得当，深度和广度都不够，信息也较为缺失，对于部分农民没有针对性，使信息化教育培训、信息化就业服务成了一句口号，而没有实际作用。

3.4.4　对策

1）健全职业技术培训体系

农业、劳动、教育、扶贫开发等部门在职业技术培训和教育方面要分工协作，密切配合，形成资源共享、服务互补的机制。要鼓励有关政府职能部门、企事业单位、行业协会、中介组织，根据市场需要开展多层次、多形式的就业培训，满足乡村劳动力多样化的需求，提高乡村劳动力的整体素质。从根本上改变低素质、低层次的格局，使他们尽快成为适应市场经济发展要求的新型劳动者。可以适当借鉴国外经验，促进以政府为引导的农民技术培训多元化发展。例如日本政府大力支持多种力量参与农民教育，形成了当前日本农民教育的全方位供给系统。在各级中高等农业院校、农业科技教育培训中心、培训服务机构、农业技术推广服务体系和农民协会的共同参与下，日本乡村劳动力培训不仅能够抓好基础教育，更能够有针对性、高效率地开展农业职业技术教育。

充分发挥网络教育和电视教育的作用，将培训的覆盖面尽可能地扩大。整合城乡教育资源平台，将对乡村劳动力的培训纳入统一管理，均衡城乡教育资源的利用率，避免出现城市教育资源闲置、乡村教育资源不足的现象。同时应注重培训的时效性、实用性，迎合农民的需求，可开展短期培训，提升培养农民技能效率。

2) 加快建立城乡统一的信息化劳动力市场

加快建立城乡统一的劳动力市场。消除针对农民工的歧视性和不平等待遇。建设以技能培训为关键、用工信息为基础、建立组织为保证、维护权益为根本的乡村劳动力转移就业服务体系。加快城乡统一的劳务信息网络建设，实现资源共享，做到劳务信息集中收集、整理、发布。整合各地区、各部门包括就业信息在内的农民工信息资源，实现信息共享和互联互通，提高宏观决策的科学性、具体政策的针对性和公共服务的有效性，努力实现乡村劳动力转移就业由自发输出向有组织输出、由无序流动向有序流动、由体力劳务型向技术技能型的"三个转变"。

3) 乡村重构，大力发展"三乡工程"

要以乡村重构为主线，以乡村空间重构、经济重构、社会重构为脉络，以构建"三生"空间(生产空间、生活空间、生态空间)，促进乡村产业结构优化、乡村文化功能提升，强化村干部队伍建设，发挥农民主体地位，强化乡村发展内生动力等为节点，从而实现改善乡村生态环境、重塑乡村经济发展新动力、提升乡村文化功能、构建乡村治理体系，进而提升治理能力的目标。要结合习近平总书记提出的乡村振兴战略计划，以"三乡工程"为契机，引导和鼓励更多有能力、有志向的年轻人扎根乡村、服务乡村，通过吸引社会资本大力推动一二三产融合发展，就地解决乡村青壮年就业问题，在减少乡村空心化的同时，保障农业生产的基础。

3.5　武汉乡村公共服务供给建设分析与策略

3.5.1　满意度分析

乡村公共服务供给在民生建设中的编号为C，分为乡村教育事业、健康乡村建设、乡村社会保障体系建设、乡村养老服务能力、乡村防灾减灾救灾能力建设五小类，其具体内容分为22项，见表5-3-9。

表 5-3-9   乡村公共服务供给分类编码表

民生建设大类	民生建设小类	具体内容	编码
C 乡村公共服务供给	乡村教育事业	教育资源配置、公办学校标准化建设	C-A
		学前教育、特殊教育、中小学双语教育、高中阶段教育普及、职业教育	C-B
		学校信息化基础设施建设	C-C
		乡村教师队伍建设	C-D
	健康乡村建设	强慢性病、地方病综合防控	C-E
		分级诊疗制度、差别化医保支付和价格政策	C-F
		乡村医生队伍建设	C-G
		基层医疗卫生服务体系建设	C-H
		乡村计划生育管理服务改革、全面两孩政策	C-I
	乡村社会保障体系建设	城乡居民基本养老保险制度、城乡居民基本养老保险待遇、基础养老金标准	C-J
		城乡居民基本医疗保险制度、大病保险制度	C-K
		特困人员救助供养制度	C-L
		留守儿童和妇女、老年人以及困境儿童提供关爱服务	C-M
		乡村残疾人服务	C-N
	乡村养老服务能力	多层次乡村养老服务体系	C-O
		乡村养老服务设施建设	C-P
		乡村自然灾害监测预报预警	C-Q
	乡村防灾减灾救灾能力建设	防灾减灾工程建设	C-R
		乡村公共消防设施、消防力量和消防安全管理组织建设	C-S
		自然灾害救助物资储备体系建设	C-T
		灾害救助应急预案编制和演练	C-U
		防灾减灾宣传教育	C-V

　　总样本数为 246，满意度状况见图 5-3-7。其中，乡村残疾人服务、特困人员救助供养制度、防灾减灾工程建设、公共消防设施、消防力量和消防安全管理组织建设以及自然灾害救助物资储备体系建设主要涉及基层组织的平时工作，村民对此方

面了解较少，没有足够样本数量，将不在此进行满意度分析。

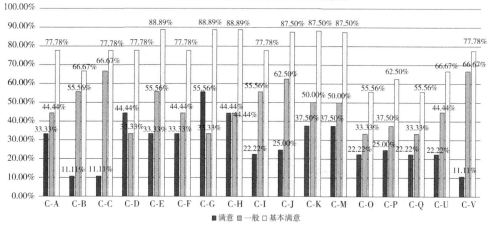

图 5-3-7 村民对乡村公共服务供给工作的满意度分析

据图 5-3-7，村民对 C-E(强慢性病、地方病综合防控)、C-G(乡村医生队伍建设)、C-H(基层医疗卫生服务体系建设)、C-J(城乡居民基本养老保险制度、城乡居民基本养老保险待遇、基础养老金标准)、C-K(城乡居民基本医疗保险制度、大病保险制度)、C-M(留守儿童和妇女、老年人以及困境儿童提供关爱服务)的基本满意度最高，都达到了 80% 以上。这说明健康乡村建设、乡村社会保障体系建设等民生工作已经成为村庄建设的重要组成部分。村民对这两项工作的开展持有很高的认可度。

其次是对 C-A(教育资源配置、公办学校标准化建设)、C-C(学校信息化基础设施建设)、C-D(学校信息化基础设施建设)、C-F(分级诊疗制度、差别化医保支付和价格政策)、C-I(乡村计划生育管理服务改革、全面两孩政策)、C-V(防灾减灾宣传教育)的基本满意度较高，都在 75% 以上。这组数据显示，目前乡村在教育事业中注重了教育资源配置、公办学校标准化建设、学校信息化基础设施建设、乡村教师队伍建设。在乡村防灾减灾救灾能力建设方面，防灾减灾宣传教育对老百姓影响较大，该类工作在日后的建设中仍需继续加强。

对 C-B(学前教育、特殊教育、中小学双语教育、高中阶段教育普及、职业教育)、C-O(多层次乡村养老服务体系)、C-P(乡村养老服务设施建设)、C-Q(乡村自然灾害监测预报预警)、C-U(灾害救助应急预案编制和演练)五项的满意度处于较低水平，但满意度也在 50% 以上。在实地调研中，有村民对特殊教育类学校的安排不太满意，例如东林村的部分村民不能理解和接受江夏区特殊教育学校与江夏区东林小学共用一栋教学楼，这需要基层干部进行积极的宣传教育与协调；实地调研中也发现，在乡村老人中存在一定比例的老人喜欢自行组织活动，例如打麻将，这导致他们对村级组织的养老活动参与和了解较少，这也是导致多层次乡村养老服务体系和乡村养老服务设施建设满意度较低的原因。在武汉乡村基础设施建设中，这五项工作的后期开展需要继续协调和深入推进。

从平均值的分析来看，同样反映了以上特点。C-E(强慢性病、地方病综合防控)、C-G(乡村医生队伍建设)、C-H(基层医疗卫生服务体系建设)、C-J(城乡居民基本养老保险制度、城乡居民基本养老保险待遇、基础养老金标准)、C-K(城乡居民基本医疗保险制度、大病保险制度)、C-M(留守儿童和妇女、老年人以及困境儿童提供关爱服务)的平均值为 1.56~1.78，低于其他项工作的平均值。

3.5.2　建设效果分析

乡村公共服务供给建设效果各类标准整理见表 5-3-10。

表 5-3-10　　　　　　　　　　乡村基础设施建设效果标准表

民生建设小类	具体内容	标准
乡村教育事业	教育资源配置、公办学校标准化建设	《乡村振兴战略规划(2018—2022 年)》《中共中央国务院关于学前教育深化改革规范发展的若干意见》《武汉市教育事业发展"十三五"规划》《关于加强全省乡村教师队伍建设实施办法》《武汉市普通中小学布局规划(2013—2020 年)》
	学前教育、特殊教育、中小学双语教育、高中阶段教育普及、职业教育	
	学校信息化基础设施建设	《关于加强全省乡村教师队伍建设实施办法》《乡村教师支持计划》
	乡村教师队伍建设	
健康乡村建设	强慢性病、地方病综合防控	《乡村振兴战略规划(2018—2022 年)》《武汉市扶贫攻坚领导小组关于打赢脱贫攻坚战三年行动的实施意见》《国务院关于整合城乡居民基本医疗保险制度的意见》《中共中央国务院关于实施全面两孩政策改革完善计划生育服务管理的决定》《湖北省人口与计划生育条例》
	分级诊疗制度、差别化医保支付和价格政策	
	乡村医生队伍建设	
	基层医疗卫生服务体系建设	
	乡村计划生育管理服务改革、全面两孩政策	

民生建设小类	具体内容	标准
乡村社会保障体系建设	城乡居民基本养老保险制度、城乡居民基本养老保险待遇、基础养老金标准	《国务院关于进一步健全特困人员救助供养制度的意见》《武汉市扶贫攻坚领导小组关于打赢脱贫攻坚战三年行动的实施意见》
	城乡居民基本医疗保险制度、大病保险制度	
	特困人员救助供养制度	
	留守儿童和妇女、老年人以及困境儿童提供关爱服务	
	乡村残疾人服务	
乡村养老服务能力	多层次乡村养老服务体系	武汉市《关于加快推进乡村老年人互助照料服务点建设的通知》《武汉市"互联网+居家养老"设施建设规范(试行)》
	乡村养老服务设施建设	
乡村防灾减灾救灾能力建设	乡村自然灾害监测预报预警	《关于建立健全自然灾害预警和应急机制的意见》《关于加强社会主义新农村建设消防工作的指导意见》《武汉市自然灾害生活救助资金管理暂行办法》《武汉市自然灾害救助应急预案》
	防灾减灾工程建设	
	乡村公共消防设施、消防力量和消防安全管理组织建设	
	自然灾害救助物资储备体系建设	
	灾害救助应急预案编制和演练	
	防灾减灾宣传教育	

　　总样本村庄数为 21 个,对各项乡村公共服务供给工作效果进行统计,计算各项平均值,结果见图 5-3-8。

　　由于国家以及地方层面长期进行乡村公共服务供给的建设,相对乡村基础设施和乡村劳动力就业,乡村公共服务供给有着更为全貌的规划系统。"十二五"时期,武汉市民政系统围绕"服务民政、幸福民生"主题,在上级民政部门的精心指导和社会各界的关心下,改革创新,增效提能,奋力推动民政事业发展。"十三五"期间,武汉市又针对教育、医疗、养老以及防灾减灾出台对应的规划策略,此次调研的各村建设基本都是在按各项规划稳步推进,也有极个别村庄在已有的各项规范要

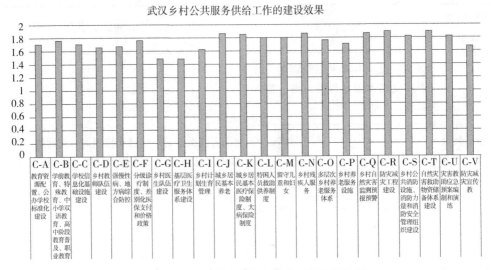

图 5-3-8　武汉乡村公共服务供给建设效果统计

求下进行创新，走在民生公共服务供给建设的前列。

　　通过对比发现，目前健康乡村建设、乡村教育事业、乡村养老服务能力在武汉乡村公共服务供给体系中建设相对更突出。

　　在健康乡村建设与乡村养老服务层面，养老服务正在社会化发展。调研中发现，目前武汉市乡村社区建设正在稳步推进，"美丽乡村"建设成效显著，城乡社区发展更加协调。各村都提出了"乡村 15 分钟生活圈"的概念，乡村社区服务水平不断提升，集家政、养老、出行、购物等多种便民利民服务于一体的社区服务网络正在建设完成，村级卫生组织逐渐完善（表 5-3-11），但武汉一般镇下的多层次乡村养老服务体系构建依旧相对薄弱。武汉市《关于加快推进农村老年人互助照料服务点建设的通知》提出，2020 年底全市将建成乡村老年人互助照料服务点 748 个（其中在现有的 271 个贫困村中至少新建 160 个，力争达到贫困村全覆盖）。截至2015 年底，武汉市共有城乡社区养老服务设施 630 处（社区居家服务中心（站）511处、农村老年人互助照料中心 119 处）。通过武汉市 2018 年年鉴，整理出 2017 年武汉市养老设施分布图（图 5-3-9），对比当前武汉市 60 岁以上人口分布（图5-3-10），当前武汉市六个远城区乡村养老设施配置布局相对合理。

　　在乡村教育事业方面，调研中发现，各村儿童基本选择就近街道或乡镇上学，不存在无校可读的现象。结合 2018 年武汉统计年鉴得到 1995—2017 年武汉市乡村教育情况，学校数量减少，学校布局进一步优化（图 5-3-11）。

表 5-3-11   2017 年武汉市农村村级卫生组织按区分布情况表

地区	机构数（个）	执业（助理）医师（人）	注册护士（人）	乡村医生和卫生员（人）	乡村医生（人）	其中，以中医、中西医结合或民族医生为主的人数	当年考核合格的乡村医生人数	卫生员（人）	年内培训人次
合计	1703	282	69	2810	2721	173	2083	89	11999
东西湖区	52	0	0	0	0	0	0	0	146
经开汉南区	44	8	3	40	28	0	4	12	674
蔡甸区	226	36	8	293	274	14	109	19	618
江夏区	256	72	19	338	328	44	280	10	1432
黄陂区	594	123	31	1284	1256	111	1051	28	6158
新洲区	531	43	8	855	835	4	639	20	2971

（备注：乡镇卫生院下设的村卫生室人员中，执业医师 844 人、执业助理医师 328 人、注册护士 1097 人。）

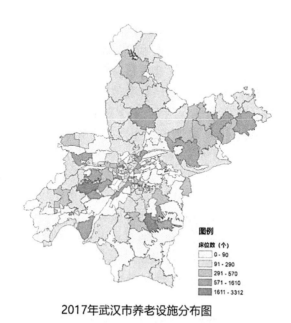

2017年武汉市养老设施分布图

图 5-3-9   2017 年武汉市养老设施分布图

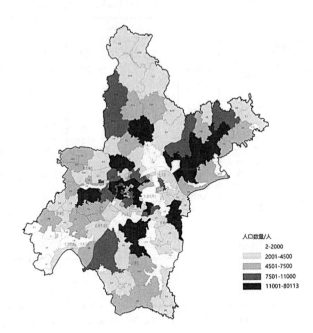

人口数量/人
2-2000
2001-4500
4501-7500
7501-11000
11001-80113

图 5-3-10　2017 年武汉市 60 岁以上人口分布图

　　在乡村社会保障体系建设层面,从 2018 年 4 月起农村低保标准由 500 元提高至 580 元,农村特困人员、农村散居孤儿供养标准由每人每月 985 元提高至 1100元。武汉开展农村低保专项治理活动,建立核对系统与商业银行信息对接平台,社会救助规范治理深入推进。探索建立基层社会救助经办服务新模式,推动低保审批权限委托下放试点工作,推广大病保险"一站式"结算。孤残儿童福利和残疾人权益得到有效保障,未成年人社会保护试点以及农村留守儿童关爱保护工作有序推进,武汉经济技术开发区(汉南区)水洪小学,蔡甸区消泗中学、陈家学校,江夏区安山小学等 10 所学校,设立了乡村留守儿童关爱服务站。然而,武汉市乡村劳动力外出务工社会保障相对薄弱,2017 年武汉市外出务工农民工达 69.4 万人,后期应加强针对乡村外出务工劳动力的社会保障服务工作。

　　在乡村防灾减灾救灾能力建设方面,通过村干部了解到,各村主要是针对火灾水涝两种常见的自然灾害进行宣传教育以及应急演练,当前武汉乡村基层主要通过村干部到镇上参加培训后再对村民进行科普教育的形式建设乡村防灾减灾救灾能力。

　　综合发现,武汉乡村公共服务供给建设效果与地方财政实力有着一定联系。例如,东西湖区与汉南区的村庄在各种公共服务设施建设质量和规模上都相对更好,而如蔡甸经济开发区星光村这一类新城中心的乡村,公共服务供给又优于新市镇中

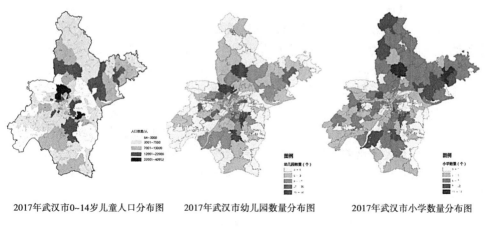

2017年武汉市0~14岁儿童人口分布图　　2017年武汉市幼儿园数量分布图　　2017年武汉市小学数量分布图

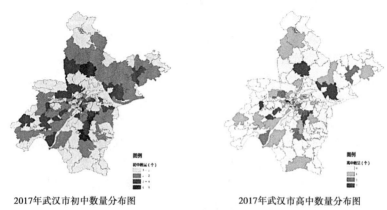

2017年武汉市初中数量分布图　　　　　2017年武汉市高中数量分布图

图 5-3-11　2017 年武汉市 0~14 岁儿童人口分布及教育分布图

心和一般镇下的乡村公共服务供给建设。

3.5.3　问题

1）武汉乡村教育事业面临的三大挑战

乡村教育事业在取得显著成绩的同时，也存在一些发展中的问题。通过调研走访以及后期资料汇总了解到，当前武汉市乡村教育事业主要面临三个方面大的挑战。第一，教育发展不平衡：乡村教育、学前教育、民办教育、成人继续教育存在短板；学前教育优质资源、公益普惠性幼儿园建设还不能满足社会需求。《乡村振兴战略规划（2018—2022 年）》中要求：每个乡镇至少办好 1 所公办中心幼儿园。调研的 21 个村庄，基本都是和街道以及中心村等整合资源，但有专门的校车接送村庄小孩上学，村庄儿童上学规范化。星光村以及东林村等极少数村有自己的村小学

251

和村幼儿园；其次城乡教育发展水平仍有一定差距，优质教育资源还不能完全满足群众"上好学"的需求，教育资源配置面临城镇化带来的新挑战，乡村部分学校办学条件、师资队伍较为薄弱，办学质量和水平不高。民办教育发展不够。社区教育、家庭教育、老年教育重视度还不够高，与建设学习型社会的要求还存在一定差距。筹资水平较低，保障力度有限。第二，教育体制机制改革和人才培养模式改革有待进一步加强：武汉市在转变政府职能、深入推进管办评分离、学校自主办学等方面与沿海城市或教育发达城市还存在明显差距；社会对创新型人才的需求日益紧迫，现有的教育人才培养模式还不能适应创新型人才培养的需要。第三，教育现代化水平有待进一步提升：在学校教育思想、教育内容、教育手段、教师队伍、教育管理、教育评价等方面，距离教育现代化的标准还存在一定差距。

2）乡村社区养老服务未形成社区养老的氛围

社区养老以社区为载体，以社区基层组织为主导，发挥政府、社区、家庭和个人多方面的力量，充分动员社区财力、物力和人力资源，为老年人的安age、养老提供全方位的支持。乡村社区养老在广大乡村尚未被普遍接受。从实际调研情况来看，广大乡村地区服务小孩的事业和产业相对需求旺盛，供给也比较充分，而服务乡村老人的事业和产业则相对冷清。从政府、市场、老人、供养老人的子女各方来看，都尚未对社区养老有广泛共识。尤其对一些收入不高的乡村老人而言，"花钱买服务"的理念尚处于不能被理解和接受的阶段。多数乡村老人并未进入服务体系，并且多数乡村老人也尚无意愿进入乡村养老保障服务体系。乡村老人更多的期待还是子女养老，退而求其次也是自我养老或配偶养老。

3）官方组织功能弱化与灾害工作社会化滞后

乡村的官方组织——村委会的功能不断弱化，特别是国家免除农业税之后，村委会和村党支部的管理范围大大缩小，多数村委会的基本职能仅流于宣传中央精神、宣传和实施计划生育、农业补贴发放以及传染病防疫等日常工作。近十年来，武汉乡村的人口流动更加频繁，青壮年外出务工而妇女、老人、未成年人在村中留守成为乡村社会人力资源结构变化的最终结果。行政村自治组织功能弱化使乡村防灾能力建设缺乏有力的组织与领导核心，村中青壮劳动力外流使乡村救灾能力建设缺乏群众基础力量，这样的现实成为武汉乡村防灾减灾能力建设所需要克服的困难之一。另一方面，武汉乡村救灾工作社会化推进较为缓慢。尤其是武汉一般镇上的乡村地区发展滞后，经济实力薄弱，所以更倾向于国家和政府对救灾工作大包大揽的传统灾害工作模式，当灾害来临时，多数乡村在自救的同时也被动地等待着国家救援的来临。这种以政府为救灾主导和主体的防灾减灾意识忽视了其他社会组织和力量的作用，不能更好地整合各种救灾资源并使其在乡村救灾工作中的作用得到最大程度发挥。

3.5.4 对策

1)城乡教育一体化

通过实现城乡教育一体化，促进乡村教育发展。大力改善乡村幼儿园的办园条件，提升村办幼儿园的覆盖率；全面改善乡村义务教育薄弱学校基本办学条件，乡村义务教育学校全面脱薄，全面完成义务教育学校标准化建设，积极推进乡村义务教育学校现代化达标建设；推进城乡师资一体化，深化城乡学校干部教师交流制度改革，建立城乡教师交流新常态；制定加强全市乡村教师队伍建设的实施意见，确保乡村教师在补充、培养培训、职称评聘和生活待遇上有畅通的渠道和措施，增强职业吸引力；实行城乡学校质量提升一体化，通过实施学区制和制定3年质量提升计划，促进乡村学校内涵发展和质量提升。加大教育精准扶贫力度，以革命老区、乡村薄弱学校为主攻方向，全面改善乡村义务教育薄弱学校办学条件，以贫困家庭学龄人口为主要对象，发挥人才扶贫、科技扶贫、智力扶贫、信息扶贫优势，促进教育精准扶贫任务的展开。

2)增强养老服务宣传工作

根据调研的情况来看，武汉广大乡村老人对社会养老服务体系建设的内涵、构成及功能并不了解，因此要大力加强政策宣传。当前，政府尤其要加强政策宣传力度，让农民了解党的这一好政策。要加强对各级民政部门特别是基层民政工作人员，如乡镇办工作人员、村干部的培训，让他们理解政策，并要提高其解读政策的能力。要通过灵活多样的方式，充分发挥广播、电视、互联网等大众传媒的优势，通过举办学习班、设立咨询宣传点、出动宣传车、发放宣传手册等多种形式搞好政策宣传。乡村养老保障服务体系建设是一项重要的惠及乡村老人的民生工程，做好这项工作，既可以让老人安享晚年，使老人得到更好的照顾，又能减轻子女的负担，促进家庭和谐。各级政府一定要将乡村养老保障服务体系建设当作重要的事业来对待，把发展乡村养老保障服务体系建设作为重要的工作内容来谋划。要加大试点范围和力度，加强舆论的正面引导，广泛宣传乡村养老保障服务体系建设的优越性，开导老年人，让他们逐步接受社会养老服务，让乡村社会养老保障服务体系建设取得显著成效。

3)增强村民抗灾能力

乡村社区减灾防灾能力建设的本质是乡村居民应对灾害能力建设，而居民对防灾工作重要性的认识、对参与社区救灾工作的积极性、对灾害应急自救方法的了解和掌握程度都取决于灾害意识的强弱。增强村民抗灾能力可以从以下三个方面着手：第一，加大灾害信息的宣传力度。村委会和村党支部可以运用讲授、讨论、案例分析、工作坊等多种形式对灾害的理论知识和当地灾害特点进行普及，在宣传过程中特别要注意与村民的互动，用典型案例提升村民对灾害知识的关注，用活泼的形式引起村民对灾害知识学习的兴趣，用简单易懂的话语将减灾防灾精神传达到村民的心中。第二，开展防灾救灾培训。一方面，由村干部组织村民进行逃生演习，并在演习中总结避灾经验和技巧。另一方面，加大学校教育中关于灾害知识和自救技能的比重，防灾减灾工作从孩子抓起，让学生将防灾自救的技能带回家庭之中，进而提高每个家庭的抗灾能力。第三，政府部门要大力实行防灾人才建设。防灾人才建设具体到乡村社区就是把村干部、社区内外减灾志愿者、减灾技术专家、减灾政策顾问均纳入乡村社区防灾人才队伍中，形成乡村防灾减灾工作的中坚力量，在灾害预防、组织救助、灾害教育等方面发挥各自特长，共同努力将乡村社区减灾防灾工作朝着系统化、细致化、人本化的方向推进。

3.6　本章小结

本章以湖北省武汉市农村为例，将武汉市乡村民生改善与保障体系分为武汉乡村基础设施、武汉乡村劳动力就业、武汉乡村公共服务供给三大板块，调查武汉市村民对目前这三方面的民生建设满意度，同时从相关政策视角入手对武汉市现有乡村民生保障与改善工作的开展状况进行评价。结果表明，武汉农村公共基础设施的村民满意度总体上较好，但依据各项政策标准进行评价发现，民生工作效果与村民满意度存在不同程度的差异。

（1）乡村基础设施方面存在的主要问题为基础设施后期管控维护不到位、现代能源和现代水利设施建设滞后。建议后期多措并举，分级负责，强化基础设施管护，同时厘清各个村庄的资源条件，因地制宜地建设清洁能源和乡村水利。

（2）在劳动力就业层面，当前武汉市乡村劳动力就业建设农民培训机制薄弱、乡村劳动力外出渠道发展不均衡、农民务工时间长且乡村劳动力就业建设信息化建设弱，武汉市需要健全乡村职业技术培训体系，加快建立城乡统一的信息化劳动力市场，大力发展"三乡工程"。

（3）在武汉市乡村公共服务供给方面，武汉乡村教育面临三大挑战，分别是教育发展不平衡、教育体制机制改革和人才培养模式改革有待进一步加强、教育现代化水平落后。同时乡村社区养老服务未形成社区养老的氛围，防灾减灾上官方组织功能弱化、灾害工作社会化滞后。武汉后期需要继续推进城乡教育一体化，增强养老服务宣传工作，将乡村社区减灾防灾工作朝着系统化、细致化、人本化的方向推进。

4 研究结论

改革开放 40 年来，我国乡村民生保障取得了重大成就，"三农"问题的改善使得中国乡村民生保障体系不断完善，无论从政策的目标、制定方式还是实施绩效都发生了巨大改变。民生政策基本涵盖了所有的政策工具，但是在发展完善中仍然有一些不足。乡村民生保障与改善工作的总结与展望如下：

(1) 乡村民生政策体系处于全面深化阶段。当前乡村民生保障主要以政府制定和引导为主，政府应基于统筹发展的视角，继续加强国家层面的宏观指导，发挥好政府的主导作用，统筹各方面利益，在指明方向的同时，进行制度化保障，并在制定长期宏观政策的同时，加强与地方和地区的协调，加强国家政策的连续性与稳定性。

(2) 乡村民生工作的差异化明显。乡村基础设施建设主要依靠国家财政转移支付，政府政策从各方面加大建设投入，但各区域间、不同类型村庄间差异明显；乡村教育资源依旧有分配不公的现象，"撤点并校"的兴起将教育资源集中在了县城和镇，改善了教学环境，但过度撤并增加了一些学生的交通安全隐患，加重了偏远地区家庭的教育成本等。因此，要进行科学规划、合理布局，保留必要的村级小学，使学生就近入学。要改善办学条件，出台更多激励优秀人才支教并扎根乡村的政策，让学生享受更加优质的教育。乡村地区看病难、看病贵是突出问题，乡村医疗条件相对较差，农民一旦生病需要异地就医，看病成本增加；乡村人口总量较大，政府医疗投入却相对较少，政府需要进一步改革新农合医疗保障范围，以最务实的方式扩大乡村保障的病种范围并提高报销比例，缓解重大病情给乡村家庭带来的经济压力。全党全社会需要不断应对乡村民生领域出现的新问题和新挑战，做好人力、物力、财力等多方面的准备，同时国家应重点做好制度、人力、组织、产业和金融保障。

(3) 乡村民生保障改善功能工作中社会力量参与程度较低。当前党和政府对农民民生改善起主导作用，社会参与度低。应该将社会力量纳入其中，通过民间力量与政府的合作，扩大资金来源渠道，提升政策的实施效果。政府要鼓励各种社会力量参与乡村民生保障建设，各级社会组织是政府救助的补充力量，政府要引导和动员社会组织积极参与，将人力、物力、财力有机结合，调动全社会的力量，激活要素、激活参与主体、激活市场。通过社会力量的加入与监管，让乡村民生工作得到更好的实施，同时降低政策实行过程中的腐败、低效等问题。

总体结论与展望

1 研究总结

"三农"问题历来是全国、全党工作的重中之重,同时也是民生的根本问题,实施乡村振兴战略是实现全体人民共同富裕的必然选择。农业强不强、农村美不美、农民富不富,关乎亿万农民的获得感、幸福感、安全感,关乎全面建成小康社会全局。乡村振兴战略提出的"产业兴旺、生态宜居、乡风文明、治理有效、生活富裕"二十字总体要求,为新时期"三农"工作指明了方向与道路。

本研究将武汉市乡村振兴路径细化为经济产业、空间环境、文化建设、治理体系、民生保障五个层面,进行系统化的专题研究,为武汉市乡村振兴战略的布局提出有针对性的规划和决策建议,为武汉市乡村振兴战略的实施提供科学合理的依据及路径。

在经济产业层面,本研究选择较为常用的产业分析方法,对武汉乡村的产业结构、就业结构、两者协调性结构进行了深入解析,提出了相应的改进策略,并确定了今后乡村产业发展的重点方向。在其宏观分析指导下,提出了产业发展实施保障措施:(1)运用 SPACE 矩阵,对武汉市各区产业进行战略评价,得出其战略地位。战略地位分为进取、保守、防御和竞争四类区域,不同的区域代表着产业应考虑采取相应的战略行动。(2)运用熵值法,从增长指标、就业指标、平均工资、农村教育投入和转移劳动力比例五方面构建乡村就业结构体系,得出各区所处的就业情况等级,提出相应的就业优化策略。(3)选取产业结构偏离度、就业弹性系数以及产业结构和就业结构协调系数等评价方法,对武汉市乡村各区的产业结构和就业结构协调性进行评价分析,将其产业发展分为三类,即成长型、成熟型和再生型,根据不同产业发展类型的特征,对处于不同发展类型的武汉市乡村各区提出产业优化策略。

在空间环境层面,本研究对武汉乡村"三生"空间进行识别和功能测度,分析总结武汉乡村"三生"空间功能的分布特征、集聚状态与相邻情况,提出行之有效、可实施落地的武汉乡村空间优化思路、措施与策略,有针对性地进行乡村生产空间资源配置重构、乡村生活空间综合社区建设、乡村生态空间管控治理修复,对引导乡村空间健康、持续发展以及促进乡村有序发展转型具有重要指导意义。同时,为武汉乡村未来发展方向提供科学依据,为乡村土地合理开发使用提供有效引导,为乡村空间规划设计、监督管理和环境保护提供决策参考,并为其他中部地区的乡村空间功能培育及乡村空间优化提供有益范例。

在文化建设层面，本研究在乡村振兴战略指引下，结合武汉乡村具体情况，归纳了国内外乡村文化服务设施研究现状，构建了乡村文化服务设施分类表与配置表，提出了分区、分级、分类的乡村文化服务设施规划配置策略，对乡村振兴视角下武汉乡村文明建设的路径与方法进行了深入探讨。研究将乡村文化服务设施分为物质环境类、服务活动类、制度政策类等三大类（其中物质环境类设施可依据建设类型进一步细分为场馆和用房、室外活动场地、设备器材三个中类），共包含20个小类与77种具体乡村文化服务设施，并依据对武汉乡村文化服务设施的实证研究，有针对性地提出了武汉乡村文化服务设施配置标准。

在治理体系层面，本研究综合运用城乡规划学、社会学、政治学、人类学的定性研究方法与经济学、生态学、地理学等各学科的定量研究方法，借助地理信息技术、遥感技术、统计学技术等，创新武汉乡村治理体系的具体实施方法体系，并将研究成果细化至空间层面，做到研究成果切实可操作、可实施。最后对武汉乡村治理体系相关理论进行新的补充，基于十九大提出的乡村振兴战略，对乡村自治、德治、法治"三治合一"的理论逻辑、科学内涵和实现路径进行分析。对乡村建设理论进行新的有益补充，并据此系统地提出针对武汉乡村治理体系的具体实施路径，为其他地区乡村建设提供可借鉴的参考范例。

在民生保障层面，本研究从武汉市入手，从武汉经济社会发展实际出发，力图构建出一套完整的研究方法，为切实有效地解决当前日益凸显的民生问题，为进一步推进中国特色社会主义民生建设提供有益的思路和理论指导。本研究以武汉乡村民生保障与改善为主要内容，构建出武汉乡村民生保障与改善工作的运行体系，以此为依据建立对应的评价体系，基于发现的问题与原因，从乡村基础设施、乡村劳动力就业、乡村公共服务供给等三个层面提出武汉乡村民生保障与改善的优化策略。

2　研究展望

（1）乡村问题、"三农"问题是一个庞杂繁复的综合性问题，涵盖了乡村自然环境、人工建成环境、人文历史、城乡关系等方方面面，拥有广泛的内涵与复杂的关系。本研究在乡村振兴相关战略指引下，重点选取了经济产业、空间环境、文化建设、治理体系、民生保障等五个层面进行探讨和研究。受限于作者自身的专业背景与对乡村问题、乡村发展历程的有限认识，本专题尚未能对"三农"问题与乡村振兴这一庞大体系进行更为持续、更为深入的较量，在后续研究中，可进一步结合定量分析与大数据手段，深挖乡村问题根源，进一步深化、体系化相关研究。

（2）本次研究的研究对象为武汉乡村，研究选取的调研地点也为武汉市域范围内较有代表性的街道与村庄。随着武汉都市区与都市圈的建设，武汉市周边近郊乡村出现了加速都市化的趋势，居民的生活、生产方式、文化生活与城市关系日趋密切，因而在下阶段乡村建设发展过程中可能带来突出的"都市近郊型"特征。在后续的研究中可结合相关因素，进一步分析、归纳都市近郊型乡村建设的侧重方向。

（3）面对广袤的乡村地区，本次研究因数据获取在空间指向上存在不足，从微观层面对乡村地区进行"全覆盖"式的研究难度较大，对于更为详细的乡村空间规划、具体的乡村空间优化以及乡村空间管理等仍可进行进一步的深入探讨。

参 考 文 献

[1]Simon K. Economic Growth and Income Inequality [J]. American Economic Review, 1955, 45(1): 1-28.

[2]托马斯·皮凯蒂. 21 世纪资本论[M]. 北京：中信出版社，2014.

[3]韩凤芹. 我国在全球产业结构调整中的选择[J]. 宏观经济管理，2005(6): 29-30.

[4]蔡昉. 防止产业结构"逆库兹涅茨化"[J]. 财经界，2015(2): 26-29.

[5]包金晶. 我国产业结构与就业结构匹配程度的分析[D]. 厦门：厦门大学，2014.

[6]何景熙，何懿. 产业-就业结构变动与中国城市化发展趋势[J]. 中国人口资源与环境，2013(6): 103-110.

[7]温杰. 中国产业结构升级的就业效应[D]. 武汉：华中科技大学，2010.

[8]王庆丰. 中国产业结构与就业结构协调发展研究[D]. 南京：南京航空航天大学，2010.

[9]伍海亮. 我国产业结构与就业结构非均衡发展的分析[D]. 北京：首都师范大学，2009.

[10]封晓庆. 东、中、西部产业结构与就业结构的互动关系及其比较研究[D]. 成都：西南财经大学，2007.

[11]吕文婧，胡雁雁. 产业结构的就业比较分析[J]. 首都经济贸易大学学报，2003(2): 41-44.

[12]夏杰长. 大力发展生产性服务业是推动我国服务业结构升级的重要途径[J]. 经济研究参考，2008(45): 19-26.

[13]梁向东，殷允杰. 对我国产业结构变化之就业效应的分析[J]. 生产力研究，2005(9): 169-171.

[14]陈侦. 产业结构与就业结构关系失衡的实证分析[J]. 山西财经大学学报，2007(10): 32-37.

[15]崔亮，艾冰. 对产业结构与就业结构关系的探讨[J]. 财经问题研究，2008(6): 112-116.

[16]边文霞. 北京产业结构与劳动力就业互动关系的解析[J]. 人口与经济，2008

（4）：39-43.

[17]张建武. 产业结构与就业结构的互动关系及其政策含义[J]. 经济与管理研究，2005（1）：19-23.

[18]丁守海，刘昕，蒋家亮. 中国就业弹性的再估算[J]. 四川大学学报（哲学社会科学版），2009（2）：81-88.

[19]常进雄. 中国就业弹性的决定因素及就业影响[J]. 财经研究，2005（5）：29-39.

[20]王庆丰. 中国产业结构与就业结构协调发展研究[D]. 南京：南京航空航天大学，2010：15-25.

[21]徐孝昶，上官敬芝. 产业结构与就业结构相互关系的演变及影响机制分析——基于江苏内部差异的研究[J]. 商京农业大学学报（社会科学版），2011，22（4）：53-59.

[22]王少国，刘欢. 北京市产业结构与就业结构的协调性分析[J]. 经济与管理研究，2014（7）：85-90.

[23]晨曦，穆怀中. 中国产业结构合理性及其与经济增长关系研究[J]. 经济研究参考，2014（46）：20-29.

[24]尹志峰，李辉文. 产业就业弹性及区域对比——基于1990—2009年省（市）级面板数据[J]. 湘潭大学学报（哲学社会科学版），2012（36）：22-31.

[25]游玲环. 重庆市产业结构与就业结构的协调性分析[D]. 重庆：重庆理工大学，2018.

[26]张一，赵明华，徐宁宁，等. 山东省欠发达地区产业结构与就业结构协调性分析[J]. 合作经济与科技，2017（18）：114-117.

[27]中共中央　国务院关于实施乡村振兴战略的意见[EB/OL]. [2019-01-09]. http：//www.moa.gov.cn/ztzl/yhwj2018/

[28]中共中央　国务院印发《乡村振兴战略规划（2018—2022年）》[EB/OL]. [2019-01-09]. http：//www.gov.cn/gongbao/content/2018/content_5331958.htm

[29]中共中央　国务院印发《生态文明体制改革总体方案》[EB/OL]. [2019-01-09]. http：//country.cnr.cn/gundong/20150922/t20150922_519932367_4.shtml

[30]中共中央办公厅　国务院办公厅印发《省级空间规划试点方案》[EB/OL]. [2019-01-09]. http：//www.gov.cn/zhengce/2017-01/09/content_5158211.htm

[31]关于国务院机构改革方案的说明[EB/OL]. [2019-01-09]. http：//www.xinhuanet.com/politics/2018lh/2018-03/14/c_1122533011.htm

[32]陈光磊. 生态与生存[M]. 南京：东南大学出版社，2015.

[33]孙庆忠. 离土中国与乡村文化的处境[J]. 江海学刊，2009（4）：136-141.

[34]江立华.乡村文化的衰落与留守儿童的困境[J].江海学刊,2011(4):
  108-114.

[35]赵霞.传统乡村文化的秩序危机与价值重建[J].中国农村观察,2011(3):
  80-86.

[36]殷雪峰.当前乡村文化建设问题研究[D].北京:中央民族大学,2011.

[37]周军.中国现代化与乡村文化建构[M].北京:中国社会科学出版社,2012.

[38]戚晓明.乡村振兴背景下乡村文化再造与文化自觉[J].艺术百家,2018,34
  (5):94-98.

[39]索晓霞.乡村振兴战略下的乡土文化价值再认识[J].贵州社会科学,2018
  (1):4-10.

[40]王宁.乡村振兴战略下乡村文化建设的现状及发展进路——基于浙江农村文
  化礼堂的实践探索[J].湖北社会科学,2018,381(9):48-54.

[41]李凤兰.社会主义核心价值观引领乡村文化振兴——基于日常生活理论视角
  [J].贵州社会科学,2018,343(7):13-19.

[42]李祖佩.村庄空心化背景下的农村文化建设:困境与出路——以湖北省空心
  村为分析对象[J].中州学刊,2013(6):72-77.

[43]林孟清.推动乡村建设运动:治理农村空心化的正确选择[J].中国特色社会
  主义研究,2010(5):83-87.

[44]陈波,耿达.城镇化加速期我国农村文化建设:空心化、格式化与动力机
  制——来自27省(市、区)147个行政村的调查[J].中国软科学,2014(7):
  77-91.

[45]陈家喜,刘王裔.我国农村空心化的生成形态与治理路径[J].中州学刊,
  2012(5):103-106.

[46]郑欣.治理困境下的乡村文化建设研究:以农家书屋为例[J].中国地质大学
  学报(社会科学版),2012,12(2):131-137.

[47]王旭瑞,陈航行,杨航.乡村的文化失调与农民的弱势地位——质性社会学
  视角下当前乡村社会质量的两个问题[J].兰州学刊,2017(11):174-188.

[48]齐卫平,刘益飞,郝宇青,等.乡村治理:问题与对策(笔谈)[J].华东师范
  大学学报(哲学社会科学版),2016,48(1):1-3.

[49]刘翠.当代中国乡村文化建设的若干问题研究[D].济南:山东师范大
  学,2008.

[50]徐学庆.农村文化设施建设:问题、成因及推进思路[J].中州学刊,2008
  (1):141-145.

[51]丁永祥.城市化进程中乡村文化建设的困境与反思[J].江西社会科学,2008
  (11):212-214.

［52］谭平．文化设施配置优化问题研究［J］．科学学研究，2010，28（2）：256-262.

［53］马玉玲．我国农村公共文化建设的现状与改进措施［J］．江西社会科学，2015（5）：229-233.

［54］路璐，朱志平．历史、景观与主体：乡村振兴视域下的乡村文化空间建构［J］．南京社会科学，2018（11）：115-122.

［55］林岩，徐艳玲．城乡统筹视域下农村文化发展动力机制探究［J］．学术论坛，2015，38（5）：137-141.

［56］蒋永甫，宁西．乡村振兴战略：主题转换、动力机制与实践路径——基于文献综述的分析［J］．湖北行政学院学报，2018，99（3）：84-89.

［57］黄意武．文化发展动力机制及运行研究［J］．重庆理工大学学报（社会科学版），2015（8）：89-92.

［58］李世书．农村生态文化发展的路径选择与动力机制分析［J］．信阳师范学院学报（哲学社会科学版），2014（2）：69-72.

［59］吴福平．文化原动力及其传导机制研究［D］．杭州：浙江大学，2018.

［60］宋朝丽．供给侧改革视角下文化产业发展内生动力机制探究［J］．东岳论丛，2016，37（10）：22-29.

［61］疏仁华．论农村公共文化供给的缺失与对策［J］．中国行政管理，2007（1）：60-62.

［62］李锋．农村公共文化产品供给侧改革与效能提升［J］．农村经济，2018，431（9）：100-105.

［63］阮荣平，郑风田，刘力．中国当前农村公共文化设施供给：问题识别及原因分析——基于河南嵩县的实证调查［J］．当代经济科学，2011，33（1）：47-55.

［64］顾金孚．农村公共文化服务市场化的途径与模式研究［J］．学术论坛，2009，32（5）：171-175.

［65］李长健，伍文辉，涂晓菊．和谐与发展：新农村文化动力机制建构研究［J］．长白学刊，2007（1）：123-127.

［66］陈庚，崔宛．乡村振兴中的农村居民公共文化参与：特征、影响及其优化——基于25省84个行政村的调查研究［J］．江汉论坛，2018（11）：153-160.

［67］方文彦．乡村"非典型"空心化问题及规划策略研究——以上海市青浦区山深村为例［A］．中国城市规划学会．城乡治理与规划改革——2014中国城市规划年会论文集（14小城镇与农村规划）［C］．中国城市规划学会，2014：11.

［68］宋小霞，王婷婷．文化振兴是乡村振兴的"根"与"魂"——乡村文化振兴的重要性分析及现状和对策研究［J］．山东社会科学，2019（4）：176-181.

［69］范颖，周波，唐柳．基于文化空间生产的民族地区乡村文化振兴路径［J］．规

划师，2019，35（13）：62-69.

[70] 胡剑南．乡村振兴战略背景下的乡村文化研究[J]．重庆社会科学，2019（5）：120-128.

[71] 郭志奔．乡村文化振兴的实践逻辑与治理反思——基于江西省S市六镇十村的调查[J]．党政干部学刊，2019（8）：23-29.

[72] 王艳萍，房彬，和卫鹏．乡村文化振兴的功能阐释与策略研究[J]．安徽农业大学学报（社会科学版），2019，28（4）：23-28.

[73] 欧阳雪梅．振兴乡村文化面临的挑战及实践路径[J]．毛泽东邓小平理论研究，2018（5）：30-36+107.

[74] 吴理财，解胜利．文化治理视角下的乡村文化振兴：价值耦合与体系建构[J]．华中农业大学学报（社会科学版），2019（1）：16-23+162-163.

[75] 王刚，张文硕．全面建成小康社会目标中的民生幸福意蕴探析[J]．理论探讨，2016（3）：38-41.

[76] 刘建明．决胜全面建成小康社会中乡村民生问题的有效破解[J]．科学社会主义，2018（1）：86-91.

[77] 魏丽莉，张晶．改革开放40年中国农村民生政策的演进与展望——基于中央一号文件的政策文本量化分析[J]．兰州大学学报（社会科学版），2018，46（5）：91-101.

[78] 王春婷．借鉴国际经验推动公共服务供给体系多元发展[N]．光明日报，2014-11-02（006）.

[79] 张姗．美丽乡村建设国外经验及其启示[J]．农业科学研究，2018，39（1）：73-76.

[80] 王习明．美丽乡村建设之国际经验——以二战以来美、法、日、韩和印度克拉拉邦为例[J]．长白学刊，2014（5）：106-113.

[81] 惠献波．美国、德国、日本农地金融制度及经验借鉴[J]．国际金融，2013（12）.

[82] 周维宏．现代日本乡村治理及其借鉴[J]．国家治理，2014（4）.

[83] 程又中．国外农村基本公共服务范围及财政分摊机制[J]．华中师范大学学报（人文社会科学版），2008（1）：10-18.

[84] 周维宏．社会政策视域下的日本农村振兴路径[J]．日本学刊，2018（5）：123-141.

[85] 万海远，潘华．国外农村公共服务提供的经验与启示[J]．市场论坛，2015（1）：1-4.

[86] 李润平．发达国家推动乡村发展的经验借鉴[J]．宏观经济管理，2018（9）：69-77.